Robert M. Fogelson

中产阶层噩梦

1870—1930年的美国城市郊区
Bourgeois Nightmares Suburbia, 1870-1930

[美] 罗伯特·M.福格尔森 —— 著
贺婷 —— 译

© 2005 by Robert M. Fogelson
Originally published by Yale University Press

著作权合同登记号：01-2020-4263

图书在版编目（CIP）数据

中产阶层噩梦：1870—1930 年的美国城市郊区／（美）罗伯特·M. 福格尔森著；贺婷译. —北京：中央编译出版社，2023.1

书名原文：Bourgeois Nightmares：Suburbia，1870—1930
ISBN 978-7-5117-4266-7

Ⅰ.①中… Ⅱ.①罗…②贺… Ⅲ.①中等资产阶级-研究-美国-1870-1930 Ⅳ.①D771.261

中国版本图书馆 CIP 数据核字（2022）第 184745 号

中产阶层噩梦：1870—1930 年的美国城市郊区

责任编辑	景淑娥　郑永杰
责任印制	刘　慧
出版发行	中央编译出版社
地　　址	北京市海淀区北四环西路 69 号（100080）
电　　话	（010）55627391（总编室）　（010）55627312（编辑室） （010）55627320（发行部）　（010）55627377（新技术部）
经　　销	全国新华书店
印　　刷	北京时捷印刷有限公司
开　　本	880 毫米×1230 毫米　1/32
字　　数	194 千字
印　　张	9
版　　次	2023 年 1 月第 1 版
印　　次	2023 年 1 月第 1 次印刷
定　　价	98.00 元

新浪微博：@中央编译出版社　　微　信：中央编译出版社（ID: cctphome）
淘宝店铺：中央编译出版社直销店（http://shop108367160.taobao.com）
　　　　　（010）55627331

本社常年法律顾问：北京市吴栾赵阎律师事务所律师　　闫军　　梁勤
凡有印装质量问题，本社负责调换，电话：（010）55626985

献给玛丽亚·阿尔瓦雷斯（Maria Alvarez）、约书亚·福格尔森（Joshua Fogelson）和卡米尔·巴拉德（Camille Ballard）以及大卫·汉德林（David Handlin），他们的提问启发我写了一本从未想过会写的书。

"假使我,一位富有的绅士,从城市搬到郊区住,会不会不久就发现,自家右边开了一家酒吧,左边开了一个啤酒花园①,抑或工厂的烟囱或仓库挡住了水景?我能确定,这条风光旖旎的小路一定不会变成一条平常的街道,满是垃圾吧?我能相信,这片美丽的树林不会很快变成树桩,满是棚屋、山羊和一堆堆煤渣吗?"

——弗雷德里克·劳·奥姆斯特德(Frederick Law Olmsted)等,《致斯坦腾岛改善委员会的初步改善方案报告》,1871 年

---

① 啤酒花园(beer garden)指提供啤酒、各类饮品与食物的室外场所。——译者注

目录

引　言 ……………………………………… 001
一　1870—1930 年间的美国郊区：持续探求永久性 ……… 030
二　中产阶层噩梦：对几乎所有人和事的恐惧 ………… 135
后　记 ……………………………………… 233
致　谢 ……………………………………… 246
索　引 ……………………………………… 249

引 言

早在 20 世纪 50 年代,也就是我高中毕业的前两年,父母亲为将在贝巴里(Bayberry)建造的一栋房子支付了首付款。贝巴里是一个住宅开发区,地处纽约市快速发展的郊区之一——新罗谢尔(New Rochelle)。父母的邻居大多数是第二代移民、专业人士和"二战"后发财致富的小商人。与许多邻居一样,他们都对大萧条期间搬入的西布朗克斯(West Bronx)公寓楼不称心。关于搬家的具体原因,父母亲并没有告诉我和我两个弟弟。后来,我才得知,他们发现要养三个男孩的话,两居室公寓实在是太小了——尽管这套公寓比他们父辈养育了更大家庭的曼哈顿公寓要大得多。此外,他们也厌倦了交房租和与房东周旋。他们想成为房主而不是租客,可以住在大地块上的独栋房里,绿荫如盖,草坪修剪齐整,周边是其他邻居的独栋房。既然邻居们都在搬家,他们也不想待在原地不动。一些邻居搬到了东部的皇后区(Queens)和长岛(Long Island)。但是就像他们一度从曼哈顿往北搬到布朗克斯(Bronx)一样,现在,大多数人又从布朗克斯向北搬至威彻斯特县(Westchester County)、新罗谢尔、弗农山（Mount Vernon），若资金充足，还可以去斯卡斯代尔（Scarsdale）。我的父母也紧跟潮流，他们相信，大约一年后，我们也会在郊区过上幸福生活。

事实证明，他们是过于自信了。他们很快发现，除了自己所买的小区，贝巴里的房子到处都在拔地而起。当我父亲抱怨建房进展太慢时，开发商给了他一个又一个毫无意义的理由。他发觉事有蹊跷，于是请了一位从事建筑业的朋友了解此事。那位朋友发现，我们的房子位于第一期地皮，开发商正利用这期地皮将材料和工人运送到第二期地皮上。所以，我们的房子最终会建成，不过要等到其他所有房子都建好之后。开发商承认这点后，我的父亲要回了首付款。几年后，父母亲也的确搬家了——他们去了布朗克斯区的另一套公寓，而不是郊区的独栋房；最后，他们又回到曼哈顿，先是当租客，然后是合作公寓的业主。当时我并不知道，住贝巴里会是我最接近住到郊区的一次机会了。在哥伦比亚大学的宿舍住了四年，在剑桥公寓和哈佛大学的温斯洛普之家（Winthrop House）住了五年之后，我回到纽约，在哥伦比亚大学教了四年书。其时，我租住在上东区（Upper East Side）一幢联排别墅①的公寓房里。1968年，当我去麻省理工学院时，我搬进了剑桥郊区边缘的一幢公寓楼。现在我还住在那里。过去三十年里，每年夏天，我都在玛莎葡

---

① 联排别墅（townhouse）源自英国，流行于欧美。一般地处交通方便的郊区，由几栋或者十几栋低于五层的低层住宅并联组成，邻居之间有共用墙，但每户独立，有专属的庭院、车库等。——译者注

萄园(Martha's Vineyard)的一个农场避暑。所幸,这个农场目前尚未被郊区化浪潮所席卷。

虽然我从未在郊区定居过,但我在郊区度过了很多时光。我去看望我的两个弟弟,他们都住在郊区,一个在斯卡斯代尔,另一个在洛杉矶郊区的赫莫萨海滩(Hermosa Beach)。我的大多数亲戚、许多朋友和同事也住在郊区。我去过郊区的餐馆、电影院和购物中心。我从小说和短篇故事里读过有关郊区的内容,也看到过电影和电视对它们的描画。作为研究美国城市的历史学家,我也曾讲授有关郊区的过去和现在、政治、社会和文化的相关内容。即便如此,我也不能说自己完全掌握这块领域。我还在持续阅读不断涌现的有关郊区历史的大量书籍和文章:关于郊区通史,其中最著名的是肯尼思·T. 杰克逊(Kenneth T. Jackson)的《马唐草边疆》(*Crabgrass Frontier*),约翰·R. 斯蒂戈(John R. Stilgoe)的《边境》(*Borderlands*)和罗伯特·菲什曼(Robert Fishman)的《中产阶级乌托邦》(*Bourgeois Utopias*),这些书是本书书名的灵感来源;关于郊区类型的历史,包括波士顿的有轨电车郊区、芝加哥的湖岸郊区,以及洛杉矶的工薪阶层郊区;关于单个郊区的历史,如巴尔的摩的罗兰公园(Roland Park)、休斯敦的橡树河(River Oaks)和堪萨斯城的乡村俱乐部区(Country Club District);还有郊区和公共交通、郊区和城市规划、郊区和家庭建筑的历史。

相关文献浩如烟海,以至于人们都快忘记,几乎所有文献都是四十五年来才出现的。确实,因文献是如此之浩瀚,以至于历史学家们已经开始撰写有关郊区编年史乃至郊区史的历史等相关文章。这些文献也非常丰富,以至于历史学家现在对郊区的了解比对美国大都市的任何区域都更充分。我们既了解19世纪初期和中期郊区的起源,也了解19世纪末20世纪初郊区的发展。我们熟知地块划分商①、将农村大片土地变成郊区地块的商人及其客户,还有购买土地并在其上建房屋的家庭。我们知道,对疾病、犯罪、道德败坏、贫穷、移民和公共失范的恐惧是如何驱使许多美国人从城市中心迁向外围。我们也知道,铁路、有轨电车以及后来的地铁和公路是如何帮助人们外迁的。我们了然于心,为什么"二战"后,地块划分商会让位给像威廉·J. 莱维特(William J. Levitt)这样的地产开发商。这些开发商不仅规划了地块,还建造了房屋。我们还了解,开发商是如何在金融机构、房地产协会、地方分区委员会和联邦住房机构的协助下,建造出如今大多数人都在其中居住、工作、购物并在其外围休闲娱乐的现代化大都市。

这些文献都很不错,但它遗漏了一些不仅对郊区历史,乃至美国社会历史都很重要的东西,即所谓的限制性契约或契约限制。作为在房地产交易中广泛采用的法律手段,以及约束买卖双方(以及在限制失效以前的后续买方卖方)的合同,这些契约的作用远不止限制业主将地产租售给非白人。他们还对业主如何使用其地产制定了诸多烦琐异常的限制。大约四十年前,

---

① 地块划分商(subdivider)指的是购买大片土地,再将土地进行布局,如规划土地用途、铺设街道、安装公共设施,并将土地分割成小地块出售的商人。——译者注

我在为写一本有关洛杉矶的书做研究时,最先接触到这些限制性契约。我发现,在19世纪末20世纪初,地块划分商通常在郊区地块(尤其在上层中产地块)强加限制性契约,他们甚至将限制性契约当作一种营销工具。就像索尔斯坦·凡勃伦①(Thorstein Veblen)曾写到的那样,如果房地产是仅次于扑克牌的"伟大的美国游戏",我想知道,为什么美国人愿意遵守如此严苛的游戏规则?后来我意识到,这个问题引发了许多其他问题,这些问题的答案告诉我们很多关于郊区以及由它所构成之社会的历史。

5

在洛杉矶众多郊区中,没有哪一片比帕洛斯福德庄园(Palos Verdes Estates)更尖锐地体现出这些问题。这片限制性契约长达30页、在帕洛斯福德半岛(Palos Verdes Peninsula)占地3200英亩的分区,是矗立于洛杉矶西南边缘、太平洋之上一处壮观的所在。半岛的现代历史始于1913年,当时,一个由东部金融家和铁路大亨组成的财团,以150万美元从乔治·比克斯比(George Bixby)手中买下了原属洛斯帕洛斯福德牧场(El Rancho de Los PalosVerdes)的大部分土地。牧场是在原圣佩德罗牧场(El Rancho San Pedro)(西班牙人于1846年将南加利福尼亚州大部分地区分割成的几个大牧场之一)的基础上开辟

---

① 索尔斯坦·凡勃伦(Thorstein Bunde Veblen,1857—1929),美国社会学家、经济学家,制度学派的创始人和主要代表人物。著有《有闲阶级论》《企业论》等。——译者注

而成。1882年,它被划分成17个地块,其中最大的一块——帕洛斯福德半岛被授予乔瑟姆·比克斯比(Jotham Bixby)。他的儿子乔治于1894年继承了这个半岛。掌舵这家财团的是弗兰克·A. 范德利普(Frank A. Vanderlip),他的人生经历简直是一个霍雷肖·阿尔杰(Horatio Alger)故事①。范德利普是一个中西部农场主的儿子,父亲的去世迫使家里卖掉了宅地,他先是当一名车床操作员,在大学待了一年后又去当金融分析师,转而从事新闻工作。他当了几年记者和编辑,之后担任美国财政部长、芝加哥银行家莱曼·盖奇(Lyman Gage)的私人秘书。做了一段时间秘书后,范德利普入职美国最大的银行之一——纽约国家城市银行(National City Bank of New York),先是任副总裁,八年后被任命为总裁。对范德利普和合伙人这样的百万富翁而言,财团这次从距洛杉矶市中心约20英里处购得一片广阔的土地只能算一个小动作。它占地1.6万英亩,即25平方英里,是旧金山这座太平洋海岸最大城市面积的一半以上,略大于范德利普和其他许多投资者工作的曼哈顿。②

---

① 小霍雷肖·阿尔杰(Horatio Alger Jr.)是美国著名儿童小说作家,其作品多描写穷人家的孩子如何通过勤奋与诚实获得财富与成功。"霍雷肖·阿尔杰故事"指的是这种励志故事。——译者注

② Delane Morgan, *The Palos Verdes Story* (Palos Verdes, 1982), pages 7 – 8; Hallock F. Raup, "Rancho Los PalosVerdes," *Historical Society of Southern California Quarterly*, March 1937, pages 9 – 13; U. S. Bureau of the Census, *Abstract of the Fourteenth Census of the United States*: *1920* (Washington, D. C., 1923), pages 24, 38. See also Frank A. Vanderlip, *From Farm Boy to Financier* (New York, 1935). 为便于阅读,现将文后注释提至页下,后文不再另作说明。——译者注

令人难以置信的是,用范德利普自己的话来说,他"没有见过它"就买下了帕洛斯福德半岛——尽管他的确派了两个"可信赖的年轻人"提前去考察,他的儿子后来回忆道。他可能认为这笔交易太划算了,因为1英亩地还不到100美元,"肯定可以将它卖得更贵"。但不久之后,他就被"一种异常疲倦和间歇性头晕"缠身,只好卧床休养一个月。康复后,他遵照医生的建议从银行请假休养一段时间。他去了加利福尼亚州参观帕洛斯福德。他的所见使他大为吃惊。他写道,帕洛斯福德就像一个"美丽的帝国",拥有"绵延数英里的海岸线""闪闪发光的新月形海滩""风景如画、连绵起伏的山峦,间或还有更具诗情画意的峡谷",这使他不禁想起了"索伦托半岛[①]和阿马尔菲车道[②]"。但是,帕洛斯福德半岛上并没有经粉刷过的房屋和中世纪的教堂,只有日裔菜农的牛羊群、粮食地以及成排的豌豆等豆类植物和西红柿。这一切都是"在美国",范德利普写道:"这是一张未被玷污的白纸,要带着关爱去书写。"为了弄清楚要在上面"书写"什么,确保它不会像洛杉矶海岸一样,被"贪婪的房地产运营和拥挤的建筑恐怖"所侵蚀,范德利普拜访了奥姆斯特德兄弟公司。这是一家地处马萨诸塞州布鲁克林市,由一群规划师、设计师和景观设计师组成

---

① 索伦托半岛(Sorrentine Peninsula)是地处意大利坎帕尼亚区的一处景点,风光旖旎。——译者注

② 阿马尔菲车道(Amalfi Drive)是地处意大利阿马尔菲海岸的沿海车道,沿途风景古朴美丽。——译者注

的公司。①

奥姆斯特德兄弟公司是美国同类公司中的翘楚。公司负责人约翰·查尔斯·奥姆斯特德（John Charles Olmsted）和小弗雷德里克·劳·奥姆斯特德（Frederick Law Olmsted, Jr.），分别是已故美国景观设计师学院院长弗雷德里克·劳·奥姆斯特德的继子和儿子。老奥姆斯特德与卡尔弗特·沃克斯（Calvert Vaux）一起设计了中央公园，他还是这家纽约公司的创始人。公司于1884年迁至布鲁克林，1898年更名为奥姆斯特德兄弟公司。尽管以公园、绿化大道、私家庄园和公共机构的设计而闻名，公司还因其在全国最受推崇的几个市郊居住区的设计而备受赞誉。正是这项成就引起了范德利普的注意。范德利普在买下帕洛斯福德大约一年前，曾雇请奥姆斯特德兄弟公司为他位于比奇伍德（Beechwood）附近一块18英亩大的地块做过规划。比奇伍德是他在哈德逊河斯卡伯勒（Scarborough-on-the-Hudson）的大乡村庄园，地处威彻斯特县北部的一个小村庄。尽管奥姆斯特德兄弟从未涉足过帕洛斯福德这样大的分区规划——事实上，也从来没有过这么广阔的分区需要规划——范德利普还是再次找上了他们。很快，他们提出了被《波士顿晚报》（Boston Evening Transcript）誉为"美国最时尚的专属市郊住宅区"的计划，该计划专为美国最富有的一群人量身定制。

---

① Vanderlip, *From Farm Boy to Financier*, pages 249 – 251; Ralph Jester, "Interview with F. A. Vanderlip, Jr.," March 9, 1976, Local History Collection, Palos Verdes Library District, Palos Verdes Estates, California; *Boston Evening Transcript*, July 18, 1914; Augusta Fink, *Time and the Terraced Land* (Berkeley, 1966), pages 105 – 109.

比如，加利福尼亚洲版的燕尾服公园（Tuxedo Park）是一个专为纽约富人设计的住宅区，由皮埃尔·洛里拉德四世（Pierre Lorillard IV）——一名烟草大亨的继承人于19世纪80年代中期开发。该方案旨在为少数顶级富豪（以及配套的乡村俱乐部、高尔夫俱乐部、游艇俱乐部、网球场、游泳池和马球场）和三个"模范村"提供类似大地产。《波士顿晚报》写道，住宅区里也会安置为他们服务的技工、园丁和体力工。①

工程于1914年开工。在奥姆斯特德兄弟公司的监理下，一家名为双科比（Koebig & Koebig）的洛杉矶工程公司，对这片地产做了详细勘测，并绘制了峭壁沿线一条100多英里长的公路和另一条14英里长的主干道的规划图。芝加哥建筑师霍华德·肖（Howard Shaw）和洛杉矶的迈伦·亨特（Myron Hunt）为一家大型会所做了初步设计。但当欧洲爆发战争时，工作陷入停顿。直到1916年，它才被重新启动，仅仅一年后，随着美国参战以及项目负责人也参与了战事，它再度被搁置。范德利普从银行请假，前往华盛顿，作为众多响应"年薪一美元"活动的人物之一，他担任财政部的战争储蓄委员会（War Savings Committee）主席。弗雷德里克·劳·奥姆斯特德曾担

---

① James Sturgis Pray, "John Charles Olmsted," *Landscape Architecture*, April 1922, page 130; Frank A. Vanderlip to Olmsted Brothers, January 27, 1913, Records of the Olmsted Associates (hereinafter cited as Olmsted Records), Job File 5816, Manuscript Division, Library of Congress; *Boston Evening Transcript*, July 18, 1914; Samuel Swift, "Community Life in Tuxedo," *House and Garden*, August 1905, pages 61 - 71; Olmsted Brothers to W. H. Kiernan, October 18, 1914, Olmsted Records, Job File 5750.

任战争工业委员会应急建设委员会（Commission on Emergency Construction of the War Industries Board）成员，也是美国住房公司（United States Housing Corporation）城镇规划部经理，该公司是为国防工人建造廉价房而设。他的兄弟约翰待在帕洛斯福德负责公司事务，由于身患重病没有参加战时工作——事实上，仅仅几年后他就去世了。① 战争结束后，很显然，原来的设计方案已存在严重缺陷。尽管帕洛斯福德有许多优点——壮丽的风光、令人惊叹的景色和温暖和煦的气候，但是它离东海岸太远了。很少有纽约人或波士顿人会坐三天火车到帕洛斯福德，置第二（或第三）个家，而在几小时（最多一天）内，他们就可以去到巴尔港（Bar Harbor）、科德角（Cape Cod）、纽波特（Newport）、汉普顿（Hamptons）和其他时髦的度假胜地。

战争结束后，范德利普回到银行。随后，他于 1919 年辞职。虽然此时他有充裕的时间专注于帕洛斯福德，但却失去了自己开发它的兴趣。1921 年 8 月，在南加利福尼亚州史上最大的房地产热潮开始之际，他提议 E. G. 刘易斯（E. G. Lewis）以 500 万美元的总价买下这片地产，每英亩仅 300 多美元。刘

---

① *Boston Evening Transcript*, July 18, 1914; Fink, *Time and the Terraced Land*, page 109; Donald K. Lawyer, "Resume of Work Done by Olmsted Brothers," a memo dated February 25, 1926, page 2, Olmsted Records, Job File 5950; Vanderlip, *From Farm Boy to Financier*, pages 290–291; Pray, "Olmsted," pages 134–135; Edward Clark Whiting and William Lyman Phillips, "Frederick Law Olmsted—1870–1957," *Landscape Architecture*, April 1958, page 148.

易斯是镀金时代①让美国人目眩神迷的众多多彩人物之一。他的曾祖父、祖父与父亲都是圣公会牧师,他本人则是一个幻想家和骗子的合体。最重要的是,他做过推销员,从兜售驱蚊剂和专利药起家,接着又以出版业和房地产开发为生财之道。他一生中的大部分时候债务缠身,债主曾迫使他两次破产;邮政官员也对他紧盯不放,终于在20世纪20年代末以邮件欺诈罪让他锒铛入狱——在联邦监狱服刑五年。几年后,一名记者写道,令人困惑的是,为什么范德利普,这样一位头脑冷静的银行家和商人,会给刘易斯——一个有着"二十年失信和未兑现承诺记录"的人这样一个机会。也许,他对刘易斯作为圣路易斯大学城和加利福尼亚州阿塔斯卡德罗(Atascadero)开发商所取得的斐然成就印象深刻。又或者,他被这名记者所描述的刘易斯的"不可动摇的乐观主义""极具感染力的自信"以及"(他的)变戏法天赋,能在一大群粉丝面前幻化出一座矗立于顶端的高耸金字塔"②的魅力所迷惑。

刘易斯对帕洛斯福德颇有憧憬。他对一群投资者和潜在投资者如是说,这将是"太平洋海岸的'里维拉'(Reviera)(原文如此)"——"一座伟大的卫城,全球最美宜居城市,全球

---

① 镀金时代(Gilded Age)指美国南北战争结束到20世纪初的一段历史时期。在此期间,随着工业化的发展,很多人发财致富,有些人成为巨富,他们过着金子般的生活。因此,这段时期被称为"镀金时代"。——译者注

② Walter V. Woehlke, "The Champion Borrower of Them All," *Sunset Magazine*, September 1925, pages 17, 19, November 1925, pages 28 – 31, 62 – 63, 73. See also Susan Waugh McDonald, "Edward Gardner Lewis: Entrepreneur, Publisher, American of the Gilded Age," *Missouri Historical Society Bulletin*, April 1979, pages 154 – 163.

最大都市也无法与之相媲美",他还向他们承诺,三四年内分红700%至1500%。为建设这座"新城",他组建了一个由工程师、律师、规划师和景观设计师组成的团队,其中最举足轻重的或许就是小弗雷德里克·劳·奥姆斯特德和加利福尼亚州著名规划师、限制性契约的坚定倡导者查尔斯·H. 切尼（Charles H. Cheney）。刘易斯不乏专家,他缺的是钱。他没有用于购买土地的500万美元,更别提用于街道、公园、污水处理、公共设施和其他改善项目的预估3000万美元。为此,他成立了一家信托机构发行票据,其中一些被称为可兑换票据,日后可在帕洛斯福德兑换地产。事实上,刘易斯是在预售土地,以筹集用于购买和改良土地的资金。凭借自己的推销本领,趁着房地产市场的繁荣,他筹集到一大笔钱,可能高达1500万美元。但根据信托条款的要求,这还不够。1923年2月,受托方——产权保险和信托公司（Title Insurance and Trust Company）退出了该项目,并把钱归还给投资者。被归还资产的范德利普及其合伙人成立了另一个信托基金,设法从剩余资产中抢救出100万美元。新信托公司用这笔钱从财团手中购买了3200英亩土地,占所持资产的1/5,并将其命名为帕洛斯福德庄园。①

被迫让贤之前,刘易斯的工程进展迅速。按照奥姆斯特德兄弟公司的方案,工人们修建了道路和下水道,安装了水管和其他公共设施,规划了公园和高尔夫球场,并种植了树和灌木。

---

① E. G. Lewis, *Palos Verdes* (Atascadero, 1923), page 11; *A Report of Proceedings and Addresses [at the] Meetings of Underwriting Subscribers of Palos Verdes Project* (Los Angeles, 1922), pages 12, 16; Fink, *Time and the Terraced Land*, pages 110–111.

他们还细分了土地并对地块进行定价。杰伊·劳耶（Jay Lawyer）取代刘易斯，担任了项目总经理。在他领导下，新业主重启了刘易斯离任的工程。他们还发起了一场大型广告宣传活动。尽管帕洛斯福德庄园远未竣工，但在1923年6月，庄园向公众开放了。即使按照南加利福尼亚州的标准，这次开放活动也精彩异常。正如一份报纸所说，"这在太平洋海岸房地产史上是前所未有的。"3万多人来此参观。有的人开车过来；有的人先乘坐太平洋电力铁路（Pacific Electric railway）的火车到雷东多海滩（Redondo Beach），然后从那里转乘长途客车前往帕洛斯福德。大多数人都想弄清楚这到底是怎么一回事，并在一个愉快的夏日享受一次免费郊游。在童子军升旗、"共和国之军"① 的退伍军人敬礼后，庆祝活动开始了。据《洛杉矶快报》（Los Angeles Express）的描述，开幕式亮点纷呈，包括音乐会、空中特技表演、滑水表演、新奇竞赛、棒球比赛、游艇比赛、拔河比赛和一整天的舞蹈，堪称名副其实的"三环马戏"。除销售总监杰伊·劳耶和亨利·克拉克（Henry Clarke）外，还有一百多名员工在场迎接来宾，并应要求带他们参观现场。在帕洛斯福德庄园史上，不试图推销任何东西的活动也许仅此一次。"生意被搁置一边，"《洛杉矶时报》（Los Angeles Times）写道，"一天都用来玩乐和考察了。"②

---

① "共和国之军"（Grand Army of the Republic），美国南北战争结束后成立的退伍军人组织。——译者注

② Fink, *Time and the Terraced Land*, pages 111–112; *Atascadero News*, June 15, 1923, unidentified newspaper, June 18, 1923, *Los Angeles Express*, June 18, 1923, *Los Angeles Times*, June 18, 1923, Local History Collection, Palos Verdes Library District.

尽管言辞浮夸，但帕洛斯福德庄园并不是一座"新城"。事实上，它根本就不是一座"城"，它只是一片郊区，一片"主要是为那些想要拥有独立住宅和花园，但又不愿意担责照料广阔土地的巨富们"设计的郊区，小奥姆斯特德写道。切尼说，这是"一个样板住宅区"，也是"美国有史以来为永久性开发而交由一家私企承建的最大规模的城市规划"。根据老奥姆斯特德很久之前制定的原则，街道的布局与丘陵地带的轮廓相融合，地块的布局则确保开阔的视野。交通集中在几条宽阔的大道上，小奥姆斯特德写道，"绝大多数当地住宅街道是间接道路，相对没有交通，对孩子们来说既安静又安全"。数百英亩的土地被预留为公园、游乐场、缰绳小径①和高尔夫球场。此外，还有绵延数英里的海岸线。帕洛斯福德的一则广告写道，这里不仅"适合投资，也适合生活"。正如宣传册所说，"帕洛斯福德是那种有口皆碑的市郊住宅区的典型代表，城市居民梦寐以求却很少真正见到过。它以富饶的美景而罕有，以宁静的祥和而闲适，以友善的氛围而温暖。一个紧凑而幽静的社区，能将现代都市生活中的一切喧嚣混乱拒之门外。"② 和美国任何

---

① 缰绳小径（bridle trail），指骑马专用道。——译者注

② *Judging Palos Verdes as a Place to Live*, undated promotional brochure, page 23. See also Frederick Law Olmsted, Jr., "Palos Verdes Estates," *Landscape Architecture*, July 1927, pages 257–258; Charles H. Cheney, "A Great City-Planning Project on the Pacific Coast," *American City*, July 1922, page 47; Charles H. Cheney, "Palos Verdes Estates—A Model Residential Suburb," *Pacific Coast Architect*, April 1927, page 14; *Los Angeles Times*, November 25, 1923, January 27, March 20, 1924; Frederick Law Olmsted to Charles H. Cheney, undated letter, Palos Verdes Homes Association, Palos Verdes Estates, California.

郊区一样，帕洛斯福德庄园体现了历史学家罗伯特·菲什曼曾精辟阐述过的"中产阶级乌托邦"愿景。

通过报纸广告和宣传册，劳耶和他的同事反复强调帕洛斯福德庄园的地位，用奥姆斯特德的话说，它"巍然屹立"于其他任何住宅区之上。此处指的是它的自然风光，尤其是未被污染的海岸线和连绵起伏的丘陵、开放空间、休闲设施以及得天独厚的气候——冬暖夏凉，几乎一年四季晴朗干燥。此外，还强调了其全面的改善措施——充足的供水，车畅其流、人畅其行的道路系统，和大多数地段都能有海景的分区规划。尽管岛上一无所有，但开发商宣称帕洛斯福德交通便利，距洛杉矶市区仅40分钟车程，距洛杉矶主要的外围购物区之一威尔希尔大道（Wilshire Boulevard）仅35分钟车程；岛上有若干商店和小卖部，人们甚至不必每天离开半岛去采购日常所需。广告上说，帕洛斯福德是一个养儿育女的好地方，它已有或很快就会有好学校、教堂和俱乐部。在帕洛斯福德成长，"您的小女孩可以沿着人行道滑冰，安全地骑自行车或者玩老式'跳房子'游戏"，"您的小伙子"将不会再有"性爱情感电影、水泥后院、不适于夏季狂欢的草坪以及交通危险小路"的回忆。另一则广告说，地块并不便宜，但价格"远低于您的预期"，而且必定会增值。①

---

① *Los Angeles Times*, February 10, 17, and 24, March 30, June 4, July 29, 1923, January 6, 13, and 27, February 3 and 10, March 2, 1924. See also *Judging Palos Verdes*, pages 3–31.

广告和宣传册将帕洛斯福德描绘成这样的世界：美丽的房子俯瞰大海，健壮的男孩们在沙滩上玩海盗游戏；一个穿着考究的女孩骑着她的小马；一个男人打完高尔夫球回家，孩子们来迎接他，他一手抱起一个；此时，他的妻子正在花园里摘花。无意中，广告和宣传册透露出这个太平洋天堂也有阴暗面。用小奥姆斯特德的话来说，没有什么比一再保证居民会受到保护、免受"不利他者任何可能的侵犯"更清晰地揭示这一点了，尤其是那些危及社区"稳定和永久"的开发。他们被保护免受如下伤害："不受欢迎的邻居"；"石油井架、油罐区、木材场、仓库"和其他工业企业；商用车库，殡仪馆和其他令人反感的生意，这些生意曾令许多时髦街区繁华殆尽；相互叠置的公寓楼和独栋房；甚至是"难看的建筑"，包括"设计缺乏艺术感、有害"的那些。居民不仅会受到三面环海、第四面群山耸立的自然环境和地形地势的保护，还受到奥姆斯特德兄弟公司称之为"异常完整、包罗万象的"限制性契约的保护。"正式记录在案的永久性保护限制，覆盖整个城市的每一寸土地。"其中一则广告如是说。①

毋庸置疑，不论是被开发为豪门的专属住宅区，还是作为中等富裕人士的花园郊区，帕洛斯福德都会被施以一些限制。范德利普在哈德逊河斯卡伯勒的分区受到严格限制，对此他十

---

① *Los Angeles Times*, March 18, June 24, July 29, December 2 and 9, 1923, January 13 and 27, March 2, 13, and 20, 1924. See also *Judging Palos Verdes*, pages 3, 13.

分支持。奥姆斯特德兄弟亦然。他们不仅为范德利普的小分区，而且还为全国其他几个大得多的分区起草了限制性契约。刘易斯深信，限制性契约将提升帕洛斯福德作为居住区的吸引力。在起草帕洛斯福德项目限制性契约时曾起到关键作用的切尼，也这样认为。最初，该项目的总工程师H. T. 科里（H. T. Cory）和总顾问弗兰克·詹姆斯（Frank James）对此持保留意见，但最后，他们还是同意了。借鉴了许多对其他上层中产分区施行的限制性契约（其中的一些由奥姆斯特德兄弟公司起草），最终，刘易斯团队提出了自己的一长串限制。据奥姆斯特德公司称，这串限制"经受住了许多能干律师的批评考验"。1921年，刘易斯与产权保险和信托公司签订了合同，并将这些限制写入合同。一两年后，代表新业主的联邦信托公司（Commonwealth Trust Company）在洛杉矶县法院制定了大体相同的限制，即"帕洛斯福德庄园保护性限制"（Palos Verdes Estates Protective Restrictions）。①

这些限制被施加于每一块土地，纳入每一份契约中，成为

---

① Olmsted Brothers, "Restrictions for Real Estate in Deed Form," a memo dated Fall 1915, Olmsted Records, Job File 5816; H. V. H., "Land Subdivision Restrictions," *Landscape Architecture*, October 1925, table following page 54; Lewis, *Palos Verdes*, page 22; *Meetings of Underwriting Subscribers*, pages 7 – 8, 34 – 35; Olmsted Brothers, "Restrictions for Residential Subdivisions and Related Matters," a report dated January 1925, Appendix, Loeb Library, Harvard University; Fukuo Akimoto, "California's Garden Suburbs: St. Francis Wood and Palos Verdes," a paper delivered at the 9th International Conference on Planning History, Espoo-Helsinki, Finland, August 20, 2000, pages 8 – 12.

买卖双方合同的一部分，并与其他任何部分具有同等法律约束力。这些条款严重限制业主对其地产的处置。很可能是由切尼提出的所谓"常规限制"，禁止业主向"非白人或非高加索人"租售地块或房屋。除与雇主居住在一起的司机、园丁或家政工外，业主甚至不允许让非裔或亚裔美国人使用或占用地产。这些限制非但没有不得人心，反而是刘易斯愿景的核心，即帕洛斯福德将汇聚"有史以来最伟大民族与最伟大种族——高加索人和美利坚民族的男女精英"。尽管资金严重短缺，但刘易斯非常执着于这一愿景，他甚至不允许非白人投资帕洛斯福德项目。其他限制还禁止业主将地产用于一系列用途，其中，有些会妨害，有些可能并不会妨害居住区，却被认为会令人不快。其中包括用作屠宰场、炼油厂、炼铁厂、煤场、教养院、精神病院、疗养院、坟场、酒吧和生产"麦芽酒、葡萄酒或烈性酒"的场所。(值得一提的是，在洛杉矶商会［Los Angeles Chamber of Commerce］力劝东部制造商在南加利福尼亚州设立分公司的同时，帕洛斯福德庄园却禁止任何"由于散发臭味、烟雾、煤气、灰尘或噪音而令人作呕的商贸活动"——实际上是"任何有害的商贸活动"。)①

即使本就无意将地产用于煤场或精神病院，更不用说租售给

---

① *Protective Restrictions*, *Palos Verdes Estates*, *Los Angeles*, *California* (1923), pages 4, 17, 28; *Meetings of Underwriting Subscribers*, page 11; *Trust Indenture*, *Palos Verdes Project*, *Between E. G. Lewis and Title Insurance and Trust Company Trustees* (Los Angeles, 1921), page 2; Robert M. Fogelson, *The Fragmented Metropolis: Los Angeles, 1850–1930* (Cambridge, 1967), pages 120–125.

非裔或亚裔美国人的业主,也会受到许多其他限制。假设某人想盖一幢独栋房——这是在超过90%的地皮上唯一被允许建造的房屋类型,限制性契约详细规定了它可以建在什么地方,占地多少,以及能高出地面多少,甚至会明确说明它的造价。造价包括了建筑师费用和开发商利润,根据地段、景观和周围环境的不同而有所差异——从价格中等到极为昂贵,但不包括车库或其他附属建筑费用。正如刘易斯所称,昂贵的房屋不一定设计精良。为此,他在限制性契约中加入了一条杰伊·劳耶最初持怀疑态度的规定,即施工之前,每名业主都必须向帕洛斯福德艺术评审委员会(Palos Verdes Art Jury)提交方案。没有委员会的批准,什么都建不了。委员会成员包括迈伦·亨特和其他著名建筑师,他们不仅要求房屋的设计"相当不错",而且在大多数情况下,还得与所谓的"加利福尼亚州建筑"风格一致——这是一种独特的建筑类型,"其主要灵感直接或间接来源于拉丁风格—— 一种在地中海沿岸类似气候条件下发展起来的建筑风格"。设计是否获得批准取决于颜色(通常为"浅色调"),材质(通常为熟石膏、灰泥、混凝土或"经认可的人造石"),甚至屋顶的倾斜度"最好不陡于30度,且不得超过35度"。①

---

① *Protective Restrictions*, *Palos Verdes Estates*, pages 3 – 5, 9 – 10, 22 – 25, 30 – 32, 34 – 35; *Meetings of Underwriting Subscribers*, page 35; *Palos Verdes Bulletin*, December 1925, page 4; Myron Hunt, "The Art Jury of Palos Verdes Estates," *California Southland*, May 1925, page 13. On the need for architectural review at Palos Verdes, see John Charles Olmsted to Jay Lawyer, March 20, 1914, Olmsted Records, Job File 5950.

一旦艺术评审委员会批准了方案，业主就可以开工，但他们不能使用任何"旧材料或二手材料"；在房屋竣工前，买家或其他任何人都不能占用房屋或房屋的任何部分。即使是在一个家庭搬入之后，他们还得继续忍受更多限制。假如他们早餐想吃新鲜鸡蛋，或者认为照料一些家畜对孩子们是有益而愉快的，那么，他们可没这个好运了。因为限制性契约不仅禁养牛和猪，甚至还禁养鸡和兔子。假设某位房主认为一个坚固的木围栏可以给家人更多隐私保护，或者使邻居家的狗远离自家草坪和花园。在限制条件下，未经社区管理机构——帕洛斯福德房屋协会（Palos Verdes Homes Association）的许可和帕洛斯福德艺术评审委员会的批准，围栏是建不成的。所有围栏（以及树篱、墙和电线杆）都被限定在"合理的高度"。或者假设一个房主想砍掉、砍倒或者只是想修剪一棵挡住了海景的树，一旦树超过 20 英尺，就需要获得房屋协会的许可（如果一棵树太高以致挡住了邻居的视野，那么协会可以违背业主意愿，将其砍掉）。又假设房主决定搬家将房屋卖掉，这可是大洛杉矶地区居民的惯常决定，根据帕洛斯福德的限制性契约，卖家甚至不能在屋外张贴"待售"标识。①

对于一个将帕洛斯福德的房产视为投资而非居家置业的业主来说，限制性契约甚至更麻烦。假设房主想建造多户住宅，以获利于洛杉矶不断增长的住房需求，那绝无可能。因为限制性契约禁止建双户住宅和任何类型的公寓楼，少数几片区域除

---

① *Protective Restrictions*, *Palos Verdes Estates*, pages 4 – 5, 18, 35 – 36.

外——这几片区域地处小商业中心和周边独栋房社区之间的缓冲区。对于另一个想从商店和小卖部日益增长的需求中获利的业主来说,那也是徒劳。因为商店和小卖部在商业中心之外是被禁止的。对于那些因房地产逐渐增值感到满意的人来说,帕洛斯福德庄园可能是一个不错的投资,但对于那些希冀利用土地用途变化牟取暴利的人来说,这算不上什么好投资。限制性契约还阻止了业主从地产中创收。如在户外广告业一度蓬勃发展的时期,许多公司都乐意花大笔钱在位置优越的地段租广告牌。但这些限制性契约禁止竖立广告牌,甚至为数不多的商店和小卖部招牌也需得到艺术评审委员会的批准。当石油公司在洛杉矶盆地进行一次又一次大开采时,有的公司距帕洛斯福德并不远,公司代表通过向地块业主支付可观的矿区使用费以换取矿业权。但是限制性契约也禁止开采石油和天然气。①

帕洛斯福德庄园保护性限制并不是一个噱头。相反,它是指导方针,旨在规范社区未来几十年的发展。为发挥作用,它必须被严格执行。只要受托方持有大部分地产,执行就有可能被落实;但一旦大部分地块被出售,它在社区事务中将不再发挥太大作用。预见到这一问题,刘易斯和他的合伙人成立了帕洛斯福德房屋协会。协会是一个非营利组织,由业主选举产生的五名委员组成董事会管理。在众多包括管理自来水厂和维护场地的工作职责中,它被授权执行这些限制。为减少违规行为,即使业主反对,协会也有权进入房屋,并在必要时申请禁令。

---

① *Protective Restrictions*, *Palos Verdes Estates*, pages 3-4, 17-18.

19 为发挥作用,这些限制还必须长期实施。但刘易斯和合伙人担心,如果限制被永久延长,它们将经受不住法律考验。因此,他们想出了一个自认为次之的最佳安排:这些限制将持续到1960年,或有效期为37年。届时,除非有一半以上地产(不包括街道、公园和其他公共用地)的所有者书面同意废止或修改这些规定,否则条款将自动续期20年。① 从本质上讲,虽然没有法律规定,但这些限制基本是永久性的。

帕洛斯福德庄园不是一个乌托邦社区。它与19世纪后期在加利福尼亚州兴起的众多合作社和社群主义定居点几乎毫无共通之处。事实上,它与这些定居点的不同,就像沙克高地(Shaker Heights)和沙克区(Shaker colony)一样。沙克区曾有一块地,后经由范斯威林根兄弟(Van Sweringen brothers)(即奥里斯·T.范斯威林根[Oris T. Van Sweringen]和曼蒂斯·J.范斯威林根[Mantis J. Van Sweringen])开发成克利夫兰最时尚的郊区。帕洛斯福德庄园也不是一家慈善或准慈善企业,比方说,罗素塞奇基金会(Russell Sage Foundation)的森林山花园(Forest Hills Gardens),是位于纽约市外行政区之一皇后区的一个中产分区;城市和郊区住宅公司(City and Suburban Homes Company)的约克大道庄园(York Avenue Estate),是位于曼哈顿上东区的十几套样板廉租公寓。尽管有"一座伟大的卫城"和"新城"的溢美之称,但帕洛斯福德庄园只是一个房地产分

---

① *Protective Restrictions*, *Palos Verdes Estates*, pages 2–3, 5–6, 18–23, 37–40.

区,一个规模庞大、规划合理且价格高昂的分区。对范德利普和刘易斯来说,这是一次商业冒险。尽管奥姆斯特德和切尼都在尽力而为,但他们的看法与范德利普们基本一致。投资者亦然。他们中的许多人确信,帕洛斯福德项目中的不可兑换票据是"土地开发史上无与伦比的投资"。① 为获得成功,刘易斯和他的继任者们做了其他地块划分商从未做过的事情。他们花了很多钱——大部分是别人的钱,去购买、改善和细分土地,然后将地块投放市场,以期产生足够销售收入回本并带来可观利润。

在房地产税和其他运营费用耗尽剩余资本并威胁整个企业的偿付能力之前,如果帕洛斯福德庄园不得不出售土地,那么,为什么范德利普、刘易斯及其合伙人还对准买家如何使用(以及小而言之,如何处置)其地产施加如此繁多的限制?此外,为什么他们施加了一些如此严苛的限制以至于弗兰克·詹姆斯跟刘易斯说自己"不会住在这种地方"?为什么他们要在洛杉矶住宅地产市场竞争如此激烈的时候实施这些限制呢?——此时,每个月都有100多个新分区开售,其中许多分区的位置比帕洛斯福德更为便利,某些分区的景致几乎和帕洛斯福德一样

---

① Robert V. Hines, *California's Utopian Colonies* (Berkeley, 1990); Ian S. Haberman, *The Van Sweringens of Cleveland: The Biography of an Empire* (Cleveland, 1979), pages 6 – 17; Susan L. Klaus, *A Modern Arcadia: Frederick Law Olmsted, Jr., and the Plan for Forest Hills Gardens* (Amherst, Massachusetts, 2002); Eugenie Ladner Birch and Deborah S. Gardner, "The Seven Percent Solution: A Review of Philanthropic Housing, 1870 – 1910," *Journal of Urban History*, August 1981, pages 403 – 438; *Los Angeles Times*, April 1, 1924.

壮观。既然限制的影响如此深远,在某些情况下又如此累赘,那些经营帕洛斯福德庄园的头脑冷静的商人们,为什么要宣传甚至鼓吹这些限制呢?为什么报纸广告要强调,帕洛斯福德庄园比其他住宅区受到更严格的限制?为什么劳耶和克拉克把"严格限制"当作一种营销手段,与其出色的环境、精良的设计和昂贵的改进一样有价值?换言之,为什么开发商会认为,这些限制性契约会使帕洛斯福德庄园对未来买家更具吸引力?①

假设开发商知道他们正在做什么,那么这个问题还会引发许多其他问题。与大多数美国人一样,洛杉矶居民坚信私有财产的神圣性。1923年,新泽西州最高法院写道,私有财产的神圣不可侵犯是"文明拱门之基石"。尽管他们赞同1908年制定的基础分区法和13年后颁布的更为复杂的分区法,但为什么他们会选择搬进一个在很多方面限制他们使用和处置房地产"自然权利"的分区?如一位记者所说,这些人生活在一座炒房已"渗透进各行各业"的城市。正如20世纪20年代一部有关洛杉矶的小说《推手》(*The Boosters*)中一个角色所言,"无论一个人做什么,他几乎肯定会涉足房地产。"为什么这些人会忍受这么多对他们交易房地产施加的限制?这些问题之所以令人困惑,是因为帕洛斯福德庄园是专为富人设计的。土地价格加上

---

① *Meetings of Underwriting Subscribers*, pages 8, 34 – 35; *Los Angeles Times*, March 18, June 24, October 28, November 25, December 9, 1923, January 24, February 10, 1924; James Clifford Findley, "The Economic Boom of the Twenties in Los Angeles" (Doctoral dissertation, Claremont Graduate School, 1958), chapter 5; *Judging Palos Verdes*, page 30.

建房最低成本，使它远超普通人的经济承受能力。此外，它是专为业主设计而不是为租客设计的，通常情况下，租客不得不忍受许多有关如何使用他人房产的烦琐限制。他们要么按照房东的条件租房，要么根本不租。为什么那些几乎可在大都会区任何地方居住的洛杉矶居民，而且极有可能认同大众观点即一个人的家就是"他的城堡"的居民，会在帕洛斯福德庄园这种高度受限分区买地和建房呢？①

如果除帕洛斯福德外，限制性契约在洛杉矶其他地方无处可寻，又或者，它们只是分区规模或奥姆斯特德兄弟影响力的产物，那么，这些限制性契约并不会引起太大关注。然而，事实并非如此。大约在帕洛斯福德开售的同时，其他许多受限分区也在整个大洛杉矶地区上市。贝莱尔（Bel-Air）——雄踞于洛杉矶西部群山之上的"郊区至尊"，是"高度受限"的。威尔希尔大道的一个分区汉考克公园（Hancock Park）亦然。它奢华之极，以至在广告中都没有提及地块价格（好比 J. P. 摩根［J. P. Morgan］被问及他的游艇价格时答道，"如果您非得问价的话，那就是您买不起。"）另一个山腰分区比弗利山顶

---

① *Ignaciunas v. Risley*, 121 A. 783, quote on page 785; Marc A. Weiss, *The Rise of Community Builders: The American Real Estate Industry and Urban Land Planning* (New York, 1987), pages 80 – 101; Jules Tygiel, *The Great Los Angeles Swindle: Oil, Stocks, and Scandal During the Roaring Twenties* (NewYork, 1994), page 13; Mark Lee Luther, *The Boosters* (Indianapolis, 1923), page 181; Olmsted, Jr., "Palos Verdes Estates," pages 257 – 258; Nathan William MacChesney, *The Principles of Real Estate Law* (New York, 1927), pages 153 – 156, 160 – 163, 173; Lawrence J. Vale, *From the Puritans to the Projects: Public Housing and Public Neighbors* (Cambridge, 2000), page 121.

(Beverly Crest)号称"严格限制",位于圣盖博谷(San Gabriel Valley)的弗林里奇高地(Flintridge Highlands),情况同样如此。圣莫尼卡(Santa Monica)的峡谷维斯塔公园(Canyon Vista Park)强调其"高等级限制",大道露台(Boulevard Terrace)附近则强调其"高级别限制",圣费尔南多谷(San Fernando Valley)的西范努伊斯(West Van Nuys)以其"明智的限制"而自豪,位于洛杉矶和帕萨迪纳(Pasadena)之间的银湖露台(Silver Lake Terrace)也是如此。其他分区有"精心设计的限制""合乎要求的限制""明智的限制"和"适当的限制",还有一些有"严格的种族限制和适度的建筑限制"或者"高到足以预防环境恶化,但对一般房屋而言仍不算太高"的建筑限制。到了20世纪20年代初,或者更早些,很多的分区都受到了这样那样的限制,以至于所有人认为,一些地块如果有不受限地块出售,有必要在广告中提及。①

如果限制性契约在美国除洛杉矶以外的任何地方都找不到的话,那么它们也只能算是有点耐人寻味。洛杉矶可是一座以各种稀奇古怪风尚而著称的城市。但事实也并非如此。到帕洛斯福德庄园开售时,全国已有数百个受限分区投放市场。奥姆斯特德兄弟承接了几十个分区的工作,其中最著名的包括马里兰州的吉尔福德(Guilford),纽约州拿骚县(Nassau County)

---

① *Los Angeles Times*, November 5 and 12, December 3, 1922, February 25, April 15 and 22, May 20, October 27, November 4, December 16 and 30, 1923, January 6 and 27, 1924. See also Jean Strouse, *Morgan: American Financier* (New York, 2000), page 206.

的森林山花园、大颈山（Great Neck Hills）、马萨诸塞州春田（Springfield）的柯罗尼山（Colony Hills）。切尼、科里和产权保险与信托公司的法律顾问艾文·穆西克（Elvon Musick）在十多个城市参观了科里所称的"高级（即高度受限）开发项目"，其中包括巴尔的摩的罗兰公园和堪萨斯城的乡村俱乐部区。后来，科里对许多潜在投资者说，正是这次旅行打消了他和穆西克对严格限制价值所持的疑虑。事实上，在起草帕洛斯福德保护性限制时，切尼大量借鉴了罗兰公园、森林山花园、乡村俱乐部区和旧金山的圣弗朗西斯伍德（St. Francis Wood）的相关经验。与帕洛斯福德庄园一样，这些分区将限制性契约当作一种营销手段，强调其"严格""彻底"和"明智"，比如萨凡纳（Savannah）的"最佳居民区"——查塔姆新月城（Chatham Crescent）承诺"限制将被严格执行"。为确保所有人都清楚这一点，J. C. 尼科尔斯（J. C. Nichols）在乡村俱乐部区大部分广告的页面顶端加入了"1000英亩土地受限"的字眼，这一广告词被休斯敦最独家的分区橡树河所仿效。[1]

全国范围内，限制性契约不仅在为富人阶层设计的被大肆

---

[1] Willard Huntington Wright, "Los Angeles—The Chemically Pure," in *The Smart Set Anthology*, ed. Burton Rascoe and Graff Conklin (New York, 1934), page 96; Bruce Bliven, "Los Angeles: The City that Is Bacchanalian in a Nice Way," *New Republic*, July 13, 1927, page 13; H. V. H., "Land Subdivision Restrictions," table following page 54; *Meetings of Underwriting Subscribers*, pages 7–8; Palos Verdes Homes Association, *The Palos Verdes Protective Restrictions* (Palos Verdes Estates, ca. 1925), page 5; *Country Life in America*, November 1, 1911, page 3, August 1920, page 17; *Kansas City Star*, October 3, 1909, March 6, 1910; *Houston Post*, April 12, 1925.

宣扬的分区中有，而且在一些鲜为人知的为小康阶层设计的分区，甚至在一些工薪家庭社区里也有，尽管为数不多。另外，在 20 世纪初纽约和其他几个城市专为富人建造的合作公寓（有时是在他们避暑的专属水景区）也有。① 但是这些契约体现更多的是到 20 世纪 20 年代已司空见惯的郊区，而不是成为例外的城市。它们不仅诉说了很多曾被历史学家生动描述过的郊区居民的梦想，还有他们的梦魇；不仅有关他们的希望，也有关

---

① 合作公寓（cooperative apartment）是一种新颖的多户住宅，每位住户都在其中拥有公寓（或者更确切地说，是建筑物中一块相应股份）。合作公寓最早出现在 19 世纪后期，但是直到第一次世界大战之后，它们才开始流行起来。当时，住房的严重短缺导致租金飞涨。为摆脱"牟取暴利"的房东，许多富裕的租户搬到了郊区。然而，有些人宁愿留在城市，即使这意味着要住在公寓里。如同一名纽约房地产经纪人所说，对他们而言，合作公寓为他们提供了"一个家，而不仅仅是一套公寓"，一个比独栋房需要更少用人和更少维护的家。为确保专属性、稳定性和永久性，这些契约赋予了现住居民在大楼管理方面，尤其是在未来居民的选择方面，拥有《纽约时报》所说的"控制权"。虽然公寓价格排除了除富人外的所有人，但合作公寓董事会需要准买家提供商业和社会证明文件，由于这些证明文件，一名记者写道，"申请者被跟踪和调查，至少在较昂贵的合作公寓开发项目里，直到与申请者作为邻居的可取性有关的每一个事实都披露出来为止。"除志趣相投的邻居外，一幢合作公寓还给了城市居民一个属于他们自己的家。"他的家是他自己的，"曼哈顿若干合作公寓打出广告，"他想怎么处理就怎么处理：可以居住，并传给他的子孙后代；可以改建；可以出售或出租，只需遵守一些限制性条款，这些条款是共同所有人为维持这份共同财产的高品质和价值而一致达到的。" *New York Times*, June 18, 1922, February 11, March 25, April 15, May 20, October 21, 1923, January 11, 1925; Elmer A. Claar, "Why the Cooperative Plan of Home-Ownership Is Popular," *National Real Estate Journal*, May 18, 1925, pages 46 – 48; Howard MacDougall, "Cooperative Apartments," *Buildings and Building Management*, July 23, 1925, page 25; *Annals of Real Estate Practice*：*1926*, volume 5, page 10.

他们的恐惧。有对他人的恐惧，对曾被称为"危险阶层"的少数族裔和穷人的恐惧，以及对像他们自己这类人的恐惧，还有对变化的恐惧以及自身是主要受益者的市场的恐惧。这些限制表明，用菲什曼的话来说，郊区反映出的更多是"中产阶级与他们所缔造的城市工业世界渐行渐远"。① 这些限制也反映出一系列根深蒂固的恐惧，这些恐惧在19世纪末20世纪初曾弥散于美国社会的大部分地区。最重要的是，这些限制揭露了"中产阶级乌托邦"的阴暗面。

---

① Robert Fishman, *Bourgeois Utopias: The Rise and Fall of Suburbia* (New York, 1987), page 4.

一 1870—1930年间的美国郊区：持续探求永久性

不想要的改变

本来，老弗雷德里克·劳·奥姆斯特德与帕洛斯福德庄园的规划毫无瓜葛——他大概也从未见过帕洛斯福德半岛。① 当范德利普和合伙人从比克斯比手里买下这处地产，并雇请奥姆斯特德兄弟公司帮忙细分时，老奥姆斯特德已经离世十多年了。但如果他能更长寿一些的话，很可能会赞同儿子们对帕洛斯福德庄园的设计——按照他制定的原则，保留数百英亩土地作为公园和开放空间以增强自然美感，同时，使街道和地块的布置与丘陵地貌融为一体，以保留令人叹为观止的风景，以及把交

---

① 奥姆斯特德曾于19世纪60年代和80年代两度在加利福尼亚工作，但据我所知，他从未在洛杉矶待过。See Charles E. Beveridge and Paul Rocheleau, *Frederick Law Olmsted: Designing the American Landscape* (NewYork, 1995), pages 25 – 26, 182 – 191. See also *Los Angeles Times*, March 24, 1924.

通汇聚到几条宽阔的大道上以保证街道的安静和安全。他也会赞同奥姆斯特德和切尼限制帕洛斯福德庄园的做法,那就是,为确保庄园的"稳定和永久",他们对庄园业主如何处置其地产制定了一系列全面而严格的限制。与 19 世纪末 20 世纪初对其他上层中产分区的限制一样,"帕洛斯福德庄园保护性限制"旨在解决奥姆斯特德早在 19 世纪 60 年代与 70 年代就开始关注的一个问题。这一问题使人们对美国郊区的未来产生了强烈质疑。虽然奥姆斯特德并不是唯一意识到这个问题的美国人,但没有任何人能像他那样生动、敏锐地把问题阐述出来。

作为一名设计师、顾问和作家,奥姆斯特德投入了巨大精力,力图改善美国城市某些最糟糕的特征。但是,到了 19 世纪 60 年代,他开始怀疑,有没有可能在这些城市建"一幢交通便利、格调雅致"的房子以"满足一个家庭的文明需求,价格却不会高到即便富人都望而却步"。鉴于人们喜欢在城市中"混住"的天性,重回乡村毫无可能,更不必提回到"那大西部的不毛之地"。但是,搬到郊区却是可能的。奥姆斯特德认为,对大多数美国人来说,郊区既提供了城市生活的便利,又没有拥挤、混乱、噪音、犯罪和恶习;还有乡村生活的乐趣,又不致困顿、孤独和缺乏生活便利设施。正如他致信爱德华·埃弗雷特·希尔(Edward Everett Hale),提及"郊区为人们提供了足够的居住空间,使他们不必回到乡下,也不必担心周边没有肉店、面包房和剧院"。希尔是一名波士顿牧师,以著有《无国之人》(*The Man Without a Country*)一书而闻名。在一个饱受阶级冲突困扰的社会里,借用两位奥姆斯特德学者的话,"一名郊区自耕农"也能起到急需的平衡作用。奥姆斯特德在 19 世纪 60 年代后期说,在经精心规划和精心设计的郊区生活,是"最具吸引力、最优雅和最有益身心的居家生活方式"。①

但奥姆斯特德指出,很少有郊区经过精心规划和精心设计,更别提"有吸引力""优雅"与"有益身心"了。在短期经济目标的驱使下,大多数郊区是"一点一点,没有任何总体规划"地建成的;而那些以有条不紊方式布局的分区,也"没有采用任何明智设计以保留明显的乡村风貌"。奥姆斯特德称,结果就是,大多数郊区"还比不上那些粗陋、花里胡哨的村庄,或是支离破碎的半城镇"。通常情况下,郊区的道路"杂乱无章、破烂不堪、毫无魅力,与大多数城镇居民在寻找宜人郊区居住点时所期待的风景完全相悖"——那是一种林木葱茏、风景如画的地方。奥姆斯特德认为,有时候,这些地段"本身就很吸引人"。但这些地方多位于"枯树丛耸立的老旧丛林中的一块块尚未开垦的空地,一片片废弃地和荒芜的田地,马路、水坑和沼泽边的原始堤岸,路边酒吧、啤酒花园、棚屋、破旧的马房或一小群建筑物等诸如此类在某些城市周边最令人作呕的郊区能找得到的地方。在这些城市的'纽约时尚'前,往往遍布煤渣和垃圾。"更差劲的是,有些郊区是"病态或不

---

① Robert Fishman, *Bourgeois Utopias : The Rise and Fall of Suburbia* (New York, 1987), pages 127 - 129; Olmsted, Vaux & Co. , "Preliminary Report Upon the Proposed SuburbanVillage at Riverside, Near Chicago (1868)," *Landscape Architecture*, July 1931, pages 260 - 262; Beveridge and Rocheleau, *Olmsted*, page 99.

健康的"。无怪乎,奥姆斯特德在19世纪80年代中期写道,纽约市附近的郊区地块几乎没有人要,其中许多"半价即可成交"。①

与奥姆斯特德称为"零钱投机"的糟糕状况相比,更令人不安的是,曾经时髦的郊区正在迅速衰败。正如他在19世纪70年代早期写的那样:"几年前,许多纽约郊区因其田园风光和上流社会而享有盛誉,随着各种不和谐因素的逐步发展,它们已经完全失去了昔日的风貌。"曾经的"迷人别墅和农舍小屋",现在以"不到一半的价格"出售,变成了"寄宿和廉租公寓"。这些郊区"几乎像被军队入侵一样地毁掉"。对奥姆斯特德来说,显而易见,郊区的成功也导致了它的毁灭。一些家庭被广阔的视野和茂密的林地所吸引,他们来到新分区,购买土地然后建房,并进行了一些破坏自然环境的改善。郊区曾一度保留了许多最初吸引人们的特质。但是,不久之后,其他家庭也搬了进来。奥姆斯特德写道,通过"无知、无能、低级趣味或恶作剧",新来者摧毁了"对有教养的市民而言,真正构成其价值主要部分的当地环境"。一些业主对这种变化大为不满,他们对地产丧失了兴趣或者找到了其他用途。在这些地方,"乡村建筑和围栏任由倒塌,树林和果园被砍伐,商店、砖厂、酿酒厂和工厂进驻,大城镇周边区域的破败景象在曾经美丽的

---

① Olmsted, Vaux & Co., "Riverside," pages 262, 268 – 270; Frederick Law Olmsted to B. L. Ramsey, November 1884, Frederick Law Olmsted Papers, Manuscript Division, Library of Congress (hereinafter cited as Olmsted Papers).

乡村土地上恣意蔓延"①。

奥姆斯特德在斯坦腾岛约1000至1500英亩土地上留意到这种衰败,他曾于19世纪40年代末50年代初断断续续在此地做乡绅。这片土地曾经是"岛上——乃至大西洋海岸最吸引人的地方",农场和村庄遍布其上,人们居住在美丽公路旁的舒适小屋里,公路"蜿蜒于大树之间,越过清澈的溪流,穿行在干净的草地上"。然后,有人在此地建了一个码头,并开始在岛和城市之间运行渡轮。修建了新的公路,并将旧农场划分为若干郊区地块,"以吸引优秀的居民"。但是这里既没有像样的排水设施,也不注重保护自然环境。很快,这个不断发展的郊区不仅吸引了有钱人,还吸引了用人、劳工以及今天所谓的"一日游者"。为迎合新市场,某位商人开了一个啤酒花园;其他人开了商店和马房,建起了小型住宅,"优良树种常被砍伐以腾出空间"。"最后,"奥姆斯特德写道,"社区里建了两三家工厂,对建出租公寓、小卖部和酒吧的小地块需求随之增长。"此地没那么吸引人们来建独栋房了。而且,由于生活垃圾的污染和道路建设的停滞,曾经波光粼粼的小溪变得"恶心而危险"。曾经美丽的林地被建筑工人砍光(然后给穷人拾走当柴

---

① "Prospectus for the New Suburban District of Tarrytown Heights," in *The Papers of Frederick Law Olmsted*, volume 6, *The Years of Olmsted, Vaux & Company, 1865 – 1874*, ed. David Schuyler and Jane Turner Censer (Baltimore, 1992), pages 503 – 505; Frederick Law Olmsted et al., "Report to the Staten Island Improvement Commission of a Preliminary Scheme of Improvements," in *Landscape Into Cityscape: Frederick Law Olmsted's Plans for a Greater New York*, ed. Albert Fein (New York, 1967), pages 178, 184 – 185.

烧),取而代之的是"裸露、不堪入目的垃圾堆"和"瘟疫滋生的沼泽群"。对奥姆斯特德来说,使人极为不安的是,一片很便于进城的"风光秀丽的郊区",竟会如此迅速地衰败。①

在城市,情况同样棘手。许多昔日宜人的住宅区也在迅速衰败。奥姆斯特德在19世纪60年代初写道,五年前,纽约的华盛顿高地(Washington Heights)是"优雅与时尚之所在"。现在,它显露出"肮脏先遣队的明显征兆"。业主急于售房,但除了酒吧老板,没人愿意接手。布鲁克林、费城和其他城市也经历着同样的变化。波士顿的南角(South End)就是一个典型例子。短短二三十年间,它从一个以漂亮别墅和私家花园为特色的富人区,变成了工人移民的入境港,到处都是小旅店和工厂,以及一位社会学家所说的"失足妇女"。(在约翰·P.马昆德(John P. Marquand)的小说《波士顿故事》[The Late George Apley]中,在看到"一个穿着自己长袖衬衫的男人"走在街对面的褐沙石台阶上后,主人公的父亲离开了南角。)住宅区衰败不仅发生在东海岸,也发生在克利夫兰的欧几里得大道(Euclid Avenue)和堪萨斯城的质量山(Quality Hill),后者于19世纪末被精英人士抛弃之前曾是一个时尚住宅区。对奥姆斯特德来说,有害变化在城市已经糟透了,但是,郊区的情况更是雪上加霜。在20世纪20年代,一位记者写道,在郊区,"人口吸引生意;生意招致更多生意。很快,原来的居住区变

---

① Olmsted et al., "Report to the Staten Island Improvement Commission," pages 185–190.

为了城市,一部分人口又开始迁移,迁去绿色的外围——那儿永远是居家的理想环境"①。

其他美国人有着与奥姆斯特德同样的担忧。城镇历史学家哈里特·伍兹(Harriet Woods)在1874年写道,布鲁克林曾经是"波士顿的花园"。但是近来,"贪婪的投机商"正在抹去其"田园风光的所有痕迹"以及"多年来使小镇闻名遐迩"的其他特质。《布鲁克林纪事报》(*Brookline Chronicle*)的一位作者也表达了类似观点。他说,自从铁路和"从来都喜欢就近居住"的爱尔兰人来到布鲁克林,五年之后,"似乎出现了一种躁狂,可以摧毁一切古老、美丽和自然的事物"。另一著名景观设计师乔治·E.凯斯勒(George E. Kessler),在19世纪90年代中期抱怨所谓的"不稳定发展趋势",即商店和小卖部随着居民开到了城市外围,在那里,它们结成"一个庞大(且毫无吸引力)的城乡接合部"。这一连串活动一直持续到20世纪。"去到你喜欢的任何一座城市,"堪萨斯城乡村俱乐部区的地块划分商 J. C. 尼科尔斯在1923年写道:"进入一个在十几年前或几十年前超级时尚的地方,你会发现,豪宅变成了寄宿公

---

① Frederick Law Olmsted to Henry H. Elliott, August 27, 1860, in *The Papers of Frederick Law Olmsted*, volume 3, *Creating Central Park*, *1857 – 1861*, ed. Charles E. Beveridge and David Schuyler (Baltimore, 1983), page 262; Walter Firey, *Land Use in Central Boston* (Cambridge, 1961), pages 60 – 68, 297 – 299, 315 – 316, 319; Margaret Supplee Smith, "Between City and Suburb: Architecture and Planning in Boston's South End" (Doctoral dissertation, Brown University, 1976), pages 2 – 3, 91 – 100; Lyle W. Dorsett, *The Pendergast Machine* (New York, 1968), pages 5 – 6; F. A. Cushing Smith, "The Glory of Shaker Village," *American Landscape Architect*, July 1929, page 22.

寓和杂货铺，或者经改造或重建为办公楼和百货大楼；如果某些房子没有以这类方式被使用，周边建起的小卖部、商店和商务会所等也摧毁了其原始居住价值。"①

奥姆斯特德指出，对于那些富有而文雅、正考虑从城市搬到郊区的人来说，这造成了一个严重问题：人们对任何地块都可以提出一些难于回答的问题，无论它乍一看多么吸引人。

> 假使我来到这里，会不会不久就发现，自家右边开了一家酒吧，左边开了一个啤酒花园，抑或工厂的烟囱或仓库挡住了水景？我能确定，这条风光旖旎的小路一定不会变成一条平常的街道，满是垃圾吧？我能相信，这片美丽的树林不会很快变成树桩，满是棚屋、山羊和一堆堆煤渣吗？如果是这样，这片土地的未来平均价值有多少？……无论是作为住所，还是为孩子们的投资，我都必须谨慎行事，不要过多受到粗浅表象的影响。敢问，您采取了何种改善措施以确保永久的健康和永久的乡村美景？②

---

① Ronald Dale Karr, "The Evolution of an Elite Suburb: Community Structure and Control in Brookline, Massachusetts, 1770 – 1990" (Doctoral dissertation, Boston University, 1981), pages 234 – 236; *Report of the Board of Park and Boulevard Commissioners of Kansas City, Missouri* (Kansas City, 1893), pages 13 – 14; Jesse Clyde Nichols, "When You Buy a Home Site," *Good Housekeeping*, February 1923, page 39.

② Olmsted et al., "Report to the Staten Island Improvement Commission," pages 188 – 189. See also John Archer, "Country and City in the American Romantic Suburb," *Journal of the Society of Architectural Historians*, May 1983, pages 131 – 156.

若对这些问题没有令人满意的回复，大多数美国人就不太可能会搬家。如果注定不久之后就要失去这些吸引人的特质，他们就不太可能现在去郊区；如果不久以后他们还将被迫再次举家搬迁，他们就不太可能现在举家搬迁；如果不久就要将房子亏本出售，他们就不太可能现在把血汗钱投资到郊区地产上。换句话说，很少美国人愿意搬到郊区，除非他们认为郊区是寻求健康家居环境的长久之计。无论郊区有什么别的好处，它必须保证永久性。不管怎样，必须找到一个解决有害变化的办法。

寻找解决方案

巨富们很容易找到解决办法。为了防止他们认为的不受欢迎的人和活动破坏其郊区隐居地，他们在数十、数百乃至数千英亩的土地上建房屋。他们通过确保附近没有建筑，以确保周边环境不会衰败颓落。一个典型例子是威廉·米诺特（William Minot）的庄园伍德伯恩（Woodburne），米诺特据称是波士顿最大的地主；另一个是德鲁姆·莫尔（Druim Moir），亨利·霍华德·休斯顿（Henry Howard Houston）的寓所，休斯顿是一位非常富有的费城商人、投资者和铁路董事。比伍德伯恩和德鲁姆莫尔更壮观的是特大庄园，多是拥有上百个房间（以及私家高尔夫球场和赛马场）的豪宅，它们由普拉特家族（Pratts）、范德比尔特家族（Vanderbilts）、古根海姆家族（Guggenheims）和其他名门望族在长岛北岸（North Shore）建造。最令人啧啧称奇的也许是佩恩·惠特尼（Payne Whitney）占地660英亩的格林特里（Greentree）。20世纪20年代中期，除亨利·福特（Henry Ford）和约翰·D.洛克菲勒（John D. Rockefeller）外，惠特尼缴纳的所得税比其他任何美国人都要多。惠特尼的两个曾孙曾随他们的母亲（富兰克林·D.罗斯福的孙女）一起参观白宫，之后评论白宫"很不错，但很难与格林特里相提并论"。比格林特里还要大的是芝加哥北岸的一些庄园。韦斯特利（Westleigh）是肉类包装商路易斯·斯威夫特（Louis Swift）的地产，占地1500多英亩。梅洛迪农场（Melody Farm）是斯威夫特的竞争对手J.奥格登·阿莫尔（J. Ogden Armour）的地产，面积虽然只有韦斯特利的一半，但它设有一条通往密尔沃基铁路的专线。但是，洛克菲勒位于纽约塔里敦（Tarrytown）的波坎蒂科山（Pocantico Hills）令这些庄园中最大的那个也相形见绌。到20世纪20年代，波坎蒂科山占地6000多英亩，近10平方英里，几乎是帕洛斯福德庄园的两倍。①

但是，这种解决办法远超几乎所有美国人的承受能力——

---

① Alexander von Hoffman, *Local Attachments: The Making of an American Urban Neighborhood, 1850 – 1920* (Baltimore, 1994), page 47; David R. Contosta, *Suburb in the City: Chestnut Hill, Philadelphia, 1850 – 1990* (Columbus, Ohio, 1992), pages 97 – 98; Dennis P. Sobin, *Dynamics of Community Change: The Case of Long Island's Declining "Gold Coast"* (Port Washington, NewYork, 1968), pages 25 – 37; E. J. Kahn, *Jock: The Life and Times of John Hay Whitney* (Garden City, New York, 1981), pages 16, 30 – 34; Stephen Richard Higley, "The Geography of the Social Register" (Doctoral dissertation, University of Illinois at Urbana-Champaign, 1992), page 69; Hugh J. McCauley, "Visions of Kykuit: John D. Rockefeller's House at Pocantico Hills, Tarrytown, NewYork," *Hudson Valley Regional Review* (1973), pages 2, 4 – 5, 38 – 39.

几千万人中只有几千个负担得起。即使是富人,也买不起这么广阔的土地,更不用说建造这种豪宅。他们也养不起庭院设计师、园丁、勤杂工、工人、厨师和用人等,来管理这些地产,并满足主客需求。根据老奥姆斯特德的说法,创建大庄园不仅需要"一大笔钱",而且还要有"非常独特的品位"。他写道,一般说来,即使选址很好,而且"周边环境宜人",一个"占地很多英亩的私家领地……也是完全不受欢迎的"。(也许,比尔特莫尔[Biltmore]——乔治·W. 范德比尔特[George W. Vanderbilt]地处北卡罗来纳州阿什维尔[Asheville]附近的一处特大庄园是个例外,奥姆斯特德曾在此度过了他职场生涯的最后几年。)19世纪中后期郊区化最有力的倡导者之一弗兰克·J. 斯科特(Frank J. Scott)认为,这种庄园还有其他缺点。他写道,伴随着"广阔私家领地"的是"孤独和寂寞",尤其在家庭女性群体之间。巨富们可能通过邀请别人到自己家里玩,以弥补没有邻居的缺憾。"很多陪伴也会带来很多麻烦,"他指出,"如果一个人必须使酒店免费以确保陪伴的话,那么这陪伴的代价也是相当高昂的。"还要多久,"才能使那些位置偏僻的'精品豪宅'和广阔土地给业主带来宁静和惬意呢?"少数家庭可能会享受"没有邻居"的生活,但这种家庭如同"稀世珍宝般罕有"。①

---

① Frank J. Scott, *The Art of Beautifying Suburban Home Grounds of Small Extent* (New York, 1886), pages 27–29. See also Fred. Law Olmsted, "Report Upon a Projected Improvement of the Estate of the College of California, at Berkeley, Near Oakland," in *The Papers of Frederick Law Olmsted*, volume 5, *The California Frontier, 1863–1865*, ed. Victoria Post Ranney (Baltimore, 1990), page 553.

另一套极有钱富人的解决方案避免了斯科特指出的某些缺点，那就是在燕尾服公园或其他少数几个专属市郊住宅区里建房子。这些专属郊区中最著名的是新泽西州的卢埃林公园（Llewellyn Park）和肖特山（Short Hills），以及伊利诺伊州的肯尼沃思（Kenilworth）。其中每一个都是一位巨富商人的心血结晶，或者如燕尾服公园和肯尼沃思一样，是其继承的产业之一。但没有一家是商业企业。富商洛里拉德并不是为了多赚些钱而从事地产开发。卢埃林公园的卢埃林·S. 哈斯凯尔（Llewellyn S. Haskell）、肖特山的斯图尔特·哈特肖恩（Stewart Hartshorn）或肯尼沃思的约瑟夫·西尔斯（Joseph Sears）也一样。（哈特肖恩亦然。直到20世纪30年代中期，他才从肖特山获利。此时他已年逾九十。）相反，这些人利用巨额财富为像他们这样的人建立乌托邦社区。他们不遗余力地收购和细分这些土地。为确保社区的高质量，他们仔细筛选未来的居民（同时严格限制他们对地产的使用）。举几个例子，哈特肖恩开展品格考查。如果他不确定买主是否适合社区，他会坚持要求他们先租房。如果通过了考察，他会在肖特山大厦举行总结活动。活动为来宾奉上茶点。历史学家玛丽·科尔宾·西斯（Mary Corbin Sies）写道："评判的依据是准买家对当代社交礼仪的掌握程度。"西斯在芝加哥市中心的一栋办公楼与一些准居民面谈，其中一位后来回忆道："我得介绍我自己，我的家庭，我的职业，以及用宪法的语言介绍我的'年龄、种族、肤色和过去的劳役状况'。"①

　　这些专属社区展现了理想的郊区,用斯科特的话来说,是与"志趣相同绅士们"为邻的"半乡村半城镇生活"。② 但是,作为解决困扰奥姆斯特德等人的郊区一般问题的方案,它还有很多待改进之处。虽然肖特山的寓所比长岛北岸的庄园便宜得多,但仍远超除少数美国人之外普通人的承受能力。在少数能在那儿买得起房的人中,符合哈特肖恩严格标准的就更少了。此外,很少有美国人拥有洛里拉德、哈斯凯尔、哈特肖恩或者西尔斯那样的财力。即使有这种财力的那些人,也鲜有人愿意追随他们。大多数人忙着赚钱。如果觉得有义务捐出一部分财产,他们就向大学、博物馆或交响乐团捐赠财物。虽然有少数特立独行的百万富翁为非常富有的人开发郊区,但是,要为中产和上层中产人士开发,就需要成千上万个普通地块划分商。但是中产人士们不会搬到郊区,除非他们确信,自家房子的右侧不会很快出现一家酒吧,或者左侧出现一个啤酒花园。这意味着,地块划分商必须将那些"不受欢迎的"人员和活动拒之门外,而许多曾经宜居小区的衰败被广泛归咎于这些人员与活动。

---

① Samuel Swift, "Community Life in Tuxedo," *Home and Garden*, August 1905, pages 61 – 71; Samuel Swift, "Llewellyn Park West Orange, Essex Co., New Jersey," *Home and Garden*, July 1903, pages 327 – 331; *Sticks, Shingles, and Stones : The History and Architecture of Stewart Hartshorn's Ideal Community at Short Hills, New Jersey, 1878 – 1937* (Millburn, N. J., 1980), pages 2 – 7; Mary Corbin Sies, "American Country House Architecture in Context: The Suburban Ideal in the East and Midwest, 1877 – 1947" (Doctoral dissertation, University of Michigan, 1987), pages 229, 388.

② Scott, *Suburban Home Grounds*, pages 30 – 31.

在没有分区的情况下,系统的土地使用管制方式在全国还没有通行。地块划分商有三种选择,但没有一种看起来前景光明。一是诉诸妨害法。有评论员在 19 世纪 80 年代中期写道,这是一块"逃避所有规则和定义"的领域。据该领域的权威人士 H. G. 伍德(H. G. Wood)称,妨害法的建立是基于"财产权并不绝对"的原则,他写道:"它是每个人都是其中一方的巨大社会契约的一部分,是每个文明社区的基础原则。如果每个人都能放弃一部分绝对统治权和财产使用权,(这样)其他人也可以在没有不合理伤害或阻碍的情况下享用自己的财产。"伍德解释说,有两类妨害:公共妨害,地方官员对此有责任压制;私人妨害,对此,地方官员没有多大处置权限。老奥姆斯特德非常关心的私人妨害,可分为两类:有的妨害,比如屠宰场或制革厂,它们本身就是有害的,会产生使人难以忍受的噪音、气味或烟雾;其他妨害并不是本身有害,比如一间马房,因为它的位置或经营活动,用伍德的话来说,给附近业主带来了"物质上的不便、烦恼、不适、伤害或损失"。根据妨害法,地块划分商(或就此而言,附近任何业主)可以要求法院签发禁令,如果损害无法弥补,可以要求赔偿金。①

但是,地块划分商几乎不相信妨害法可以有效阻止住宅区衰败。尽管理查德・M. 赫德(Richard M. Hurd)和其他房地产

---

① H. G. Wood, *A Practical Treatise on the Law of Nuisances in Their Various Forms*:*Including Remedies Therefor at Law and in Equity*(Albany, 1883), pages 1 – 11, 24 – 57. See also Andrew J. King, *Law and Land Use in Chicago*:*A Prehistory of Modern Zoning*(New York, 1986), page 80.

经济学家认为,在一个时尚社区,"除住宅外,几乎任何建筑物的建造"都是一种妨害,但大多数法官并不同意这种观点。有法官裁决,"一排简陋难看的廉租公寓"不是妨害,即使它紧邻"一栋昂贵的房屋,地处一条时髦的街道"。伍德指出,一幢"有碍观瞻或有失品位"或者挡住了邻居"畅通无阻视野"的房子也不是妨害。另一位法官认为,一家"经营良好的肉店"不是妨害,"高档住宅附近的一家蔬菜水果店"也同样不是。一位新泽西州法官写道,如果一家企业使附近房屋蒙上"烟雾、蒸汽、恶臭或尘垢",那么它将是一种妨害;但如果它吸引了"有序人群、许多手推车和马车",并因此降低了周边房价和租金,它就不足以构成妨害。正如伍德所说,"法律不会因为一栋建筑有碍观瞻,或者因为它在建造过程中有悖礼仪与品位,再或者因为它使他人地产贬值,还或者由于它的存在总让人不快和烦恼,而宣布它是一种妨害。"只有在"对(附近)地产造成有形和可感知损害"的情况下,它才会宣布某物为妨害。伍德说,考虑到这个门槛太高,而且举证责任"总是落在原告身上",难怪法院不愿意对指控的妨害行为发布禁令。①

法院更不愿意对潜在妨害发布禁令。一位纽约法官说,这些只是"受到威胁或可预料到的"。这种情况下,申诉人必须

---

① Richard M. Hurd, *Principles of City Land Values* (New York, 1903), page 117; Stanley L. McMichael and Robert F. Bingham, *City Growth and Values* (Cleveland, 1923), page 209; King, *Law and Land Use*, pages 93–94; Wood, *Law of Nuisances*, pages 4, 6–7, 16, 21, 654.

以"合理的确定性"确定潜在妨害;危险必须是"急迫"和"明显迫在眉睫的",伤害则是"无法弥补的"。当一群芝加哥业主要求法院发布一项禁止在地产附近建冰库的禁令时,人们才知道,要达到这些标准有多么困难。法院驳回了申请,指出没有人能确切说出它会造成多大的损害。马车会不会太吵?埃德蒙·W. 伯克(Edmund W. Burke)法官说,这取决于"街道路面类型和货车特征",马会散发"难闻的气味"吗?他写道,这取决于马的使用次数、养马场所以及马是如何被照料的。但正如老奥姆斯特德指出的,对市郊住宅区的"上流阶层"而言,没有什么比制造企业更令人反感的了。即使法院愿意在工厂建成并运行后发布禁令——鉴于资金已经投入,发布这种禁令的可能性极小——损害已成既定事实。工厂会不可避免地导致住宅环境衰败。附近业主可以起诉要求赔偿损失,但是,再多的钱也无法恢复那些当初吸引他们来到此地的优点。①

这种对发布禁令的根深蒂固的不情愿,主要在于人们普遍认为,投诉人所谓的"妨害"是城市生活代价的一部分。在解释伊利诺伊州一家上诉法院的一项决定,即拒绝对一家向附近房屋排放浓烟、粉尘和煤烟的八层酒店颁布禁令时,约瑟夫·E. 加里(Joseph E. Gary)法官写道:"那些寻求并享受大城市

---

① R. E. H., "Annotation," 7 *A. L. R.* 749, quotes on pages 749, 756; *Flood v. Consumers Company*, 105 Ill. App. 559, quotes on page 564; Olmsted et al., "Report to the Staten Island Improvement Commission," page 178. See also King, *Law and Land Use*, pages 103–105.

生活便利的人们，同时也要接受其不可避免的弊端。"他说："在商业和制造业大都市的街道上，旷野的新鲜空气是可望不可求的。"当法院拒绝对嘈杂的保龄球馆发布禁令时，加里采用了同样的逻辑。他写道，"选择生活在大城市里"，原告必须忍受"伴随城市愉悦的不可避免的副产品"。(另一位伊利诺伊州法官直言不讳地表示："我不能通过发布禁令来调节城市噪音。")宾夕法尼亚州的一位法官对城市的商业利益也表达了类似关注。他写道："法院的职能可能会在日复一日的巨大工作压力、破坏合法的支持手段以及从合法用途上转移财产中遭受重创"，以致无法"十分谨慎地"处理禁令申请。H. G. 伍德恰到好处地总结了这些共识："生活在城市和大城镇的人们必须忍受一些不便、一些烦恼、一些不适、一些伤害和损失；甚至必须让渡出他们对商业必需品的一部分权利。本质上，这常见于人口稠密地区和聚居社区。"①

地块划分商还可以采用新的设计标准，这一做法受到老奥姆斯特德和其他景观设计师的青睐。根据奥姆斯特德的说法，大多数分区的布局方式使其很容易受到有害变化的影响。与城市街道类似，这些道路呈网格状排布，宽度都差不多，大部分通往商业区并与其他许多道路相连。奥姆斯特德说，这种的布局并不会保留多少"乡村风貌"，反而促使独栋房变为商店和

---

① *Mulligan v. Nelson*, 51 Ill. App. 441, quotes on page 443; King, *Law and Land Use*, pages 97 – 98, 105 – 107; *Oehler v. Levy*, 139 Ill. App. 294, quote on page 301; Wood, *Law of Nuisances*, page 11.

小卖部，也为"屠夫、面包师、修补匠、酒商以及其他聒噪生意的从业者"创造了黄金地段。加上紧随其后的"技工和体力工"，以及他们居住的"廉租公寓和寄宿房"，店主和商人很快把"安静偏僻的社区"变成"嘈杂、尘土飞扬、烟雾缭绕、大喊大叫、嘎嘎作响和臭烘烘的地方"。更糟糕的是，这种地块通常面积不大，以至于如果业主要做出某些令人不快的事情，奥姆斯特德说，比如说建造"比例失调、配色不佳、假装气派的房屋，还把山墙或屋檐板推过人行道"，或者竖起"高高的实墙，就像某些英国郊区的私立疯人院一样"，很多人会受到影响。同样，很少有地块划分商为公园和开放空间预留土地，这些土地可能在分区内业主之间，或在分区与周边环境之间起到缓冲作用。①

用奥姆斯特德的话说，郊区布局应保留其"宁静和遗世独立"——以便向准买家保证"这些地方不会一个接一个地变得荒芜，尽管迄今荒芜总是先于城镇发展而后侵袭郊区"。奥姆斯特德和其他景观设计师提出了一系列准则，这些准则在19世纪末被广泛接受。比如，大部分道路应该是曲线型，而非直线型，设计不是为了贯穿自然环境，而是为了融入它们，并尽可能地拓宽视野。少数道路应当足够宽阔，便于车辆通行，其余道路只需宽到当地居民能够通行即可。除了极少数例外，正如

---

① "Prospectus for the Suburban District of Tarrytown Heights," page 504; Olmsted to Elliott, August 27, 1860, pages 264-265; Olmsted, Vaux & Co., "Riverside," pages 273-274.

奥姆斯特德所说，道路不应该"笔直地"通向商业区或与许多其他道路相连。"也不应太陡，"他写道："就好像所有人都知道谁去过波士顿、利物浦或爱丁堡一样。"道路也应该绿化良好，到处都是草木，以免它们"主要因其荒芜和干旱特征"有别于城镇街道。奥姆斯特德写道："路况一定要良好——铺设稳固、排水通畅，并且'防霜、防雨'，不惜一切代价。"而且它们应该很方便，但是也不应太好和太方便。它们应该既好又方便以吸引居民，但又不能好到、方便到招引商业（并赶走居民）。①

奥姆斯特德称，除了路况良好，准则还要求人行道质量上乘，"赏心悦目"，传达出一种"精致家居生活"的感觉。另外，人行道与房屋之间宽敞、绿化良好的空间同样重要。他写道："虽然我们不能审慎地试图限定房屋的样式，但如果有人建造了非常丑陋、不合时宜的房屋，当我们从房屋所处的道路经过时，我们至少可以让它们不以令人不快的方式引起我们的注意。"比普通郊区地块大得多的大地块，也有助于稳定社区。小店主和小商人将会因其面积打退堂鼓，工人则因其价格望而却步。奥姆斯特德兄弟公司称为"公园和休憩区的优裕地带"

---

① Olmsted to Elliott, August 27, 1860, pages 263–265; Olmsted, Vaux & Co., "Riverside," pages 269–271; Frederick Law Olmsted to Francis G. Newlands, November 16, 1891, Olmsted Papers; Charles Mulford Robinson, "Platting of Minor Residence Streets in High-Class Districts," *Real Estate Magazine*, December 1913, pages 48–52; Olmsted Brothers, "St. Francis Wood San Francisco, California," *Home & Grounds*, April 1916, page 106. See also King, *Law and Land Use*, pages 32–33.

的大量开放空间,也被强烈推荐。奥姆斯特德写道,"也许,没有任何一种习俗能如此清晰地体现基督教文明民主社区的优势",而不是"各阶层的人"倾向于在"共同地产"上"平等"聚集。(其中最著名的漫步者[Ramble],位于卢埃林公园的中心,占地50英亩)。值得斟酌的或许还有地产入口处的石头小屋或木制大门。奥姆斯特德说,除此之外,他们可以"排除任何可能认为不适宜承认的情况"。① 奥姆斯特德认为,如果地块划分商遵循这些准则,他们将有机会延缓,甚至阻止市郊住宅区的衰败。

但是,目前还远不清楚地块划分商是否会遵循这些准则。尽管奥姆斯特德对此轻描淡写,但还是有可能会导致成本攀升,收入降低,除非对大型昂贵地块有强劲需求。一些地块划分商试图冒险。堪萨斯城乡村俱乐部区的开发商 J. C. 尼科尔斯就是一个典型例子。他决心在分区"安静的住宅街道"上采取一切必要措施"阻止商业侵入"。② 但很少有地块划分商有尼科尔斯那样的长远眼光。他们中的大多数经营着小本生意,利润微薄,急于甩掉手中的地块,好在别处重新开始。此外,还很难说这套准则能否像奥姆斯特德和其他人所期待的那样发挥作用。从美学角度来说,它们有严重局限性。奥姆斯特德也承认,它

---

① Olmsted, Vaux & Co., "Riverside," pages 265, 268, 274 – 275; Olmsted Brothers, "St. Francis Wood," page 105; Swift, "Llewellyn Park," page 328; Olmsted, "College of California," page 288.

② *National Real Estate Journal*, August 27, 1923, page 28. See also Frederick Law Olmsted to Henry M. Whitney, February 19, 1889, Olmsted Papers.

们无法阻止品位不佳的业主建造"非常丑陋、不合时宜的"房屋，或将房屋建到地产边缘；也不能阻止那些购买地块用作短期投资的业主，把地卖给那些想把它用作商店、寄宿公寓，甚至更糟——用作酒吧或啤酒花园的人。到19世纪末，连奥姆斯特德都意识到，准则本身不足以给郊区带来高度永久性。

再者，地块划分商还可以实施限制性契约。这一措施与景观设计师的设计准则不谋而合。早在18世纪中叶，英国贵族就开始使用这些契约，他们通过划分位于快速发展的城市及周边地区的大庄园地块发财致富。但是，他们宁愿出租也不出售地块，以在未来数年内持续控制这些地块的用途。除了创收，他们的目标是保存历史学家唐纳德·J. 奥尔森（Donald J. Olsen）所称的"地产的复归价值"，以确保当租约到期，比如，99年后，当地产归还时，其继承人可以稳赚不赔地重新出租或重新开发。人们普遍认为，维持"复归价值"的最佳方法是阻止承租人以不受欢迎的方式使用地产，尤其是阻止他们将房屋改造为商店和小卖部。因此，限制性契约有巨大吸引力。通常，它们规定，用奥尔森的话来说，房地产只能用作"绅士的私人宅邸"，不能用作肉铺、面包店、啤酒厂、酒吧、小餐馆、干酪店以及俗称的"各种嘈杂、恶心或令人不快的商贸活动"。此外，学校、大学、警察局和"任何形式的"公共机构以及妓院、医院、小诊所和药房都不被允许入驻。一些条款规定了房屋必须退后多远，可以建多高以及施工时必须使用哪种材料。①

限制性契约很快从英国传到了美国。在 18 世纪下半叶和 19 世纪上半叶，一些业主利用契约将自己的时尚社区保护成——用马萨诸塞州最高法院的话来说——"安静的理想居所"。波士顿的刘易斯堡广场（Lewisburg Square）是其中一个例子，纽约的格拉梅西公园（Gramercy Park）也同样如此。纽约法官威廉·T. 麦考恩（William T. McCoun）说，一些地块划分商也利用它们，"建成体面的社区"，即使不一定是时尚社区，并确保"一个或多个地块的出售不会削弱其价值或有损剩余地块的销售"。除一两个例外，使用限制性契约更多用于阻止"不受欢迎的"活动而非"不受欢迎的"人群。19 世纪 20 年代，一位将格林威治村（Greenwich Village）划分成 39 块地的纽约人，禁止了一长串有害产业以及"其他应该或可能对附近居民造成不利影响的制造业和商贸活动"。19 世纪 40 年代，一位细分了哈佛广场（Harvard Square）东部一小块土地的剑桥律师，禁止任何"有可能妨碍社区安静或舒适的活动"。（这名律师就是小理查德·亨利·达纳 [Richard Henry Dana, Jr.]，他以著有《航海两年》[*Two Years Before the Mast*]，还为美国历

---

① Donald J. Olsen, *Town Planning in London* (New Haven, 1964), pages 14, 22, 99 – 102; Stefan Muthesius, *The English Terraced House* (New Haven, 1982), pages 31 – 32; H. J. Dyos, *Victorian Suburb: A Study of the Growth of Camberwell* (Leicester, England, 1961), pages 97, 121. See also William Ashworth, *The Genesis of Modern British Town Planning: A Study of Economic and Social History of the Nineteenth and Twentieth Century* (London, 1954), page 36.

史上最著名的逃亡奴隶安东尼·伯恩斯〔Anthony Burns〕担任法律顾问声名大噪。）许多条款都包含了一些细则，如禁止业主在一块地建造一栋以上房屋，或者将房屋建得离地界线太近，或者用砖或石头以外的任何材料建造。一些条款规定，房屋必须在售后一年内建成，这一条款旨在抑制投机行为。①

到19世纪中期，限制性契约已经在许多地产中实施，特别是在纽约和其他大城市。值得一提的是波士顿的后湾（Back Bay），尽管有些特殊。早在19世纪50年代，经过近半个世纪的讨论，马萨诸塞州决定填平查尔斯河（Charles River）畔近600英亩肮脏恶臭的土地，并将新开垦的土地打造成波士顿城首屈一指的上层中产人士社区。为吸引波士顿公共土地委员会（Boston Public Land Commissioners）所称的那些"勤奋、有进取心、聪明且热爱秩序的市民"（他们中许多人原本会搬到郊区），地方当局不仅兴建了一套由街道、广场和林荫道组成的宏伟工程，还实施了一系列限制性契约。除了禁止"任何对附近居民不利的活动"外，契约还规定房屋"应为上等，不得低于3层，且不得使用除砖、石头或铁外的其他材料建造"。在联邦大道（Commonwealth Avenue），它们还必须从地界线后退至少20英尺。一旦发生违规行为，市政府有权在发出通知60天

---

① *Parker v. Nightingale*, 88 Mass. 341; *Barrow v. Richard*, 8 Paige 351, quotes on pages 352 – 353; *Tobey v. Moore*, 130 Mass. 448, quote on page 449; *Jeffries v. Jeffries*, 117 Mass. 184. See also Elizabeth Blackmar, *Mahattan for Rent*, *1785 – 1850* (Ithaca, 1989), pages 37 – 38, 41, 92, 100 – 101; Michael Holleran, *Boston's "Changeful Times": Origins of Preservation and Planning in America* (Baltimore, 1998), pages 67 – 68.

后采取行动。土地专员写道,这些限制是基于一种信念,即当"优秀、受人尊敬的"波士顿人放心于"自己的地方不会因为附近其他土地的用途而变得不那么理想"时,他们更有可能搬到后湾。正如马萨诸塞州最高法院后来说的那样,波士顿人不会在后湾建漂亮房子,除非能确保邻居们受到"与自己同样的限制"的约束。①

直到19世纪80年代,限制性契约的实施依然非常罕见。大多数城市的地块不受限制。除了少数几个地方——其中最著名的是卢埃林公园,其开发商采取了别具一格的做法,即通过建立业主协会以执行契约——大部分郊区地块都没有这样做。其他大部分地块只受到了一些轻微限制,比方说,退缩规定、对酒吧的禁令,而且是短期限的。正如历史学家迈克尔·霍勒兰(Michael Holleran)所指出的,早期的限制"并没有将土地从潜在变化中无限期地撤出,以保护买家,而是将分区地块抛售的同时,足够长久地保护开发商"。② 也很少有契约包含有效的执行机制。因此,作为解决郊区住宅迅速衰败的一种办法,限制性契约看起来并不比妨害法或设计标准更具前景。但这次,

---

① *Barrow v. Richards*, 8 Paige 351; *Agreements and Deeds Relating Chiefly to the Back-Bay District of the City of Boston* (Boston, 1883), pages 46, 64; *Annual Report of the [Boston] Public Land Commissioners: 1854*, pages 7–8, 11–12; *Allen v. Massachusetts Bonding & Ins. Co.*, 248 Mass. 378, quotes on pages 383. See also Lawrence W. Kennedy, *Planning the City Upon a Hill: Boston Since 1630* (Amherst, 1992), pages 62–65.

② Holleran, Boston's "Changeful Times", pages 69–71. See also Swift, "Llewellyn Park," pages 327–331; Witold Rybczynski, "How to Build a Suburb," *Wilson Quarterly*, Summer 1995, pages 118–119.

表象具有欺骗性。因为一些重大变化已经或即将发生，它们将削弱法律和其他限制。迄今，这些限制阻碍了大多数地块划分商采用限制性契约。

法律和市场约束

由于担心法院不会强制执行，一些地块划分商不愿强加限制性契约。根据普通法的相关规定，法院不会强制执行一项限制业主"转让"财产的条款——或者，通俗的说法是，出售或转让其所有权。一位匿名法律评论员恰如其分地解读了这一立场的逻辑。他写道："假设一个人持有某块土地上的不动产（换句话说，是完全拥有它），但是他不能转让它，这意味着他可能持有它，又可能不持有它。"因此，对转让施加限制就是创造"不可剥夺的地产"，这简直是"异想天开"。美国著名法理学家、财政大臣詹姆斯·肯特（James Kent）也这样认为。他说："在我们这样的国家，土地既是个人财产，也是买卖和交易的商品。国家政策一直鼓励土地购置和自由转让，此类限制不应得到法院的支持。"尽管美国最高法院在 1879 年裁决，针对"特定人员"或"有限时间"的禁令不一定无效，但大多数州法院拒绝执行相关转让的限制。密歇根州最高法院在 19 世纪 70 年代中期裁决，即使是部分限制——类似"将暂停所有转让权力一天"的限制——也是"不合理和无效的"。几十年后，马里兰州上诉法院驳回了一项禁止买主未经地块划分商书面同意租售房屋的契约。为维持该社区为"理想的高档住宅区"，该地块划分商保留了"将准买主或准住客的性格、期望和其他资质转给下一地块划分商"的权利。①

但是,早在19世纪20年代末,马萨诸塞州法院开始对转让限制和使用限制进行区分。在接下来的几十年里,其他法院也纷纷效仿。马萨诸塞州最高法院称,到19世纪中叶,有关使用限制的有效性不再受到质疑。在解释法院维持对酒吧或"任何机械或制造业,或任何令人作呕或使人不快的业务"的禁令决定时,乔治·T. 毕格罗(George T. Bigelow)法官宣称,地块划分商有权实施限制,以防这些地块被用作可能会降低分区剩余地块价值或"损害其作为私人住宅用地的资格"。"这种目的是合法的,而且可以通过合理适当的契约、条件或限制,与法律条文一脉相承地执行。这一点毋庸置疑。"唯一的限定条件是,这些限制"要在适当考虑公共政策且不产生任何非法贸易限制的情况下,合理地实施"。如果说人们对使用限制的有效性仍然存疑的话,美国最高法院在1879年消除了这些顾虑。在科威尔诉斯普林斯公司案(Cowell v. Springs Company)中,法院维持了一项限制,即禁止在科罗拉多州斯普林斯市的某块地生产或销售烈酒。被告是一家"台球酒吧"的老板,他的律师坚称当事人对地产拥有"绝对所有权","有权以他选择的任何合法方式使用它"。斯蒂芬·菲尔德(Stephen Field)法官驳

---

① See the annotation to *De Peyster v. Michael*, 57 Am. Dec. 470, quotes on page 489; *Mandelbaum v. McDonnel*, 29 Mich. 78, quotes on pages 96, 107; *Cowell v. Springs Company*, 100 U. S. 55, quote on page 57; *Real Estate Company v. Serio*, 156 Md. 299, quotes on page 231.

斥了这一观点，他写道，宪法中没有任何条款禁止该州对财产的使用施加"有限限制"，"无论这种限制对地产的价值或性质造成多大影响"。他指出，许多法院都支持类似限制，判他们败诉将会使"我们的大城市为确保所有社区的健康舒适所做的众多计划失败。"①

通过区分转让限制和使用限制，法院消除了使用限制性契约的法律障碍之一。但是，其他障碍依然存在。马里兰州一名法官写道，如果契约是合同的一种形式，它对原始的买卖双方都具有约束力。但是假设业主将地产卖给了别人，那么契约对新业主（并非原始合同的一方）具有约束力吗？一些律师辩称，答案为否。一名律师说，契约"仅仅是私人的"，是授予人和受让人之间的一种不"附着于土地"的合同。这样一来，如果新业主违反了这些限制，法院也无能为力。这还不是全部。根据合同法规定，卖方可以请求法院强制执行这些限制。但假设他已经卖掉了全部或大部分的土地，就不再负有责任确保这些限制措施的实施。如果一个邻居违反了这些限制，买到这个地块的人可以起诉吗？他们不能，一些律师如是说。因为新业主彼此之间没有签订合同——他们只与原始卖方签过。即使这

---

① Holleran, *Boston's "Changeful Times,"* pages 73 – 74; *Whitney v. Union Railway Company*, 11 Gray 359, quotes on pages 359, 363; *Cowell v. Springs Company*, 100 U. S. 55, quotes on page 57. See also William H. Hamilton, "Restrictive Covenants in a Conveyance of Real Estate," *Albany Law Journal*, July 5, 1884, page 6; Robert T. Devlin, *A Treatise on the Law of Deeds* (San Francisco, 1897), volume 2, pages 1295, 1322, 1326 – 1327, 1333, 1337, 1364 – 1368.

些限制是为了他们的利益而施加,他们也不能要求法院强制执行本就不存在的合同。① 如果限制性契约只对原始买方有约束力,而且只能在原始卖方要求下强制执行,那么难以想象,它们将如何长久地保护居民区免受有害变化的影响。

但事态峰回路转。在 19 世纪中后期,纽约州和马萨诸塞州的法院清除了使用限制性契约的其余法律障碍。在一些具有里程碑意义的判决中,法院认定,除原始卖方以外限制性契约还对其他各方具有约束力。在 1856 年裁决的布鲁沃诉琼斯案(*Brouwer v. Jones*)中,纽约州最高法院维持了初审法院的判决,即禁止一个在格林威治村购置了两块土地的被告经营一家向附近排放烟雾、沙尘与煤烟的锯木厂。格林威治村是一个禁止发展危险、有毒或有害产业的分区。詹姆斯·埃莫特(James Emott)法官在法庭上驳斥了这一观点:基于他不是从原始卖方那里购买的房产,不是原始协议的一方,因此被告不能因违反限制性契约而被起诉。埃莫特说,由于契约的目标是"保护整片土地以及它的每一小块地",它对每一个人都有约束力,从"原始业主"到"任何后续受让人"。马萨诸塞州最高法院也持相同立场。在 1858 年裁决的惠特尼诉联合铁路公司案(*Whitney v. Union Railway Company*)中,被告不得在剑桥地区修建马房、建造转台和铺设铁轨,该地区禁止机械和制造活动。

---

① *Peabody Heights Co. v. Willson*, 82 Md. 186, especially page 217; *Brouwer v. Jones*, 23 Barbour 153, quote on page 157; *Barrow v. Richard*, 8 Paige 351, especially page 358; *Whitney v. Union Railway Co.*, 11 Gray 539, especially pages 360 – 361; *Trustees v. Lynch*, 70 N. Y. 440, especially pages 443 – 445.

毕格罗法官在法庭上驳斥了被告的辩解,他写道,由于被告没有从原告手里买下这块地,原告与被告之间就不存在"合同相对性"。只要被告知道这一契约,他就必须遵守它。毕格罗宣称,"它不一定要'附着于土地',在购买者知情的情况下,私人契约或协议就是平衡约束的"①。

在其他具有里程碑意义的判决中,法院认定,这些契约可在原始卖方以外的他方要求下强制执行。这一裁决并不适用于布鲁沃案和惠特尼案——在这两个案子中,起诉人都是原始卖方。在1840年宣判的巴罗诉理查德案(*Barrow v. Richard*)中,纽约衡平法院(New York Court of Chancery)颁布了一项禁令,禁止被告在格林威治村的两块地经营一个向附近房屋排放煤尘的煤场,尽管禁止任何对社区不利事务的契约实已存在。威廉·T. 麦考恩法官在法庭辩护时写道,契约的目的不是保护不再拥有地产利益的原始卖方,而是保护在另一买方违约时有权获得救济的买方。被告提起上诉,辩称原告不是他与卖方签订的合同的当事方,但鲁本·H. 沃尔沃斯(Reuben H. Walworth)法官依旧维持原判。马萨诸塞州最高法院的判决也差不多。在1862年宣判的帕克诉南丁格尔案(*Parker v. Nightingale*)中,

---

① *Brouwer v. Jones*, 23 Barbour 153, quote on page 162; *Whitney v. Union Railway Company*, 11 Gray 345, quotes on pages 361, 364. 可以说,巴罗诉理查德案为布鲁沃诉琼斯案埋下了伏笔。在1840年的一项裁决中,纽约衡平法院副院长威廉·T. 麦考恩法官写道,限制性契约"伴随土地,并对同一土地的后续继承人具有强制性,无论是通过继承还是购买所得"。(See *Barrow v. Richard*, 8 Paige 351, quote on page 353.)

法院下令被告停止在波士顿海沃德广场（Hayward Place）几块只能用作"住宅"的地块之一经营餐厅。餐厅"聒噪而喧嚣的"顾客使海沃德广场"几乎再也说不上是安静舒适的居所"，现任首席法官毕格罗指出，"毫无疑问，原告有权获得衡平法的救济"。每一个地产受到限制的海沃德广场业主，都有权要求法院强制执行这些限制。既然原始卖方在地产中无任何"当前利益"，因此没有必要成为诉讼当事方。①

尽管某位法学家在 19 世纪后期注意到这一问题"仍处于起步阶段"，但人们很快达成了支持限制性契约的共识。在一位评论员称为该主题的主要案件中，新泽西州衡平法院在 19 世纪 90 年代初效仿了纽约州和马萨诸塞州法院的做法。很快，马里兰州法院加入进来，西弗吉尼亚州和威斯康星州法院也紧随其后。伊利诺伊州最高法院一度逆势而为。（法官阿尔弗雷德·M. 克雷格 [Alfred M. Craig] 强调"房地产是一种商品"，"随着国家事务的增多，房地产的用途正在不断变化"。他还宣称："用限制'捆绑房地产'有悖公共政策。"引用曾审理此案的库克县法官穆雷·F. 图里 [Murray F. Tuley] 的话，他接着说："一般来说，所有的质疑都应该以有利于地产自由使用、反对 [对地产] 施加限制的方式得到解决。"）但是，该来的总会来。20 年后，西弗吉尼亚州最高法院称，在违反契约的案件中，法

---

① *Barrow v. Richard*, 8 Paige 351; *Parker v. Nightingale*, 88 Mass. 341, quotes on pages 342, 345, 348. See also Holleran, *Boston's "Changeful Times,"* pages 73 – 74.

院现在几乎是"理所当然地"发布禁令。①

西弗吉尼亚法院的声明有些言过其实。在达成新共识的过程中,法院阐明了几个不强制限制地产使用的条件。而且早就裁决,法院不会执行违反公共政策或限制贸易的条款。法院也不会强制执行那些买家没有留意到的条款。现在,法院也裁定,除非契约是为买家利益而设计,而且在许多州,除非它是新泽西州衡平法院所称的"改善或发展房地产的总体方案或规划"的一部分,否则,法院不会强制执行。同样重要的是,用一位法律学者的话说,原告"在不合理的时间内默许违反(契约)",法院不会对此发布禁令。正如毕格罗法官所写:"如容忍一方当事人对他人涉及风险和费用的行为袖手旁观,然后允许其行使自身权利,从而给善意行事的其他当事人造成损失和伤害,这是有悖公平和良知的。"如果周边环境已经变化太大,法院也不会发布禁令,正如纽约上诉法院所写的那样:"强制遵守契约既不能促其更好地改善,也不会促成永久价值的实现。"如果一项契约的目标无法实现,那么它的施行"将导致压迫,而不是公平"。马萨诸塞州最高法院称,这会"骚扰和

---

① Charles I. Giddings, "Restrictions upon the Use of Land," *Harvard Law Review*, January 15, 1892, page 284; annotation to *Korn v. Campbell*, 37 L. R. A. (N. S.) 1, especially pages 28–29; *Peabody Heights Co. v. Willson*, 82 Md. 186; *Robinson v. Edgell*, 57 W. Va. 157, quote on page 160; *Boyden v. Roberts*, 131 Wis. 659; *King, Law and Land Use*, pages 33–53; *Hutchinson v. Ulrich*, 145 Ill. 336, quotes on page 342; *Eckhart v. Irons*, 18 Ill. App. 173, quote on page 181.

伤害被告"，也帮不到原告。①

但是，在不符合上述任何这些条件，即限制是总体规划的一部分，原告正在及时寻求救济，而且周遭环境基本上没有变化的情况下，法院将强制执行契约。如果这些限制尚未失效，即使被告不是原始买方，原告也不是原始卖方，他们也同样执行。一些法院强调，契约应该被"严谨解释"，限制将用于表达其本意，而不是其隐藏含义，并且要就对其含义的质疑进行解释以支持被告。在拒绝阻止一名芝加哥业主在一块"仅限独栋房"的地上建造公寓楼时，伊利诺伊州最高法院解释说，如果地块划分商"禁止建造公寓"或任何可供多户家庭居住的住宅，他应该在房地产契约中提前声明。但只要意思明确，这些法院也会予以执行。1925年，当限制性契约的实施已变得司空见惯的时候，马里兰州上诉法院的威廉·C. 沃尔什（William C. Walsh）法官写出了大多数同行早就相信的心声："无论这种趋势明智与否，都不是我们所能决定的。"只要限制合理且意图明确，法院就会支持。②

然而，大多数地块划分商都不愿意强制实行限制性契约，

---

① *Dana v. Wentworth*, 111 Mass. 291; *DeGray v. Monmouth Beach Clubhouse Co.*, 24 A. 388, quote on page 390; Giddings, "Restrictions," pages 279–280; *Whitney v. Union Railway Company*, 11 Gray 359, quote on page 367; *Trustees of Columbia College v. Thacher*, 87 N. Y. 311, quotes on pages 320–321; *Jackson v. Stevenson*, 156 Mass. 496, quote on page 502.

② *Kitchen v. Hawley*, 150 Mo. App. 497, quote on page 503; *Hutchinson v. Ulrich*, 145 Ill. 336, quotes on pages 342, 344; *Jones v. Real Estate Co.*, 149 Md. 271, quote on page 277.

并不是担心契约在法庭上站不住脚,而是担心会吓退准买家。正如 J. C. 尼科尔斯回忆的那样:"世纪之交,当我开始出售市郊地块时,我不敢表明目前受到的诸多建筑限制。我认为没有人会购买严格受限的地块。"尼科尔斯指出:"不管怎样,都很难卖出去!"出售地皮是地块划分商们的谋生之道。正如俄亥俄州哥伦布市的地块划分商金·汤普森(King Thompson)说的那样:"几年前,我进入地产行业,并不是因为我想弄清楚什么城市建设的理论,仅仅是因为我能以此为生。"为了生存,地块划分商不仅要支付购买土地、铺设街道、安装公用设施和布局地块的费用,还必须支付财产税和利息费。尼科尔斯警告他的地块划分商同行,除非迅速卖掉这些地块,否则,"附加费用非把我们吞了不可!"但正如罗兰公园公司(Roland Park Company)负责人 E. H. 鲍顿(E. H. Bouton)所指出的,大多数人并不急于购买郊区地块。他们不愿意卖掉城里的房屋,将朋友和邻居抛诸身后。即使是精心设计的分区,在学校和教堂建成,树荫变得浓密之前,他们也不愿意搬入。①

---

① Nichols, "When You Buy a Home Site," page 172; *Proceedings of the Seventh National Conference on City Planning*: 1915, page 84; *Stenographic Report of the Third Annual Conference of Developers of High-Class Residence Property* (1919), page 226, Department of Manuscripts and University Archives, Olin Library, Cornell University; *Proceedings of [the] First Annual Conference of Developers [of] High Class Residence Property* (1917), pages 86–87, Department of Manuscripts and University Archives, Olin Library; Edward H. Bouton to S. M. Jarvis, October 13, 1893, Box 298, Roland Park Company Records, Collection 2828, Department of Manuscripts and University Archives, Olin Library.

出售普通的郊区地块尚且如此,出售严格受限地块更是难上加难。19世纪90年代中期,罗兰公园公司开始在巴尔的摩郊外出售"受限土地"。一位高管后来回忆道,当时的阻力很大。"销售人员在描述这些限制性措施的好处时,得到的答复是,'当我花钱买了一块地,我不明白,您为什么要保留这样的控制,使我不能自由地支配它。'"另一家房地产公司的代表反映,许多准买家拒绝购买受限地块,理由是"他们不介意自己名下持有地产,除非他们可以按自己的方式建房屋,并且可以将它出售给任何合适的第三方。也就是说,他们不想购买带有任何限制的地产"。从某种程度上说,他的言论暗示着准买家认为所有限制都令人反感,这是一种误导。但是,作为一种普遍情绪的反映,它又是中肯的。又如正在美国访问的英国著名城镇规划师托马斯·亚当斯(Thomas Adams)所说:"有人一再跟我说,在这个国家,你无法使地块业主屈从于任何限制其自由使用土地权利的条款。"①

限制性契约令人反感,是因为它们有悖人们关于产权、房屋所有权和郊区的根深蒂固的信念。尽管一些美国人开始认为,某种形式的土地使用管制是必要的,但大多数人仍然坚持传统的私有财产观。新泽西州一名法官写道,任何人都无权告知他

---

① John McC. Mowbray, "After Fifty Years," *Gardens, Houses, and People*, June 1941, page 26; Fletcher Steele, compiler, "Restrictions on Land to Be Used for Suburban Residential Purposes," a memo prepared for W. H. Manning and dated February 1, 1913, Loeb Library; Thomas Adams, "The British Point of View," *Proceedings of the Third National Conference on City Planning: 1911*, page 34.

人如何"使用、享有和处置"他们的地产,除非其使用方式造成妨害或者侵犯了他人的地产所有权。然而,除了禁止屠宰场和其他有害业务外,常规限制还禁止一些活动,尽管这些活动绝不会妨害或侵犯地产所有权。大多数美国人也相信拥有住房的好处。他们认为,一个人拥有自己的家,得到的不仅是一份社区所有权、一种对社区长期福祉的承诺,还有如一位房地产开发商所称的"某种独立性,一种无法通过其他方式获得的人格力量"。如果房主是"他自己",他的家是"他的城堡",那么为什么他在处置房屋时还要忍受如此多的限制?普遍认为,此类限制适用于城市,在郊区则不然。郊区倡导"个人主义",一位郊区居民写道。在这里,"你想穿什么就穿什么,"她说,还可以做一些"在城里永远不敢做的"事情。在这里,"如果你愿意,你可以把房子刷成橙色和紫色,再配上一个粉色的屋顶。"①

限制性契约令人反感,还因为它们抑制了郊区房地产的投机行为。用两位房地产专家的话来说,鉴于美国是一个"投机者国度",难怪许多美国人既把郊区土地看作一块宅地,也视它为一种投资。他们知道,通过变更土地用途可以赚大笔钱,

---

① *Ignaciunas v. Risley*, 121 A. 783, quote on page 785; Robert M. Fogelson, *Downtown: Its Rise and Fall, 1880 – 1950* (New Haven, 2001), page 29; Sies, "American Country House Architecture," page 87; Becky M. Nicolaides, *My Blue Heaven: Life and Politics in the Working-Class Suburbs of Los Angeles, 1920 – 1965* (Chicago, 2002), page 17; Lawrence J. Vale, *From the Puritans to the Projects: Public Housing and Public Neighbors* (Cambridge, 2000), page 121; "Why Is a Suburb: By a Woman Who Lives in One," *Countryside Magazine and Suburban Life*, July 1917, page 379.

但是他们也知道,限制性契约的存在使得这种改变几无可能。对许多人而言,房地产投机是仅次于扑克牌的"伟大的美国游戏",如果要按如此严格的游戏规则玩,则毫无意义。人们不愿意遵守这些规则的原因还在于,他们坚信改变不仅可取,而且势在必行。《底特律自由报》(Detroit Free Press)称,这是一条"普适法则",适用于人,也适用于城市,尤其适用于房地产。正如理查德·M.赫德所写的那样,土地总会属于"出价最高者",也就是可以从中赚取"最高利润"的人。它总是在变化,因为它的主人从来都在寻求其"最高最佳利用"。① 从这个角度来看,限制性契约是一种企图干预房地产市场(如果不是宇宙本身)自然法则的短视且最终徒劳的尝试。

但是,在19世纪末的内乱蔓延时期,许多美国富人开始质疑"改变可取且势在必行"的传统观念。与父辈和祖父辈不同,使他们感到沮丧的是,为了给商店和办公楼腾地方,古老的地标和雅致的房屋被拆毁;高层建筑被拆除,以建造更高的建筑。与老奥姆斯特德一样,他们震惊于一些曾经的时髦街区——一位达拉斯(Dallas)地块划分商曾称此为"镇上最棒的地段",里面住着"上流阶层"——被公寓和寄宿房取而代之。许多美国人发问,为什么"每一个成长中的城市周围的每一项良性发展,都只有10年或15年寿命,就得让位于一些不

---

① McMichael and Bingham, *City Growth and Values*, page 265; Thorstein Veblen, *Absentee Ownership and Business Enterprise in Recent Times: The Case of America* (New York, 1923), page 143; Fogelson, *Downtown*, page 24; Hurd, *City Land Values*, page 77. See also Holleran, *Boston's "Changeful Times,"* chapter 1.

那么理想甚至于可怕的事物"？为什么一项良性发展承受不住变革的力量？"随着时间的推移"，为什么它不能彰显更多魅力？引发这些问题的是人们对永久性与日俱增的渴望。现在，除了奥姆斯特德，许多富裕的美国人都对永久性的缺乏感到惋惜。正如剑桥的一神论牧师约翰·F. W. 威尔（John F. W. Ware）所说："缺乏永久性是这个时代最可悲的罪恶之一。它阻碍了乡愁，这种依恋是人类内心最强烈、最纯洁的情感之一。"他还说，美国人"总是准备着生活在一个新地方，而不是生活着"。①

当许多美国人对"缺乏永久性"表达的担忧日益强烈时，一些地块划分商开始重新琢磨，限制性契约可能会吓退准买家。难道他们对永久性的渴望超过了他们对产权的热爱？会不会是他们对市场的恐惧，战胜了他们对土地使用管制的反对？他们是否愿意忍受限制，以远离那些势必导致有害变化的"不受欢迎的"人和"不受欢迎的"活动？他们是否愿意，为了长期稳定而放弃短期暴富的机会？一些地块划分商想知道，是否真的存在一个如小奥姆斯特德所说的"鉴赏力最敏锐，最聪明和最具进取心的富人"的巨大市场，可以通过实施限制性契约来开发？当少数郊区地块严格受限、多数地块根本不受限时，这些契约是否有可能使它们更具竞争优势？如果对一块地施加的限

---

① John F. W. Ware, *Home Life：What It Is, and What It Needs*（Boston, 1864），page 9. See also Holleran, *Boston's "Changeful Times,"* chapter 2；*First Annual Conference*，pages 541，546；*Third Annual Conference*，pages 235，249 – 250；*The Palos Verdes Protective Restrictions*（Palos Verdes Estates，ca. 1925），pages 27 – 28.

制同样施加于其他地块,就像巴尔的摩的一位律师所说的那样,"这些限制性契约同样适用于其他位置相似的地块"。一些地块划分商得出结论:带限制性契约的地块可能比不带限制性契约的地块更易售出。①

一些地块划分商还总结道,限制性契约可能有助于解决 J. C. 尼科尔斯称为"尾盘销售"的问题。早在 19 世纪中叶,地块划分商就意识到,一旦一块超过几英亩的土地被规划出来,就需要一段时间才能将所有的地块售罄。即使地块划分商有能力保留未售地块,但在这期间,总有买主可能以某种方式使用它,用麦考恩法官的话来说,以一种可能"有损其他地块销售"的方式。在 19 世纪末 20 世纪初,这个问题变得尤为严重。当时人们普遍认为,一个地块划分商必须卖出 2/3 甚至 3/4 的地块才能实现盈亏平衡;利润来自最后 1/3 或 1/4 地块的销售。如果最初的某些买主以令人不快的方式使用土地,比如他们建的房屋直达地界线,或者,如查尔斯·H. 切尼所写,房屋丑陋或俗气,甚至"设计糟糕或配色不佳",地块划分商可能很难售出剩余地块。② 如果地块划分商不能售

---

① Frederick Law Olmsted, Jr., to Karl B. Lohman, April 23, 1917, Olmsted Records, Job File 6536; Robert Pearson and Brad Pearson, *The J. C. Nichols Chronicle* (Kansas City, 1994), page 58; Francis K. Carey to Edward H. Bouton, November 30, 1990, Box 8, Roland Park Company Records.

② "Portrait of a Salesman: Jesse Clyde Nichols," *National Real Estate Journal*, February 1939, page 22; *Barrow v. Richard*, 8 Paige 351, quote on page 353; Charles H. Cheney, "Progress in Architectural Control," in National Conference on City Planning, *Architectural Control of Private Property* (1927), page 6.

59 出这些地块，或者只能以很高的折扣出售，利润就那么一点。除了施加限制性契约，地块划分商们别无他法。

到 19 世纪 90 年代初，限制性契约的时代似乎已经来临。一些美国人已经购买受限地块；如果某个分区吸引他们，其他人会有意购买。一些曾经对限制性契约持怀疑态度的美国人也改变了主意。就连老奥姆斯特德，他在 19 世纪 60 年代对除最简单限制外的其他限制一律持保留态度，现在也在敦促他的客户实施长期严格限制。1889 年，他写信给布鲁克林地块划分商亨利·M. 惠特尼（Henry M. Whitney），建议禁止贸易和制造业，禁止在每块地建一栋以上房屋，除此之外，还要求建房成本至少得在 10000—15000 美元，这在当时可是一大笔钱。条款在 60 年内不得进行任何修订——60 年后，修订也必须得到地块业主的一致同意。① 但地块划分商是否准备长期实施如此严厉的限制尚未可知。除卢埃林·哈斯凯尔和其他几位特立独行的百万富翁，其他人还没有这样做过，至少在几英亩大的土地上没有这样做。眼下，他们似乎都在等着别人来带头，来试水郊区限购房地产的市场，再决定是否大规模推行这种迄今仅小范围施行的措施。

---

① Wm. Seton Gordon, "Building Restrictions—Right to Enforce," *Albany Law Journal*, May 2, 1891, page 349; Olmsted, Vaux & Co., "Riverside," page 274; Frederick Law Olmsted to Henry M. Whitney, February 19, 1889, Olmsted Papers; Steele, Semmes & Carey to Roland Park Company, December 1, 1892, Box 2, Roland Park Company Records.

巴尔的摩的突破

无须等待太久。19世纪80年代末期,《堪萨斯城时报》(Kansas City Times)编辑、兼职房地产投机商查尔斯·格拉斯蒂(Charles Grasty)与芝加哥投资公司"贾维斯和康克林"(Jarvis and Conklin)展开合作,这家公司是英国投资者在美国发展中城市群中寻找投资机会的中介商。1890年,格拉斯蒂搬到巴尔的摩,任《巴尔的摩新闻》(Baltimore News)编辑。他持续留意"贾维斯和康克林"和其他英国客户可能感兴趣的地产。很快,他得知一家名为《制造商记录》(Manufacturers' Record)的商业报纸出版商威廉·H. 埃德蒙兹(William H. Edmunds),有意出售一片100英亩大的土地。这片地位于巴尔的摩市中心以北约5英里处,离罗兰湖(Lake Roland)不远,非常适合开发成一个时尚的市郊住宅区。格拉斯蒂把这一消息告诉了"贾维斯和康克林",他还力劝堪萨斯城另一位房地产商爱德华·H. 鲍顿加入该项目。此时,鲍顿正和他的债权人闹矛盾,他觉得现在正是一个到别处发财的好时机。1891年的春天,格拉斯蒂、鲍顿和英国投资方的一位代表考察了这片土地,"贾维斯和康克林"不仅买下了埃德蒙兹的100英亩土地,还买下了邻近约400英亩的土地。为开发这处地产,公司成立了罗兰公园公司,资本额高达100万美元,其中大部分用于膨胀的房地产,并任命鲍顿为总经理。鲍顿曾于19世纪80年代就职于堪萨斯城的"贾维斯和康克林"。①

然而,祸不单行。不出两年,1893年"大恐慌"使整个美国陷入困境。随后,"贾维斯和康克林"破产,芝加哥另一家投资公司"斯图尔特和杨"(Stewart and Young)接管了罗兰公园。随着资本市场枯竭,公司岌岌可危。最糟糕的是,对巴尔的摩及周边郊区地产的需求在大恐慌之前本就不强劲,现在越发疲软。尽管如此,鲍顿和他的同僚们继续推进他们的计划,即把罗兰公园打造成一个时尚居住郊区。在规划第一片土地时,公司请的是乔治·E. 凯斯勒,他在19世纪80年代移居堪萨斯城之前,曾在老奥姆斯特德的中央公园工作。几年后规划的下一片土地,公司雇请的是奥姆斯特德兄弟公司。公司耗资10多万美元,对街道进行规划和分级,并铺设了人行道、排水沟、公共设施和雨水渠。公司还请来美国著名的卫生工程师小乔治·E. 沃林(George E. Waring, Jr.)处理污水系统。为了使小区更易到达巴尔的摩市中心,公司修建了罗兰湖高架电气铁路。为刺激滞后的销售,公司建了几栋房子。这一措施旨在使准买家对未来有种预感。在考察了燕尾服公园、卢埃林公园和曾由老奥姆斯特德规划的马里兰州萨德布鲁克(Sudbrook)等地后,19世纪80年代末,鲍顿和他的同僚们做出了可能是最影响深

---

① William S. Worley, *J. C. Nichols and the Shaping of Kansas City* (Columbia, Missouri, 1990), pages 29-30; Rebecca Moudry, "Gardens, Houses, and People: The Planning of Roland Park, Baltimore" (Master's thesis, Cornell University, 1990), pages 49-50.

远的决定：他们对所有地块都施加了限制性契约。①

这是一个预期风险，类似于 J. C. 尼科尔斯后来所说，是向"一片未知海域"进发。"大恐慌"的余波中，一切都没那么顺利。限制性契约使一些准买家望而却步。埃德蒙兹在1894年告诉鲍顿，有几次，他们迫使潜在买家去了其他分区。预计到潜在买家的抵制，鲍顿和他的同僚们避免施加非常繁重的限制。他们禁建茅房和其他诸如小卖部、酒吧等任何形式的商业妨害，他们还禁止在一块地建一栋以上房屋。但在这些限制下，业主建一栋房屋的成本低至2000—3000美元，这是巴尔的摩的上层中产人士所能承受的；一开始，业主无须将计划提交给公司审批就可以施工。这些限制措施禁止业主把房屋建到直达地界线，但不禁止在房屋周围筑起围栏，禁止养猪，但不禁养鸡和兔子。鲍顿和他的同僚们一度考虑实施一项限制，即禁止将地块出售给"黑人或非洲人后裔"或给他们使用，但在律师的建议下，他们搁置了这一想法。律师认为，这是对转让的一种非法限制。公司也没有对其他种族和少数民族施加限制——尽管有一次，它回购了一块地，以防"一名叫沃尔特斯（Walters）的犹太人"买下。②

---

① Edward H. Bouton to S. M. Jarvis, October 13, 1893, Box 740, Roland Park Company Records; Worley, *Nichols*, pages 31 – 33; Moudry, "Roland Park," pages 45 – 50, 61 – 69, 74 – 84, 163; James W. Waesche, *Crowning the Gravelly Hill: A History of the Roland Park-Guilford-Homeland District* (Baltimore, 1987), pages 46 – 47.

② *Proceedings of the General Sessions of the National Association of Real Estate Boards at the Seventeenth Annual Conference: 1924*, page 21; Mowbray, "After Fifty Years," page 26; Waesche, *Crowning the Gravelly Hill*, pages 66 – 67; Worley, *Nichols*, pages 33 – 34; *Baltimore News*, July 2, 1892, June 7, 1893, Box 296; Schmucker & Whitelock to Edward H. Bouton, October 5, 1893, Box 2; Edward H. Bouton to Roland R. Conklin, January 18, 1894, Box 290, Roland Park Company Records.

鲍顿和他的同僚们也轻描淡写了这些限制。公司的一些广告中甚至都没有提及。恰恰相反，他们浓墨重彩于罗兰公园的丘陵地貌和健康的生活环境，并将其"纯净的空气"与"城市的臭味、灰尘和腐烂的污秽"相比较。广告中需要提到限制的地方总是小心翼翼，甚至带着防备。"我们听到的是，"一则广告称，"关于罗兰公园地块限制的错误印象，"尤其是那些认为限制广泛又严苛的印象。与之相反，它们"少而简单""恰如其分"且"合情合理"。它们是基于"深思熟虑和成熟经验"而设计，以保护罗兰公园免受"不健康生活环境和不受欢迎邻居"的影响。房主可以依靠它们来确保"一个令人满意的居民阶层"，以"维持此地的美丽、健康、房地产价值以及空气、土壤的纯净与清洁"，以及确保"罗兰公园优势和魅力的永久性"。公司将广告宣传内容向准买家重复了一遍。"我们在地产上设置了一些精挑细选的合理限制"，小理查德·W. 马钱特（Richard W. Marchant, Jr.）对威廉·R. 阿伯特（William R. Abbott）说，目的只是"阻止妨害和维持房地产价值"。售楼部一位工作人员表示，限制性契约中没有任何内容会剥夺业主"对地产的随时充分使用和享受"。①

19世纪90年代，罗兰公园公司经受住了金融恐慌、资本长期匮乏和房地产市场低迷的考验。尽管直到后来，它一直盈

---

① *Baltimore News*, July 2, 1892, June 7, 1893; *Baltimore American*, June 18, 1893, Box 296; unidentified ad, probably from the Baltimore *Sun*, September 1895, Box 3; Richard W. Marchant, Jr., to William R. Abbott, March 25, 1905, Box 21; F. H. P. to A. N. Martin, June 24, 1913, Box 81, Roland Park Company Records.

利不多。但在 1903 年当英国投资者在将地块出售给鲍顿和一家当地财团之后的很长一段时间里，公司仍维持运营。它卖掉一些小地块，开发出第二片土地，取得了一度看来难以企及的稳定。20 世纪初，这家公司卖出了更多地块。随着业主们建造房屋并种植树、灌木和草坪，罗兰公园赢得了"全国优秀住宅区之一"的美誉。圣弗朗西斯伍德和旧金山及周边城市其他富裕郊区的开发商邓肯·麦克杜菲（Duncan McDuffie）称它为"迄今美国最成功的住宅区"。他说，"成功的秘诀在于"罗兰公园公司更看重创建"理想的居住区"，而不是"为股东带来巨额红利"。小奥姆斯特德敦促其他地块划分商参观罗兰公园，并把它当作范例，展示给哈佛大学设计研究生院（Graduate School of Design）的学生们。他在那里给下一代景观设计师授课。1912 年的东部之旅后，J. C. 尼科尔斯迅速成为地块划分商们的首席发言人，他向罗兰公园致以崇高敬意。"当人们问及我这次旅行的感受和所见所闻时，"他致信鲍顿，"我告诉他们，我看到了罗兰公园；然后，我觉得再无必要提及我在其他地方看到的任何事物了。"①

根据托马斯·亚当斯的说法，鲍顿及其同事认为，罗兰公园的成功主要源自限制性契约。其他人也这样认为。如《巴尔

---

① Edward H. Bouton, "Development of Roland Park, Baltimore," *Proceedings of the General Sessions of the National Association of Real Estate Boards at the Seventeenth Annual Conference: 1924*, page 24; Moudry, "Roland Park," pages 49–50, 352–353; unidentified newspaper dated January 17, 1915, Box 296; J. C. Nichols to Edward H. Bouton, December 12, 1912, Box 83, Roland Park Company Records.

的摩美国人》(*Baltimore American*)将罗兰公园的"飞速增长"归因于其"明智的限制"。记者阿瑟·托马林(Arthur Tomalin)认为,正是对这些限制的"正确遵循,造就了罗兰公园"。更重要的是,罗兰公园的居民们,他们中的一些人曾经认为这些限制性契约"是对他们个人权利的限制",现在他们是这样想的,《罗兰公园评论》(*Roland Park Review*)写道,"这关乎郊区的未来福祉"——"不但可行而且非常必要,"一位公司前总裁后来回忆道。《美国人》(*American*)写道,居民们"不想看到它们被废除"。另一名记者说,要说真有什么的话,"社区不是要求减少限制,而是要求限制更详细和更全面"。多年来,居民偶尔会违反这样那样的限制。但是,直到1911年,没有一件记录在案的诉讼是阻止公司强制执行这些限制的。有些人反对在第二片土地上施行的一项限制,即他们在施工前要将计划呈交公司批准。但是,大部分人——亚当斯写道,即使是那些花了四五千美元买地,现在要花一两万美元建房子的人——也愿意接受这些他称为"专制"的限制性契约,以确保"(自家)附近不会有任何不受欢迎的房屋被建起,并且,居民不会做出使社区变得不健康和令人反感的事情来"。①

---

① Thomas Adams, "An American Garden Suburb: Roland Park, Baltimore," *Architectural Review*, November 1911, pages 290–291; *Baltimore American*, April 13, 1913, Box 296, Roland Park Company Records; Arthur Tomalin, "Houses that Blend in with Their Surroundings," *Suburban Life*, April 1913, page 232; *Baltimore Sun*, May 9, 1915; *Roland Park Review*, April 1911, page 6; Mowbray, "After Fifty Years," page 26; Arthur B. Cranford, "A Suburb Conforming to Architectural Standards, Roland Park, Baltimore, Maryland," *Brickbuilder*, August 1914, pages 191–192; Steele, Semmes, Carey & Bond to Edward H. Bouton, March 9, 1897, Box 6, Roland Park Company Records; Worley, *Nichols*, page 34; Adams, "The British Point of View," page 34; *Baltimore Herald*, October 1, 1904.

在 1903 年重组公司并接任总裁后,鲍顿开始在巴尔的摩郊区寻找其他机会。八年后,他和同事们与吉尔福德公园土地公司(Guilford Park Land Company)合作,该公司在距罗兰公园不远的地方拥有大约 300 英亩土地。自此,罗兰公园公司实力更为雄厚。在鲍顿的领导下,公司邀请奥姆斯特德兄弟规划一个名为吉尔福德的新地块。虽然很多方面都照搬自罗兰公园,但吉尔福德实施了更为彻底和严格的限制。鲍顿和同事们完全相信限制性契约的价值,并将其整合成一份长达 23 页的声明,内容涵盖整个分区。除了禁止对所有地块、商业区和多户住宅(少数几幢除外)造成妨害外,这些限制还规定了(房屋)前方、后方和侧面的退缩尺度。它们不仅禁养猪和牲畜,还禁养"任何活禽",也禁止排放"黑烟或灰浓烟"。尽管放弃了最低成本要求(鲍顿对其价值越来越怀疑),但他们强化了设计审查流程,授权公司可以"出于审美或其他原因"否掉方案,并考虑拟建房屋是否与周围环境"协调"。业主仍然可以修建围栏,但必须是在获得公司批准之后。与罗兰公园不同,吉尔福德限制包括了一项规定,即"任何黑人或黑人血统的人"不得占有任何房屋或地块。届时,这将是"巴尔的摩的一项非常普遍的规定,"鲍顿说,"即使在几乎不受限的分区。"这一条款不适用于其他种族或少数民族,但鲍顿告知他的地块划分商同人,罗兰公园公司不会卖地产给"任何"犹太人。①

---

① Waesche, *Crowning the Gravelly Hill*, chapter 3; *Deed and Agreement Between the Roland Park Company and Edward H. Bouton Containing Restrictions, Conditions, Charges, Etc. Relating to Guilford* (1923), pages 1 – 23; *Third Annual Conference*, page 698; Bouton, "Development of Roland Park," page 28; *First Annual Conference*, page b53.

鲍顿以及同事们并没有像在罗兰公园那样淡化吉尔福德的限制措施，相反，他们围绕着这些限制展开营销。公司广告以"1000英亩受限土地"自诩。"在**吉尔福德**众多值得拥有的优点中，"其中一则称，"**没有**哪一点比它的保护性限制更能吸引审慎的置业者了。"最重要的是，广告强调，这些限制措施保证了永久性。"不管城市的其他地方发生了什么变化，"其中一则写道，"此地（指罗兰公园和吉尔福德）业主对土地用途始终拥有完全控制权。"另一则广告称，鉴于其他地方都没有这种"一定程度的保护"，居民可以确信，没有任何东西能侵扰他们的地产并使其贬值。对于那些对限制措施的好处持怀疑态度的人，公司建议，"'去问问住在那里的人'——住得越久的越好。"为渲染这一点，公司在巴尔的摩各大主流报纸登载了半页广告，其中，有30多位居民，他们大多数是富裕的生意人和专业人士，证实了限制措施的价值。他们一个接一个地说，限制措施是罗兰公园最好的品质。没有它们，罗兰公园就失去了使它有别于其他居住区的令人钦佩的品质。一些人还说，如果没有限制措施，他们可能不会住在罗兰公园——他们甚至不会住在除高度受限区外的任何其他地方。①

"常态，而不是例外"

在鲍顿的带头下，其他人紧随其后，尽管带着些许惶恐。迄

---

① Baltimore *Sun*, May 19, 1913, July 8, 1914, April 18, May 9, 16, 23, and 30, 1915. For other ads, see Box 296, Roland Park Company Records.

今,这些人当中最著名的是 J. C. 尼科尔斯。他的乡村俱乐部区在 20 世纪 20 年代中期面积超 3000 英亩,由 24 片大土地组成。"在美国所有分区中首屈一指",明尼阿波利斯(Minneapolis)的地块划分商、曾任全国房地产委员会协会(National Association of Real Estate Boards)主席的塞缪尔·S. 索普(Samuel S. Thorpe)如是说。尼科尔斯后来回忆道,在世纪之交,他还不敢对自己的地产施加限制。但他不顾同事的反对,决定尝试一下。"现在,"他在 20 世纪初的一次全国地产商大会上说,"没有限制措施,(地块)根本卖不动。"起初,这些限制很简单,一点都不繁重。但受到鲍顿在罗兰公园的成功经验启发,后来,尼科尔斯实施了更全面严格的限制。他不顾准买家的强烈反对,要求业主在施工前向公司提交设计方案。到 20 世纪 10 年代末,乡村俱乐部区是美国最严格受限的社区之一。尼科尔斯是限制性契约的主要倡导者之一。他在 20 世纪 20 年代初的一次会议上说,实施限制是值得的。它之所以值得,是因为准买家更有可能购买受限地块,而不是不受限地块。"我们的保护性限制,很大程度上促成了人们对乡村俱乐部区住宅用地和住宅的大量需求。"20 世纪 20 年代中期,尼科尔斯公司(Nichols Company)宣称"这是我们最宝贵的资产。"①

---

① J. C. Nichols Investment Company, *Country Club District* [:] 3000 *Acres Restricted* (Kansas City, 1924), pages 3 – 5, 16, 23, J. C. Nichols Collection, Western Historical Manuscript Collection, University of Missouri-Kansas City Archives; Nichols, "When You Buy a Home Site," page 172; J. C. Nichols, *Real Estate Subdivisions*: *The Best Manner of Handling Them* (Washington, D. C. , 1912), page 7; J. C. Nichols, "Housing and the Real Estate Problem," *Annals of the American Academy of Political and Social Science*, January 1914, page 139; J. C. Nichols to Edward H. Bouton, July 30, 1913, Box 83, Roland Park Company Records; Worley, *Nichols*, page 126.

尼科尔斯的故事似曾相识。巴尔的摩的一位地产商说,一开始,"我非常反对对地产施加任何限制"。他指的毗邻罗兰公园和吉尔福德的一块 17 英亩大的土地。20 世纪 10 年代中期,他被要求对这块土地进行细分。但他很快发现,买家非常担忧他们的邻居会怎么做,因为没有限制措施,这些地根本卖不出好价钱。十年后,明尼阿波利斯的一位地块划分商写道,最初,他和他的同事们对实施限制"有点担心",因为他们还没有"吸取到教训"。但是,他们很快从中"吸取"到了经验,其他地块划分商也是如此。到了 20 世纪 10 年代中期,许多地块划分商都采用了限制性契约,尼科尔斯略带夸张地写道:"事实上,每个城市都有用来建造更好住房的受限制、被高度保护的住宅区。"到 20 世纪 20 年代,小奥姆斯特德指出,限制性契约的采用"在开发商中普遍存在,这些开发商瞄准的是地块买家们眼光敏锐的市场"。大萧条前夕,耶鲁大学法学院教授、限制性契约的首席权威查尔斯·E. 克拉克(Charles E. Clark)写道:"在我们的城市及周边城市,受限地产已然成为常态,而不是例外。"①

---

① *Pleasants v. Wilson*, 125 Md. 237, quote on page 242; Samuel S. Thorpe, "The More Restrictions the More Buyers," *National Real Estate Journal*, July 27, 1925, pages 44–46; Nichols, "Housing and the Real Estate Problem," page 132; Frederick Law Olmsted, "Deed Restrictions that Affect Houses in Planned Neighborhoods," *Architectural Record*, November 1940, page 32; Charles E. Clark, *Real Covenants and Other Interests Which "Run with Land"* (Chicago, 1947), page 170. See also Susan Mulcahey Chase, "The Process of Suburbanization and the Use of Restrictive Deed Covenants as Private Zoning, Wilmington, Delaware, 1900–1941" (Doctoral dissertation, University of Delaware, 1995), page 260.

正如一名克利夫兰房地产商所言，促使地块划分商接受限制性契约的是一种信念，即受限地产比不受限地产"更有价值、更受欢迎"。使它更有价值和更受欢迎的原因是它更有销路。使它更有销路的是，许多中产和上层中产美国人担心邻居会以降低社区吸引力的方式使用地产。出于这种根深蒂固的忧虑，人们普遍认为，如同奥马哈（Omaha）的一名地块划分商所写，限制"不仅可行，而且非常必要"。达拉斯最时尚郊区高地公园（Highland Park）的地块划分商休·E. 普拉瑟（Hugh E. Prather）称，它们是"高端开发的命脉"。只要对邻居的地产施加同样的限制，许多美国人都愿意自己受到限制。事实上，许多人不会购买不受限地产。20 世纪 20 年代中期，一位记者在描写马萨诸塞州春田的一个高度受限区柯罗尼山时说："20 年前，春田的房地产如果受到严格限制，则很难售出。准买家觉得，如果他不能完全按照自己的意愿去使用房地产，他就是被强迫的。但今天，置业者要求将最高级、最详细的限制当作自身权利的一部分。"①

没有什么比《郊区生活》（*Suburban Life*）这本致力于提升郊区福祉的杂志上的一篇文章，更清楚地揭示出人们对限制性

---

① Alexander S. Taylor, "Districting Through Private Effort," *Proceedings of the Eighth National Conference on City Planning*: 1916, page 178; Iranaeus Shuler, "Subdivision Control and Standards," *Annals of Real Estate Practice*: 1925, volume 3, page 238; Hugh E. Prather, "Planning, Platting, and Improving the Subdivision," ibid., page 158; Chester S. Chase, "A Well Planned and Well Planted Community," *House Beautiful*, September 1926, page 264.

契约的新态度了。这篇文章旨在向准房主提供建议,由记者查尔斯·K.法林顿(Charles K. Farrington)于1911年撰写,标题为《当您购买建筑地块时》,旨在向准房主提供建议。这篇文章的吸睛之处在于,它关注的几乎全是限制性契约。"在购买地块之前,请您仔细研读限制性契约,"法林顿写道,"同样重要的是,弄清楚您周围的空置地产(即使是在邻近街道上)是否也受到了充分保护。"除了检查商店和工厂是否被禁止外,还应确保"一块地只能建一栋房屋"。此外,还应确保禁建"双户住宅、双家庭住宅和公寓楼"。还有,可别忘了通货膨胀的影响。20年前的最低成本要求,比如说,5000美元就可以确保建造"一幢漂亮、坚固的房子"。但是,"现在,你无疑会惊讶于建造几栋小型住宅"的成本。最重要的是,记得检查限制的有效时间。如果它们被设置为30年有效,这是很常见的,现在已经过了25年,那么,"您只能被保护5年"。①

为了开拓日益增长的所谓目光敏锐买家的市场,许多地块划分商做的不仅仅是施加限制。像鲍顿一样,他们也围绕着限制展开营销。在尼科尔斯的带头下,鲍顿与迈克·霍格(Mike Hogg)和威廉·C.霍格(William C. Hogg)②、休·波特(Hugh Potter)一起,投放了带"1000英亩受限土地"字眼的广告,这句话通常用黑体大写字母写成。其中,霍格兄弟和

---

① Charles K. Farrington, "When You Buy Your Building-lot," *Suburban Life*, February 1911, page 90.

② 即霍格兄弟(Hogg brothers)。——译者注

休·波特是休斯敦最时尚郊区——橡树河的开发商。其他地块划分商强调他们的地块（其中大部分不到100英亩，更不用说1000英亩）是"高度受限""完全受限"和"精心受限"的。一些地块划分商坚称，与竞争对手相比，他们的地块更严格（或更高度或更全面）地受到限制。除了在广告中强调限制外，地块划分商还敦促销售人员，将限制作为如小奥姆斯特德所称的"话题"或"卖点"。效果很不错。根据塞缪尔·索普的说法，限制"被证实是我们最好的卖点"。华盛顿一家地产公司的总经理亨利·克拉克（Henry Clarke）（他也是帕洛斯福德庄园前销售总监）也这样认为。1932年，在回顾了过去25年来数百个成功开发的住宅区历史之后，他总结道："在几乎每一个案例中，开发商的销售吸引力都源自他能为买家提供保护。"①

正如历史学家迈克尔·霍勒兰所指出的那样，分区正在出售永久性。或者，换一种说法，它们利用了人们对有害变化的恐惧，特别是面对"不受欢迎的"人和"不受欢迎的"活动侵扰的日益增长的恐惧。这种说法的一个很好例证是布伦顿伍德（Brendonwood）的宣传册。布伦顿伍德是位于印第安纳波利斯（Indianapolis）东北部一个占地350英亩的分区，由查尔斯·E.

---

① *Kansas City Star*, October 3, 1909; Baltimore *Sun*, May 9, 1913; *Houston Post-Dispatch*, February 5, 1926; Chase, "Restrictive Deed Covenants," page 265; St [.] Francis Wood; *A Great Civic Achievement*, Loeb Library; Olmsted, "Deed Restrictions," pages 32, 34; Thorpe, "The More Restrictions the More Buyers," page 46; Henry Clarke, "Protective Deed Restrictions," *National Real Estate Journal*, June 1932, page 42.

刘易斯（Charles E. Lewis）开发，乔治·E. 凯斯勒规划。宣传册上有一个"银闪"（Silver Flash）加油站标志，其下方列有如下警告：

> 您知道，您并不喜欢这样的事情发生在自家对面或对过的马路上。您知道，这让您很恼火……可能它还没发生在**您家里**，但是，一旦那破坏安宁、扰乱物价的坏蛋靠近您家门口，您如何才能让它远离？您怎么知道它何时会发生在自家？某天，我们在报纸上看到，枫叶路（Maple Road）的子午线街（Meridian St.）情况紧急。紧接着，我们得知第16街的特拉华（Delaware）受到威胁。看看您的身边！看看已经发生或者正在造成的破坏。现在，还有哪条街道、哪个社区是安全的？

距帕萨迪纳不远的一片地雷蒙德村（Raymond Village）的地块划分商也向准买家提出了类似问题。"当您购买了一块用于安家的地，您如何能确保，通常情况下，一座肮脏的棚屋，一家养鸡场，或者其他令人讨厌的建筑不会建在您家隔壁？"地块划分商警告，这种情况以前发生过，以后可能还会发生。如果不是一个加油站，也不是一座难看的棚屋，那就是一家酒吧，一个工厂，一间洗衣店或一家殡仪馆。地处洛杉矶市中心西北部的好莱坞山（Hollywood Hills）的一则广告称，许多家庭三番五次地在宜人的分区买地。"几年后，当他们已经在自己的漂亮房子投入巨资时，就会发现，周围的限制正在逐渐失效，地产正在贬值,最好的邻居也在搬离——简言之,他们的社区**不再是个一流住宅区**。"①

地块划分商宣称,美国人有得选择。他们可以在不受限地段买地建房屋,等社区衰败后,以通常低于原价的价钱卖掉房屋,再到另一个不受限地区买地。或者,他们可以"**去布伦顿伍德**"——或者是其他许多解决了永久性问题的高度受限区中的任何一个。尼科尔斯公司称,在这些地方,居民将"受到全面限制的保护,**免受任何危险**"。橡树河的一本宣传册说,在那里,您将永远拥有一个家,在一个全是家的社区里的家,所有房屋都"参照橡树河的标准精心规划、匠心建造"。布伦顿伍德的另一本手册强调,在那里,您可以一辈子住在自己家里,并把它"传给"孩子们。它还说,这简直太棒了,"能够住在我们父辈的房子里"。其他地块划分商也在这些点上发力。梅森-麦克杜菲公司(Mason-McDuffie Company)声称,圣弗朗西斯伍德将保持原貌。它的限制"是永久保护家园、使土地保值和增值的屏障。它们能抵御商店、单元房和公寓的破坏性影响;防止房屋拥挤和视野受阻;拒绝不受欢迎邻居和难看、与周边不协调房屋的进驻"。范斯威林根公司(Van Sweringen Company)称,沙克高地上众多分区之一的沙克村永远都不会改变,"无论时代如何变化,无论何种商业主义浪潮侵蚀其边

---

① *Gasoline Stations or Brendonwood*(ca. 1920),Loeb Library;Holleran,*Boston's "Changeful Times,"* chapter 3;"Raymond Village Tract," Ephemera Collection, Henry E. Huntington Library, San Marino, California;*Los Angeles Times*,December 3,1922.

界,沙克村都是安全的,其房屋和花园……将永久安宁和受到保护"①。

为比竞争对手更胜一筹,一些地块划分商决定为未来买家提供除永久性外的其他东西,即专属性。地块划分商早就知道,存在一个像卢埃林公园和燕尾服公园那样的专属郊区小市场。但现在,他们有理由相信,这个市场正在迅速扩大,因为那些加入了独家的乡村俱乐部、在专属的海滨社区避暑,并把孩子送到独家预科学校的同样富裕的美国人,也同样希望住在专属住宅区里。专属住宅郊区意味着郊区高度受限。在纽约布朗克斯维尔(Bronxville)的一个分区劳伦斯公园(Lawrence Park),其开发商威廉·范·杜泽·劳伦斯(William Van Duzer Lawrence)称,潜在买家可以确信这里的居民有着"最好的素养";其他人将被"严格排除在外"。一本手册称,布伦顿伍德的居民,可以肯定"您的邻居将是和您品位相似的人,他们和您一样,珍惜布伦顿伍德和它所给予的一切"。地处洛杉矶山麓的一个分区比弗利山顶,开发商打出的广告语为"**针对特定人群的永久受限区**"。在一些富裕分区,专属性甚至更像是一个"卖点"。汉考克公园号称"严格受限",称自己为洛杉矶"最专属住宅区"。贝莱尔也不甘示弱,称其在郊区界,就跟蒂芙尼(Tiffany)之于珠宝界一样,宣称自己是"西部唯一的住

---

① *Gasoline Stations or Brendonwood*; *Kansas City Star*, October 3, 1909; *River Oaks : A Pictorial Presentation of Houston's Residential Park*, Loeb Library; *A Summer's Reverie and Dream of a Brendonwood Owner*, Loeb Library; *St [.] Francis Wood and Home*, Loeb Library; Holleran, *Boston's "Changeful Times,"* page 83.

宅公园"。肖特山号称"新泽西州最专属住宅区",附近的蒙特克莱尔(Montclair)自诩为"纽约郊区中的最漂亮、最专属的分区"。①

到20世纪20年代末,地块划分商们似乎已经解决了奥姆斯特德早在半个多世纪前提出的问题。由于他们的努力,大多数城市都至少有一两个对富裕阶层有严格限制的小区。许多大城市有几十个。除罗兰公园和吉尔福德,巴尔的摩还拥有罗兰公园公司第三大投资项目——家园(Homeland)。今天,它的广告语是"1500英亩受限土地"。华盛顿有几个受限郊区,其中最著名的是马里兰州的切维蔡斯(Chevy Chase),这片广阔的土地由弗朗西斯·G. 纽兰兹(Francis G. Newlands)细分。纽兰兹是一名内华达州的美国参议员,他在西部发家致富之后移居首都。富有的费城人有许多受限分区可供选择,其中大多数位于"主线"之上。几十个受限分区分布在威彻斯特县、康涅狄格州南部、新泽西州北部和拿骚县,使富裕的纽约人有更多选择。这些分区中最著名的是劳伦斯公园,拿骚县的大颈山,还有森林山花园。森林山花园是皇后区的一个严格受限分区,由罗素塞奇基金会投资(最初由鲍顿管理)。奥姆斯特德公司

---

① Eloise L. Morgan, ed., B*uilding a Suburban Village : Bronxville, New York, 1898 – 1998* (1998), page 18; *Why You Should Choose the Location for Your Next Home in Brendonwood* (1920), Loeb Library; *Los Angeles Times*, March 11 and 25, December 23, 1923, February 17, 1924; *Country Life in America*, March 1910, page 505, June 1, 1911, page 7. See also James A. Mayo, *The American Country Club : Its Origins and Development* (New Brunswick, 1998), and Peter W. Cookson, Jr., and Caroline Hodges Persell, *Preparing for Power : America's Elite Boarding Schools* (New York, 1995).

所在地波士顿，也有高度受限的郊区。其中最著名的是橡树山村（Oak Hills Village）。它地处牛顿市，距州政府约7英里，由阿诺德·哈特曼（Arnold Hartmann）开发。哈特曼不仅对此地施以常规限制，还要求每位准买家提交3份社会证明和3份商业证明文件，所有证明都需"经严格调查"。还有，无论多么强烈推荐，没有哈特曼的书面许可，任何居民都不被允许向他人租借或让其占用房屋。①

中西部也有许多高度受限郊区。其中，堪萨斯城的乡村俱乐部区别具一格，被尼科尔斯公司誉为"全球最大、单一机构管理的高级受限住宅开发项目"，也被英国著名城镇规划师雷蒙德·安温（Raymond Unwin）誉为"美国住宅规划的最佳范例"。（待帕洛斯福德庄园被开发后，乡村俱乐部区不再是美国最大的同类开发项目，但它与罗兰公园一起，仍然是最具影响力的分区。）几乎和乡村俱乐部区同样出名的是范斯威林根兄弟的沙克高地，其中一些地区的限制有效期直到21世纪。乡村俱乐部区之于堪萨斯城，类似于沙克高地之于克利夫兰，布伦顿伍德之于印第安纳波利斯，渥太华山之于托莱多（Toledo）。渥太华山地处市区以西，占地1200英亩，由汽车制造富商约翰·诺斯·威利斯（John North Willys）开发，并由当地房地产商保罗·A. 哈什（Paul A. Harsch）管理。景观设计师小威廉·皮特金（William Pitkin, Jr.）写道，这是"有史以来最出

---

① "A Boston Subdivision," *National Real Estate Journal*, November 15, 1926, pages 23–29. See also Waesche, *Crowning the Gravelly Hill*, page 113.

色的郊区开发项目"。底特律、密尔沃基、明尼阿波利斯和哥伦布也有几个高度受限区，尽管没有哪一个像乡村俱乐部区那样一统市场。地处中西部的大都市芝加哥有更多受限区，其中最著名的那些散布在北岸沿线。①

西部也有一些高度受限郊区。最早开发的受限区之一高地（The Uplands），地处不列颠哥伦比亚省首府维多利亚（Victoria）。它拥有近500英亩的海滨地块，由柯比加德纳公司（Kirby & Gardner）的奥尔菲尔德（Oldfield）于20世纪初开发。柯比加德纳公司是一家温尼伯②公司，曾雇请奥姆斯特德兄弟公司对地块进行布局兼设置限制。小科尼利厄斯·范德比尔特（Cornelius Vanderbilt, Jr.）于1921年写道，高地与蒙特利尔的西山（Westmount）、多伦多的劳伦斯公园和卡尔加里③的皇家山（Mount Royal）一起，组成加拿大最时尚的郊区之一——"第二燕尾服公园"。这样，湾区（Bay Area）就落后了。邓肯·麦克杜菲在1912年说，"除了三小块总面积加起来不到50英亩的地，旧金山没有任何地产受到限制。"奥克兰和伯克利也不多。20世纪10年代中期，在麦克杜菲的梅森-麦克杜菲公

---

① J. C. Nichols Investment Company, *Country Club District*, pages 3 – 5, 23; Smith, "The Glory of Shaker Village," pages 21 – 26; Paul A. Harsch, "Ottawa Hills," *Wildwood Magazine*, Summer 1916, pages 7 – 8, 10; William Pitkin, Jr., and Frederick L. Trautman, "The Greatest Suburban Development Ever Undertaken," *Real Estate Magazine*, October 1914, pages 24 – 28; Michael H. Ebner, *Creating Chicago's North Shore: A Suburban History* (Chicago, 1988).

② 温尼伯（Winnipeg），地处加拿大西部的一座城市。——译者注

③ 卡尔加里（Calgary），地处加拿大西南部的一座城市。——译者注

司开发圣弗朗西斯伍德之后，情况有所改变。圣弗朗西斯伍德是一个高度受限郊区，位于旧金山市政中心（San Francisco Civic Center）西南方约 3 英里处，曾被德国著名规划师沃纳·黑格曼（Werner Hegemann）誉为"美国最卓越的住宅区"。受圣弗朗西斯伍德成功经验的启发，沃尔特·H. 莱默特（Walter H. Leimert）和其他人在一战后对东湾（East Bay）分区实施了严格限制。洛杉矶是美国发展最快的大都市，也有着发展最彻底的郊区。在西部乃至美国，都没有任何地方的受限分区像洛杉矶那样发展迅猛。从帕洛斯福德半岛到圣费尔南多谷，从圣盖博谷到太平洋，地块划分商将数万英亩的平地和山麓开发成橡树丘（Oak Knoll）、比弗利山庄（Beverly Hills）、亨廷顿帕利塞兹（Huntington Palisades）和其他许多高度受限郊区。①

南部和西南部也有受限郊区，尽管数量远低于都市化程度更高的其他地区。（直到 1920 年，美国有 10 多个大城市人口超 50 万，新奥尔良、路易维尔［Louisville］和亚特兰大是南部或西南部仅有的几个人口高达 20 万的城市。）亚特兰大有德鲁伊山（Druid Hills）。德鲁伊山是由柯克伍德土地公司（Kirkwood Land Company）开发的另一个大分区，它的经理、当地企业家

---

① W. H. Gardner to Olmsted Brothers, March 11, 1907; Cornelius Vanderbilt, Jr., "Uplands, Victoria's Residential Park," *The Spur*, June 1, 1921, page 67, Olmsted Brothers, Job File 3276; L. D. McCann, "Planning and Building the Corporate Suburb of Mount Royal, 1910 - 1925," *Planning Perspectives*, July 1996, page 276; Duncan McDuffie to Olmsted Brothers, September 10, 1912, Olmsted Records, Job File 5658; *St [.] Francis Wood: A Great Civic Achievement*; Robert M. Fogelson, *The Fragmented Metropolis: Los Angeles*, 1850 - 1930 (Cambridge, 1967), chapter 7.

乔尔·赫特（Joel Hurt），采纳了奥姆斯特德兄弟的大量建议。伯明翰有雷德蒙公园（Redmont Park）和山溪庄园（Mountain Brook Estates），两者均由小罗伯特·杰米森（Robert Jemison, Jr.）规划，杰米森是唯一一个受邀参加由尼科尔斯、鲍顿和其他重要地块划分商所举办的年会的南部人。其他高度受限的南部分区包括路易维尔的邦尼城堡露台（Bonnycastle Terrace），格林斯伯勒（Greensboro）的欧文公园（Irving Park）和萨凡纳的查塔姆新月城。其中，查塔姆新月城的开发商宣称，"我们通过采用适当的建筑限制审慎地保护地产。"直到1920年，西南部最著名的郊区是达拉斯的高地公园，由休·E. 普拉瑟划分，普拉瑟是唯一一位受邀参加开发商年会的西南部人。但是，休斯顿的橡树河很快使它黯然失色。橡树河以乡村俱乐部区为蓝本建造，借用尼科尔斯公司的广告，它自诩为"西南部城市中最大的、单一机构管理的高级住宅开发区"。① 可能是受高地公园和橡树河的启发，20世纪20年代末，地块划分商规划了图森（Tucson）的第一个受限郊区——科洛尼亚索拉纳（Colonia Solana）。

一些地块划分商，其中最著名的是鲍顿和尼科尔斯，只专注于富人，其他地块划分商则面向不同的目标群体。亨里·E. 亨廷顿（Henry E. Huntington）是洛杉矶的交通运输和房地产大

---

① Don Riddle, "'Homes to Last for All Time': The Story of Houston's River Oaks," *National Real Estate Journal*, March 4, 1929, page 23. See also *Suburban Life*, November 1911, page 3.

亨。他开发了圣盖博谷的大部分地区，并将南帕萨迪纳的奥昂塔公园（Oneonta Park）划分给洛杉矶中产阶层居住，本来，这些中产人士只能梦寐以求于住到橡树丘，以及他在帕萨迪纳和圣马力诺的其他豪华分区。汤普森兄弟（Thompson brothers）金和本（Ben），与查尔斯·F. 约翰逊（Charles F. Johnson）一起，是俄亥俄州哥伦布市的主要地块划分商。他们开发了格兰德维尤（Grandview），这是 20 世纪 10 年代中期的一个中产阶层小区。几年前，他们仿效尼科尔斯创建了一个自己的"乡村俱乐部区"——一个专注于富人、后来并入上阿灵顿（Upper Arlington）村的小区。依然有一些地块划分商只专注中产阶层市场。到了 20 世纪 20 年代，许多中产阶层分区受到限制。但是，由于地块划分商意识到，中产阶层对受限地产的态度有些矛盾，因此，与他们参照的上层中产阶层和上流阶层分区相比，这些分区受到的限制没那么全面与严格，而且一般来说，它们很快就会到期。在中产阶层分区，地块划分商也将限制当作一种营销手段，但除种族契约外，其余都是小心谨慎地使用。广告并没有将这些限制描述为全面而严格的，而是称其为理智、公平、适当、充分和"明智但不令人生畏"的。如城市露台的一则广告说的那样，是"严格的种族限制和适度的建筑限制"。① 城市露台是洛杉矶市中心以东几英里处的一个下层中产

---

① William B. Friedricks, *Henry E. Huntington and the Creation of Southern California* (Columbus, Ohio, 1992), pages 88–89; Patricia Burgess, *Planning for the Private Interest: Land Use Controls and Residential Patterns in Columbus, Ohio, 1900–1970* (Columbus, Ohio, 1994), pages 52–58; *Los Angeles Times*, December 31, 1922, January 4, February 25, April 15 and 22, September 2, October 28, November 4, 1923, February 3, 1924.

分区，其"宅地"售价仅为650美元。

一些地块划分商认为，即使是工薪阶层社区也应当受到限制。颇具讽刺意味的是，这一立场的最坚定拥护者之一就是尼科尔斯。他的乡村俱乐部区不仅非常昂贵，远超大部分富人的承受能力，而且非常专属。据1930年的一项调查显示，堪萨斯城一半以上的精英都住在那里。尼科尔斯称，工薪族——"一天只挣两美元或更少的人"——需要限制性契约。在"妻儿老小的帮助"和"多年积蓄"下，他也许能够"为自家建造一栋让人喜欢、像样的四居室小屋"。但是如果小区不受限制，"很快，他就只能在不经粉刷的单间棚屋和最讨厌的邻居之间找到自己的小房子，或者他可能发现隔壁地块经常被用作垃圾场，或是小贩的脏院子。"尼科尔斯写道，事实上，工薪族比富人更需要限制性契约。他们更容易受到有害变化的影响，而且由于房屋通常是其主要资产，他们应对变化的能力也较弱。他们更可能生活在容易受到马房、煤场、工厂和其他有害活动侵扰的社区。他们也更可能生活在面积很小的地块上，任由不解人意的邻居摆布。尼科尔斯写道，适当的限制措施不仅能保护工薪族的家免受滋扰，提供一些隐私保护，还可为"一小块草地"和"一两棵树"预留空间，使家人免受街道"噪音、污物和粉尘"的影响。如果将土地使用控制应用在"工人小屋社区"，那么它"将被证明为社区带来巨大的便利"，如同应用在"富人住宅区"一样。①

---

① Pearson and Pearson, *The J. C. Nichols Chronicle*, page 93; Nichols, "Housing and the Real Estate Problem," pages 134 – 136; *Annals of Real Estate Practice：1925*, volume 3, pages 211，213; Baltimore *Sun*, May 11, 1913.

一些地块划分商实践了尼科尔斯所宣扬的理念。其中的重要人物是贾里德·S. 托伦斯（Jared S. Torrance），他是一位成功的纽约商人，于1889年移居南加利福尼亚州，通过划分地块和成为联合石油（Union Oil）、联合工具（Union Tool）和其他公司的大股东发家致富。联合工具公司在东南工业区的地方不够用，在公司总裁莱曼·斯图尔特（Lyman Stewart）的支持下，托伦斯组建了一个财团，于1911年买下了多明格斯牧场（Dominguez Ranch）。牧场位于洛杉矶市中心和洛杉矶港的正中间，占地3000英亩。这个被称为多明格斯土地公司（Dominguez Land Company）的财团旨在将这座古老牧场打造成一座样板工业镇，作为那些正在寻求更广阔场地的公司的家园，以及用历史学家罗伯特·菲尔普斯（Robert Phelps）的话来说，就是洛杉矶当地"一个远离动荡劳动环境的避风港"。为规划这座开放工厂集聚的堡垒，公司聘请了奥姆斯特德兄弟。在他们的提议下，公司采用了一系列限制措施，用托伦斯（该镇以托伦斯命名）的话来说，这些措施"严重触动了美国宪法"。尽管与大约在同一时期被细分的吉尔福德的限制性契约相比，它们远没有那么全面和严格，但它们禁止屠宰场、炼胶厂和其他妨害，禁止酒吧和酒类销售，将许多地块限定为独栋房，授权适度退缩和设计审查。而且，按照当时的惯例，公司排除了"黑人"以及"印度人和其他亚洲人"——尽管它设置了一个单独的"外区"，允许非白人居住。[①]

---

① Robert Phelps, "The Search for a Modern Industrial City: Urban Planning, the Open Shop, and the Founding of Torrance, California," *Pacific Historical Review*, November 1995, pages 503–535.

历史学家贝基·M. 尼古莱德斯（Becky M. Nicolaides）写道，尽管托伦斯被某位观察家誉为"美国首个伟大的工业花园城市"，但它却萎靡不振。公司在销售住宅地产时遇到很多麻烦，因此将价格下调了40%至80%。但即使是低至100美元的地块，工薪族也不感兴趣。虽然他们赞成种族契约，但他们反对施加建筑和土地使用限制。因此，他们没有去托伦斯，而是去了家庭花园（Home Gardens）和附近其他地区，这些地区除了禁止非白人外，只有少数几项限制。其他城市的情况与洛杉矶一样。在工薪族看来，工厂可能带来噪音、污物和粉尘，但它们也能提供工作。酒吧一点也不讨厌，而是下班后放松身心的好地方。在布伦顿伍德备受诟病的加油站，与其说是一种妨害，不如说是一种便利。许多工薪族认为，建房子时不请建筑师和承包商，照搬书上的方案，自己动手，使用最便宜的材料，有钱了再加个房间，都没什么不好。许多工薪族也觉得养鸡、兔子、山羊和奶牛没什么不妥，所有这些都是宝贵的食物和收入来源，可使家庭免受市场变幻莫测的影响。总的来说，大多数工薪族并不像富人那样看重永久性。他们无意一辈子住在托伦斯或家庭花园里，也不期盼自己百年之后孩子们还住在那里。这些郊区并不像罗兰公园或乡村俱乐部区一样是终点站，而是一个驿站——一个没有宣告它的居民已经抵达，而是宣告他们正在路上的地方。① 因此，到了20世纪

---

① Dana W. Bartlett, "Torrance," *American City*, October 1913, pages 310 – 314; Nicolaides, *My Blue Heaven*, pages 14 – 35; Nancy Quan-Wickham, "'Another World': Work, Home, and Autonomy in Blue-Collar Suburbs," in *Metropolis in the Making: Los Angeles in the 1920s*, ed. Tom Sitton and William Deverell (Berkeley, 2001), pages 123 – 141; Richard Harris, *Unplanned Suburbs: Toronto's American Tragedy, 1900 to 1950* (Baltimore, 1996), chapter 8; Johanna von Wagner to Frederick Law Olmsted, Jr., January 29, 1912, Olmsted Records, Job File 5354.

20年代末，用克拉克教授的话来说，对于富人们（较小程度上，中产阶层）来说司空见惯的东西，对工薪阶层来说仍是个例外。

"限制越多，买主越多"

与此同时，限制性契约在许多郊区广泛流行开来，它们正以许多重要的、极具启示性的方式发生变化。其中最引人注目的也许是限制的长度。当鲍顿划分罗兰公园时，他遵循了惯例，在契约中包含限制条件——在一张长纸的单面或双面，写上买卖双方的名字，对地块的描述，价格和付款条件（如果有的话）。在他的公司开发吉尔福德时，这些限制已经很长，以至于必须将它们作为一个长达20多页的单独文档发布。在其他大规模分区中，情况大同小异。湖滨高地（Lakeshore Highlands）有10多页限制，渥太华山有20多页，帕洛斯福德庄园有30多页。（帕洛斯福德庄园保护性限制似乎更长，因为它们与房屋协会的公司章程和细则发布在同一本手册中。）罗伯特·杰米森、阿诺德·哈特曼和其他一些大型地块划分商逆势而为，在契约中加入限制条件，但大部分都跟着潮流走。一个有趣的例子是德文郡唐斯（Devonshire Downs）的开发商奈特–梅纳德公司（Knight-Menard Company）。德文郡唐斯地处底特律以北广阔的布卢姆菲尔德山区（Bloomfield Hills district），面积超500英亩。因担心限制太长可能会惹恼准买家，奈特–梅纳德倾向于尽量缩短限制。然而它的适用于整个区域的常规限制，长达17页。

而且，常规限制还未涉及退缩规定、最低成本要求，以及其他包含在补充限制中的条款，这些补充条款是在地块投放市场时施加到每一部分的。①

除了越来越长外，限制也变得越来越繁复。地块划分商之所以被迫做出这一转变，很大程度上是因为他们担心，如果法院被要求禁止业主违反其中一项或另一项限制时，法院将如何回应。这些担忧如此之强烈，以至地块划分商开始聘请律师起草限制性契约——或者至少，对其进行审查和修订。（限制之所以如此繁复，原因之一可能是因为律师们受过专业训练，能够预见每一种可能性，无论其多么渺茫。）这些担忧绝非空穴来风。同时，法院表示，他们将在某些条件下执行限制性契约，他们强调这些限制将被"严格解释"。法官们的意思是，他们将按照书面内容来理解这些限制，他们会认为限制的意思完全如条款所写，不多也不少。他们不会从中推断出任何内容，也不会考虑任何暗示。正如密苏里州最高法院说的，鉴于法律"支持自由与不受限制地使用不动产"，法官们不仅要将举证责任推给地块划分商（以及申请禁令的其他业主），还要解除所有对它们的质疑。②

1881年，马萨诸塞州的一个初审法院揭示了限制将如何被

---

① *Protective Restrictions for Devonshire Downs* (1929), "Explanatory Note" and pages 4 – 21, Loeb Library.

② *First Annual Conference*, page b112; *Hutchinson v. Ulrich*, 145 Ill. 336; *Deutsch v. Mortgage Securities Co.*, 122 S. E. 793; *Saratoga Building Co. v. Stables Co.*, 146 Md. 152; *Kitchen v. Hawley*, 150 Mo. App. 497, quote on page 503.

严格解释。虽然当时限制性契约在海湾州（Bay State，马萨诸塞州）是可强制执行的，但是法院拒绝限制被告在剑桥的一块地开一家杂货店，尽管其地块划分商禁止"任何恶心或低俗的商业"以及任何威胁"社区安静和舒适"的商业。法院说，杂货店不是"契约中列举的"商业之一，也不"恶心或低俗"或对"社区的安静舒适"构成威胁。密苏里州一家上诉法院在1910年也得出了相同结论，当时它拒绝对一个计划在圣路易斯一块地上建酒店的业主发布禁令，其开发商禁止马房、制造企业，以及其他包括酒吧和杂货店在内的业务。上诉法院维持了初审法院的判决，并写到限制性契约中没有提及酒店。在没有类似说明或对营业地点有所限制的情况下，法院别无他选，只能裁决拟建酒店是"对地产的合理使用"。1893 年，伊利诺伊州最高法院甚至更严格地阐释了限制性契约，当时它驳回了一群原告对一名芝加哥业主的禁令申请——这位业主正在一块地上建造单元房（或公寓楼），但该地块的限制条件为"仅限独栋房"。尽管原告认为"独栋房"是指"只供一个家庭居住的住宅"，这几乎肯定是地块划分商的意思，但法院裁决，它指的是"一栋住宅，可能被一个或多个家庭使用"。如果他们的意图是"禁止在地产上建一栋单元房，当事方为什么没有在契约中这样说呢，"法院问道："或者如果他们打算只建造一栋通常为家庭私宅的房屋，为什么不在契约中明说呢？"①

---

① *Tobey v. Moore*, 130 Mass. 448, quotes on pages 449, 451; *Kitchen v. Hawley*, 150 Mo. App. 497, quote on page 504; *Hutchinson v. Ulrich*, 145 Ill. 336, quotes on pages 339, 342, 344.

地块划分商们茅塞顿开。现在，他们不再简短地声明该地段只能用于"居住目的"（或仅用于"单一住宅"），而是包含了措辞严谨的条款，该条款排除了除独栋房以外的任何建筑。吉尔福德限制性契约规定，"除私宅外，任何类型的建筑都不得（在此地）建造或保留，每栋住宅是为单一家庭居住而设计的"。在德文郡唐斯，每块地只能建造"一栋独立的私人住宅"，并且"此类私人住宅不得为一个以上家庭及其家庭雇工设计或居住"。地处塞缪尔·S. 索普的乡村俱乐部区的球道区（Fairway Section），任何地块都不能"用于改善、使用或占用为除私人独栋房以外的其他用途"——而且，毫无疑问，"单元房、复式公寓（和）公寓楼"被明令禁止。与其说不能将这些地块用于少量妨害以及任何有害、刺激性和危险的行业，不如说这些限制列举了数十种被禁行业，从炼油厂到采石场，酿酒厂到罐头厂，造船厂到火葬场，不一而足。帕洛斯福德庄园甚至排除了屠宰场——尽管人们难以想象，有人会在既没有牛，又没有铁路运输的地方建屠宰场。在1915年，也就是拿骚县高度受限分区门西公园（Munsey Park）列举出一百种不同类型被禁行业的十年前，一位观察人士指出，地块划分商已经明令禁止了"几乎所有已知的制造业或商业"①。

84

---

① 175 *A. L. R.* 1191, especially pages 1194 – 1202; *Restrictions Relating to Guilford*, page 5; *Protective Restrictions for Devonshire Downs*, page 4; *Warranty Deed, Country Club District, Fairway Section*, Loeb Library; *Protective Restrictions, Palos Verdes Estates*, page 17; *Munsey Park [:] A Restricted Community of Homes at Manhasset, L. I.* (1927), pages 1 – 2, Loeb Library; William A. Woodbury, "Restrictions: Good in Youth— Dangerous in Age," *Real Estate Magazine*, December 1915, page 30.

除了更加繁复，限制也变得更为严格。在19世纪早期和中期，当地块划分商使用限制性契约时，它们通常包括一条禁止有毒、有害和危险行业的条款，意即大多数美国人视为妨害的行业。屠宰场属于这一类，同样还有铸造厂、制革厂、酿酒厂、铁匠铺、马房和铁厂，以及用1825年契约的话来说，"任何制造胶水、清漆、硫酸、油墨或松节油的工厂"。人们认为，任何时尚住宅区都无法在这些臭烘烘、嘈杂和肮脏商业活动的侵蚀下幸存。但是，到了19世纪末20世纪初，情况有所变化。当时的地块划分商意识到，严格限制地产的市场前景非常广阔。为开拓这个市场，他们不仅增添了被禁行业的名单，还禁止了一些远非有毒、有害和危险的行业，如五金店或文具店。比如，高地并没有大篇幅地列举所有被禁行业，而是禁止"任何商贸活动"。其他一些大规模分区也是如此。遵循房地产经济学家的传统观念，地块划分商甚至将妨害的概念扩展到除独栋房外的任何事物。一个典型例子就是圣弗朗西斯的地块划分商梅森-麦克杜菲公司，它禁止"单元房、双联房、公寓楼、出租屋、酒店和公共寄宿房或公寓"以及"商店、杂货店或任何形式的商业企业"。①

---

① *Barrow v. Richard*, 8 Paige 351, quote on page 352; *Agreement for Sale [Between] The Uplands, Limited, and H. R. Ferriss*, July 31, 1912, Loeb Library; *Declaration of Restrictions and Covenants Affecting the Property Known as St[.] Francis Wood, San Francisco, California* (1912), page 3, Bancroft Library, University of California at Berkeley. See also Helen Monchow, *The Use of Deed Restrictions in Subdivision Development* (Chicago, 1928), pages 27–33.

一些地块划分商担心，无论这些限制的本意多么好，都可能过于严格。他们想知道，当医生和其他专业人士在郊区房地产市场中发现自己不被允许在家里办公时，他们会如何反应？当其他准买家得知他们将无法在附近的任何地方买到日用品和文具时，他们将做何感想？许多美国富人，儿女已经长大成人，本就厌倦了打理房屋，现在又要在同一街区买套公寓时，这样的限制有何意义？尼科尔斯说，当附近有许多业主准备开商店和小卖部，以获利于乡村俱乐部区和其他富人社区的购买力时，这样的限制又意义何在？一些地块划分商忧心于自己规定医生和其他专业人士只能外出工作——尽管在一种情况下，只有获得附近地块50%业主的同意才有效。一些地块划分商还为商店和小卖部预留了小块区域，这些区域有自己的限制条件；还有其他建造低层公寓的小地块，通常位于地块边缘，是小型商业中心和大型独栋房社区之间的缓冲区。少数地块划分商甚至建起了大型购物中心，其中最著名的是尼科尔斯的乡村俱乐部广场。(尼科尔斯还出租了一些地块用作加油站。他在1919年曾告诉他的地块划分商同人，这样可以带来大量急需的收入。)①

19世纪早期和中期，一些地块划分商使用限制性契约来禁止业主在距离街道太近的地方建房。在波士顿"电车郊区"之一的西罗克斯伯里（West Roxbury）地区施加的一条典型限

---

① *Third Annual Conference*, pages 533 – 527, 601 – 602, 613；*Hycliff Standards [:] A Declaration of Protections and Restrictions for Hycliff*, Section Two（1929）, page 5, Loeb Library; Worley, *Nichols*, pages 209 – 210, 223 – 224, 248 – 249.

制是，将"距离太近"界定为少于 20 英尺。19 世纪末 20 世纪初，当限制性契约变得越来越普遍时，情况再次发生变化。许多地块划分商不仅对房屋前面施加了所谓退缩，而且还将它们施加在屋后和侧面，通常从 15 英尺到 50 英尺不等。车库和其他附属建筑也被施以退缩。因此，有时会覆盖门廊、凸窗和其他凸出物。某些情况下，退缩是统一的，而在另一些情况下，退缩则各不相同。业主通常被禁止再分割地产。有时，他们被禁止在其中的大部分地方建房。也许最严格的此类限制是在海克利夫（Hycliff）实施的。海克利夫是一个非常昂贵的分区，于 20 世纪 20 年代末在康涅狄格州的斯坦福德（Stamford）设立。在这里，房屋覆盖的地块面积不得超过 22%。房屋的宽度（或者确切地说是房屋"主体部分"的宽度）也不得超过地块宽度的 60%。① 除非建在至少一两英亩的土地上，否则，这些条款严重局限了房主对自家位置及大小的决定权。

　　高度限制虽然没有退缩规定常见，但比面积要求常见。这些限制有一段非同寻常的历史。在 19 世纪中叶，一些地块划分商处境艰难，他们不得不卖地。但如果他们把地卖给别人建一栋低矮劣质的房子，与时髦的住宅区格格不入，可能会很难卖出剩余地块。因此，一些地块划分商规定了最低高度限制，即不允许建造低于两或三层的房屋，地下室和阁楼除外。然而，

---

① Devlin, *Law of Deeds*, volume 2, page 1364; *Sharp v. Ropes*, 110 Mass. 381; *Hycliff Standards*, page 6. See also Monchow, *Deed Restrictions*, pages 37–45.

到了世纪之交，许多地块划分商发现自己陷入了另外的困境。通过施加最小高度限制，它们可以阻止低矮劣质房子的建设，但是不能阻止业主建造一栋阻碍邻居视野或破坏自然环境的房子。因此，许多地块划分商没有设置最低高度限制，而是设置了最高高度限制，一般为两层或三层，同样不包括地下室和阁楼。通常，地块划分商会在整个区域统一设置限制，有时，他们会在不同地区设置不同限制。①

除了更加严格，限制也更为全面。直到19世纪90年代，地块划分商几乎都没有施加太多限制——如果有的话。一个典型的契约只包括对妨害、酒吧、马房和非法交易的禁令，以及一项退缩规定和高度限制。"我们最初的限制，"尼科尔斯的一位合伙人后来回忆道，"都能包含在一个段落中。"但是，为迎合一位观察人士所说的"对限制居住区的房屋……持续增长的需求"，现在，地块划分商为出品更严格限制的地块而彼此竞争。尼科尔斯说，这意味着他们必须施加更多的限制。他们也确实这样做了。例如，在特拉华州的威尔明顿（Wilmington），每份契约的限制数量从20世纪初的平均4项增加到20世纪20年代末的平均13项。一般来说，大部分由专业人士规划的大分区，比大部分由业余人士规划的小分区限制更多。一些新的限制条款承袭了旧条款，但许多却偏离到鲍顿所说的

---

① *Sharp v. Ropes*, 110 Mass. 381; *Jackson v. Stevenson*, 156 Mass. 496; *Protective Restrictions, Palos Verdes Estates*, pages 30 – 31. See also Monchow, *Deed Restrictions*, pages 27 – 31, 37.

"其他方向"①。有些则从未被考虑过。有些被考虑过,但最终被否决了,因为地块划分商担心市场还没准备好,即使市场已经做好准备,法院也不大可能会强制执行这些限制。

新限制措施包括最低成本要求。从 19 世纪 80 年代开始,少数地块划分商采取了一种新颖的策略,以防业主建造可能使剩余地块贬值的房屋。他们没有规定最低高度限制,而是禁建价格低于一定金额的房屋——例如,在马萨诸塞州埃弗里特(Everett)的一片区域是 2000 美元,在布鲁克林一个分区是 4000 美元。这一做法与过去大相径庭,很快就流行起来。在接下来的 30 年间,在奥姆斯特德兄弟负责的几十个分区中,大多数都实施了这一限制。其他数百个未经奥姆斯特德兄弟管理的分区,大多数都这样做了。例如,在俄亥俄州的哥伦布市,从 1900 年到 1930 年,在众多由查尔斯·F. 约翰逊和汤普森兄弟规划的分区中,近 3/4 设置了最低成本要求。这种限制不仅存在于非常昂贵的分区,还在价格适中的分区有——甚至在少数成本在 500—1000 美元的分区也有。从 1900 年到 1930 年,最低成本稳步攀升,虽然不均衡,但很大程度上是因为生活成本上涨的结果。到 20 世纪 20 年代,许多地区都有 5000—10000 美元的限制,有些地区的限制则是 10000—15000 美元,还有一

---

① Devlin, *Law of Deeds*, volume 2, pages 1362 – 1368; Pearson and Pearson, *The J. C. Nichols Chronicle*, page 58; *Jones v. Northwest Real Estate Company*, 149 Md. 271, quote on page 277; Worley, *Nichols*, page 126; Chase, "Restrictive Deed Covenants," pages 262 – 263; Steele, compiler, "Restrictions on Land," page 3. 威尔明顿的数字是以包含至少一项条款的限制性契约为基础计算的。

些地区,如斯卡斯代尔的伯克利和底特律郊区的切姆斯利(Chelmsleigh),限制在20000—30000美元。① (有趣的是,在战时大通货膨胀之后,一些地块划分商开始认为,是时候用最小面积要求取代最低成本要求了,这样就不会受到生活成本上涨的影响。)

但是,正如地块划分商已知的,昂贵的房子不一定漂亮,或者就此而言,能提升社区建筑和谐度。如果有人忘了这一点,建筑师会提醒他们。"一座价值5000美元的农舍小屋经精心设计,大大提升了周边环境的魅力,"纽约的奥斯瓦尔德·C.赫林(Oswald C. Herring)在1913年说,"在这里,价值50000美元的设计平庸或怪异的房屋都会成为景致上涂抹不掉的污渍。"金钱和品味并不总相匹配,他说:"许多有教养的家庭都不宽裕,在郊区房屋上的投资大概在10000—15000美元。为什么要禁止这类非常受欢迎的人群定居在一个便利且宜人的地方,却让一个举止粗鲁、没文化的村夫在此建造一幢巨大的昂贵建筑——比例失调、轮廓粗俗且色彩耀眼,有碍观瞻?"最低成本要求并不能阻止刺眼建筑的建造——如果像洛杉矶房地产商

---

① H. V. H., "Land Subdivision Restrictions," table following page 54; *Bacon v. Sandberg*, 179 Mass. 396; Monchow, *Deed Restrictions*, pages 28–31, 37; Burgess, *Planning for the Private Interest*, pages 45, 47; Chase, "Restrictive Deed Covenants," pages 274, 278; Carol A. O'Connor, *A Sort of Utopia: Scarsdale, 1891–1981* (Albany, 1983), pages 46–48; *Building Restrictions and Regulations [for] Chelmsleigh Addition to the Country Club Estates* (1926), Loeb Library. See also *Proceedings of the General Sessions of the National Association of Real Estate Boards at the Seventeenth Annual Convention*: 1924, page 19.

弗兰克·L.梅林（Frank L. Meline）所说的那样，它们并不能阻止殖民小屋旁边的"伪意大利别墅"与"一箭之遥"的西班牙风格建筑的碍眼组合。或许，更严格的限制措施是需要的。约翰·查尔斯·奥姆斯特德在1914年写道，与其允许"每位业主建房时不必考虑邻居已经做了什么或可能会做什么"，不如施加只允许"单一建筑风格"和"有限外部建筑材料选择"的限制。在契约中加入一项条款，授予地块划分商在施工前审查建筑方案的权利，这或许也很有意义。奥姆斯特德承认，这些限制措施可能会吓退一些客户，但从长远来看，它们将提升销量。①

到20世纪10年代中期，设计审查的理念已经流行了近半个世纪。早在1870年，皮博迪高地公司（Peabody Heights Company）就曾尝试过这一做法。公司在规划巴尔的摩的"理想居住区"利里恩代尔（Lilliendale）时，在契约中加入了一项条款，规定房屋的设计方案必须经公司董事批准。马里兰州法院支持这一条款。但这个理念并没有像最低成本要求那样迅速流行开来，而且在整个19世纪90年代，设计审查并不常见。阻止一个地块业主经营一桩有害生意或者建造一栋直达地界线的房屋是一回事，但是，连老奥姆斯特德也承认，对他人房屋

---

① *Baltimore News*, July 12, 1913, Box 292, Roland Park Company Records. See also Frank L. Meline, "Advantages of Architectural Harmony in Subdivisions," *Annals of Real Estate Practice*：1925, volume 3, page 166; Olmsted Brothers to W. H. Kiernan, October 9, 1914; John Charles Olmsted to Jay Lawyer, March 20, 1914, Olmsted Records, Job File 5950.

的设计评头品足完全是另一回事。一位消息灵通的观察人士写道,地块划分商不愿意评估建筑,因为他们缺乏专业知识,以"评判准买家和建筑师的品位"。买家和地块划分商一样,"不太青睐这一想法"。"这似乎是超出了房地产限制条款的合法界限,无礼地干涉他人的私人主张。"即便是尼科尔斯,这位限制性契约的坚定支持者,也对是否实施设计审查迟疑不决。"我正试图鼓起勇气,要求买家将他们的规划方案提交给我审批。"1913 年,他致信鲍顿,鲍顿是采用此项限制条款的首批地块划分商之一。"我和很多买家谈过这个问题,他们几乎总是一开始就说,他们不会购买该规定下的土地,因为在我们国家的这个地区,从来没有以任何方式这样做过,我需要时间来解决这个问题。"①

无须太久。很快,尼科尔斯跟上了鲍顿的步伐。其他地块划分商们也紧随其后,因为他们开始相信,如果客户能确信邻居们不会建造设计拙劣(或者,即使设计精良、也不适合当地或附近社区)的房屋,那么他们更有可能买地。到 20 世纪 20 年代中期,设计审查已相当普遍。(有的地块划分商自己审查计划;有的把这项工作委托给独立的艺术或建筑评审委员会,

---

① J. C. Nichols to E. H. Bouton, July 30, 1913, Box 83, Roland Park Company Records. See also *Peabody Heights Co. v. Willson*, 82 Md. 186, quote on page 195; Olmsted, Vaux & Co. , "Riverside," page 274; Monchow, *Deed Restrictions*, pages 34 – 35; *Proceedings of the General Sessions of the National Association of Real Estate Boards at the Seventeenth Annual Convention*: *1924*, page 21; Steele, compiler, "Restrictions on Land," pages 13 – 15.

以免直面愤怒的业主们。）除了要求设计优良和建筑协调外，一些地块划分商还对风格、颜色和材料加以限制。在帕洛斯福德庄园以外，没有任何地方的限制有沙克村那样严格。在那里，不允许使用人造石，不允许使用黄褐色或彩色砖，也不允许使用黑色或深色砂浆。禁止在殖民小屋使用柏油或合成板屋顶（"因为既无特色也缺乏美感"）、沥青墙面板（"出于类似原因"）和瓦屋顶。在"主房间的侧视图"中，只可使用全长窗。奥姆斯特德写道，建筑控制曾一度被视为销售障碍，现在却成为一大"卖点"。在所有限制措施中，它是"最重要、当然也是涵盖最广的，如能熟练运用，也是最为有效的一项"。鲍顿说，虽然有点麻烦，但这是必要的。他还说，在一个有建筑控制的分区，最低成本要求"全无必要"。尽管心存疑虑，但尼科尔斯在20世纪20年代中期愉快地宣布，他并没有因为要求地块业主向他提交规划方案而损失多少桩生意。①

限制还有其他内容。19世纪80年代末，老奥姆斯特德说服巴尔的摩郊外萨德布鲁克地区的业主，在契约中加入一项规定，即禁建超过四英尺高的围栏（和树篱）。这一限制与以往

---

① Monchow, *Deed Restrictions*, pages 28 – 31, 34 – 35; Chase, "Restrictive Deed Covenants," pages 281 – 282; Olmsted Brothers, "Restrictions for Residential Subdivisions and Related Matters," a report dated January 1925, pages 3 – 15, Loeb Library; *Shaker Village Standards*, pages 12 – 14, Loeb Library; Olmsted, "Deed Restrictions," pages 34 – 35; *Proceedings of the General Sessions of the National Association of Real Estate Boards at the Seventeenth Annual Convention*: *1924*, page 19; Bouton, "Development of Roland Park," pages 24 – 25; *Third Annual Conference*, pages 698, 701.

相比又迈出了一大步,很快就被其他许多地块划分商采用。在接下来的30年里,他们还规定了围栏的类型和位置。在某些分区,围栏甚至要经过设计审查。在其中一个分区,必须用树篱或其他植物来遮挡。在许多分区,如果没有地块划分商的许可,是建不起来的。在另一个分区,"除非是为保护正在生长的树篱",否则不准建。在宾夕法尼亚州伊利县(Erie County)的一个豪华分区里,根本就不给建。从20世纪初开始,许多地块划分商也对广告牌和其他招牌施加了限制。他们禁止业主张贴任何标识,除了医生或牙医的门牌和"出售""出租"标牌。就连这些招牌本身也被严格规定——在大颈山,招牌必须用"黑底色的镀金字母",而且"高不得超1英尺,长不得超3英尺"。与大颈山一起,圣弗朗西斯伍德是许多高度受限分区之一,未经事先批准,不得张贴任何标识。为安全起见,地块划分商们保留了"立即移除并销毁所有未经授权招牌"的权利。①

老奥姆斯特德还在萨德布鲁克限制性契约中加入了一项禁止养猪的条款,并对养马和养牛数量进行了限制。尽管早在19世纪60年代中期,波士顿的一个地块划分商就已经禁止养猪,这项限制是对过去做法的又一重大突破。世纪之交,特别是第一次世界大战之后,这种限制被广泛采用。以威尔明顿为例,

---

① Beveridge and Rocheleau, *Olmsted*, page 107; H. V. H., "Land Subdivision Restrictions," table following page 54; undated Great Neck Improvement Company deed, Loeb Library; undated Andrews Land Company Declaration of Restrictions, Loeb Library; *Declaration of Conditions, Covenants, and Charges Affecting St [.] Francis Wood Extension No. 2, San Francisco, California* (1917), page 4, Bancroft Library.

在20世纪20年代，70%的受限区禁止饲养家畜。随着这类限制越来越普遍，它也变得更为宽泛。从禁止养猪开始，许多地块划分商很快禁止养马、奶牛和家牛、山羊和绵羊，在某些地方还禁止养鸡（和其他家禽）以及兔子。例如，索普的乡村俱乐部区是一个典型分区，它禁养"除猫狗外的任何家畜"——尽管在地块划分商的书面许可下，它允许骑马。海克利夫允许养"家庭宠物"——但是恶狗和"吵闹"的鹦鹉不在其中。即使是那些没有禁养家畜的分区，也对它们进行了审慎的监管。高地允许养牛，但只能在一块至少5英亩大的地上（这确实是一大块地），而且被饲养的牛必须经"严格筛选"。布伦顿伍德允许养鸡，但必须得到业主协会的许可。其他分区允许饲养一些家畜，但是，如在德文郡唐斯，不能"对邻居或社区不利或令人生厌"①。

世纪之交后，地块划分商实施了其他一些新奇的限制，其中大多数都不如对围栏、招牌和家畜的限制那样常见。在一些地区，禁止经营采石场（或采砾坑、采沙坑）；在少数地区，其中许多位于石油储量丰富的南加利福尼亚州，禁止开采石油、天然气或其他碳氢化合物。少数地块划分商要求业主在买地后两三年内开始或完成建造房屋，这一旨在遏制投机活动的限制得到了奥姆斯特德父子的青睐。更为常见的一些限制是阻止业主在房屋竣工之前入住，或阻止其在房屋前修建车库或其他附

---

① H. V. H., "Land Subdivision Restrictions," table following page 54; *Sharp v. Ropes*, 110 Mass. 381; Chase, "Restrictive Deed Covenants," pages 298, 302 – 303; *Warranty Deed, Country Club District, Fairway Section*; *Hycliff Standards*, page 8; *Protective Restrictions for Devonshire Downs*, page 12.

属建筑。此外，还对业主入住后的活动进行了限制。有的禁止他们燃烧生煤（或烟煤）或任何会释放浓黑烟气的燃料。有的禁止他们将垃圾桶或烟灰罐放在室外，或未经房主协会的许可焚烧垃圾。少数地块划分商甚至对晾衣绳做了规定。例如，在大颈山，业主要求甄选"有明显特质的物品"，以免损害"作为高级住宅地产的房屋的整体外观"。在柯罗尼山，一名记者写道，车库只被允许作为"房屋的一部分，或与房屋紧密相连"，不能朝向街道。他指出，"窥视邻居家的车库，看到他家的防风门、油罐，以及他穿上那套脏兮兮却很实用的工装修理汽车，并没有什么特别的乐趣可言。"①

仅限白人

许多地块划分商还采取限制措施，将"不受欢迎的"人和活动排除在外。迄今，这些限制中最常见的是种族契约。在一项典型契约中，业主被禁止将地产租售给任何一个据称不受欢迎的种族、民族或宗教群体的成员。他或她也被禁止允许这些群体的任何成员（司机、园丁或家政工除外）使用或占用这些地产。在19世纪中叶，已经有少数地块划分商采用了种族契约。例如，在布鲁克林，某位地块划分商禁止"任何黑人或爱

---

① Chase, "A Well Planned and Well Planted Community," page 267. See also H. V. H., "Land Subdivision Restrictions," table following page 54; Monchow, *Deed Restrictions*, pages 28 – 31, 33 – 34; Beveridge and Rocheleau, *Olmsted*, page 107; undated Great Neck Improvement Company deed.

尔兰人"入住。在巴尔的摩，另一位地块划分商禁止向"黑人或非裔或蒙古人（即亚裔）"出售或租赁房屋。但在19世纪90年代以前，这类限制是非常罕见的。事实上，即使是种族主义倾向最严重的地块划分商也没有施加种族契约。一个典型例子是弗朗西斯·G. 纽兰兹，他是一名矿业大亨和国会参议员，于19世纪90年代初规划了切维蔡斯。纽兰兹将美国视为"白人的家园"。对他来说，"种族宽容"意味着"种族融合"，"种族不宽容"意味着"种族战争"。他把南部的种族主义和西部的种族主义融合在一起，呼吁废除宪法第十五条修正案①，从而剥夺非裔美国人这一"劣等种族"的选举权，并将移民限制在"白人种族"，从而将华人、日本人和其他亚裔排除在外。尽管对种族歧视直言不讳，但纽兰兹并没有将种族契约纳入他对切维蔡斯首批分区施加的最低成本要求和其他限制之中。②

在种族主义更不用说本土主义和反犹主义泛滥的时代，为什么纽兰兹和其他大地块划分商没有施加种族契约呢？答案有

---

① 美利坚合众国宪法第十五条修正案（Fifteenth Amendment to the Constitution of the United States of America）是美国内战后通过的三条宪法修正案之一，它赋予所有肤色的人选举权。——译者注

② Karr, "Evolution of an Elite Suburb," page 265; *Ringgold v. Denhardt*, 136 Md. 136, quote on page 139; Sam B. Warner, Jr., *Streetcar Suburbs: The Process of Growth in Boston, 1870–1900*（Cambridge, 1962）, page 122; Arthur B. Darling, ed., *The Public Papers of Francis G. Newlands*（Boston, 1932）, volume 1, pages 296–297; William R. Rowley, *Reclaiming the Arid West: The Career of Francis G. Newlands*（Bloomington, 1966）, pages 139–144, 154–155; Elizabeth Jo Lampl and Kimberly Prothro Williams, *Chevy Chase: A Home Suburb for the Nation's Capital*（Crownsville, Maryland, 1998）, page 56.

两点。一方面，大多数地块划分商有理由相信，种族契约没有必要。很少有非裔美国人住在他们的社区里。能赚够钱买地的非裔美国人更少，能建造满足最低成本要求房子的就更微乎其微了。对非裔美国人如此，对亚裔美国人也如此，但对犹太裔美国人却未必如此。在不太可能的情况下，比方说，一个非裔美国人想买块地，即使没有种族契约，地块划分商也会拒绝出售。如果一个黑人想在一个白人社区买栋房子，大多数房地产中介都不会给他看房。如果他以某种方式设法找到了房子，达拉斯的休·E. 普拉瑟说，"第二天早上，他会被发现吊死在一根旗杆上"。另一方面，许多地块划分商也有理由相信，种族契约是非法的。1893 年，当被鲍顿问及对其公司计划实施一项针对"黑人或非裔"契约有何看法时，巴尔的摩的一家律师事务所回复说这是无效的。所谓"权威的力量"反对施加转让限制，特别是那些排除了"不是有限人数，而是整个种族"——公民权利受到宪法第十四条修正案保护的种族——的转让限制。因此，鲍顿暂时没有施加种族契约。其他地块划分商也是如此，至少他们中有人担心，如果法院裁决某项限制无效，则可能不得不裁决其他限制无效。[1]

---

[1] Worley, *Nichols*, pages 147 – 148; Chase, "Restrictive Deed Covenants," page 311; *Third Annual Conference*, page 580; Schmucker & Whitelock to Edward H. Bouton, October 5, 1893, Box 2, Roland Park Company Records; L. S. Knight, "Restrictions for the Subdivision," *Proceedings of the First Annual Convention Conferences of the Homebuilders' and Subdividers' Division of the National Association of Real Estate Boards: 1923*, page 53; McMichael and Bingham, *City Growth and Values*, page 200.

97   在世纪之交，特别是在第一次世界大战以后，一些事态的发展促使地块划分商重新思考其立场。迄今，最重大的事件是非裔美国人从南部农村的大逃亡，这种现象始于19世纪末，并在20世纪初加速。随后，美国各个城市的非裔美国人的数量急剧上升。1910年到1920年，芝加哥的非裔美国人数增长了两倍多，克利夫兰增长了四倍，底特律增长了六倍多。到1920年，非裔美国人占印第安纳波利斯人口的10%，占巴尔的摩人口的15%，占华盛顿人口的25%，占里士满和伯明翰人口的30%以上。洛杉矶的非裔美国人数也有所增加，尽管没有日裔美国人那么多。大多数新移民住在城市中心肮脏拥挤的社区里。但不久，有少数人试图搬进周边社区，那里大多数是工薪阶层和中产阶层白人，他们中许多是欧洲移民的后裔。对所谓"侵蚀"的恐惧很快在城市中浮出水面，这种恐惧加剧了第一次世界大战后爆发的种族骚乱，再蔓延到郊区。第一次，地块划分商开始害怕非裔美国人会像"入侵"莱德罗伊公园（LeDroit Park）那样"入侵"他们的社区。莱德罗伊公园是华盛顿的一片郊区，建于19世纪70年代，曾被誉为"任何人可能想要或想象的独家定居点"，几十年后，被非裔美国人住满。由于认同一位学者所说的"一种排他性房地产观点，将黑人（和其他非白人）的存在与房地产价值的不断下降和社区不稳定相关联"，地块划分商
98   （以及其他白人业主）开始相信，种族契约是确保种族同质的

必要条件。①

对地块划分商而言,在 1917 年美国最高法院裁决种族分区违宪后,对种族契约的需求变得尤为迫切。自 1890 年以来,这一说法一直存在,直到 1910 年才得以实施。那一年,不顾许多非裔美国人(以及一些白人业主和房地产经纪人)的强烈反对,巴尔的摩通过了四条法令中的第一条,即禁止黑人进入任何一个有半数以上白人居住的街区(反之亦然)。里士满如法炮制,伯明翰、圣路易斯和其他城市也纷纷效仿。鉴于法院已经支持在公立学校和火车车厢实行种族隔离,法律专家认为种族分区是合宪的。但当法令受到质疑时,结果却喜忧参半。它们在一些州被支持,在一些州被打压。当美国最高法院审理 1915 年布坎南诉沃利案(*Buchanan v. Warley*)时,这一冲突达到了顶点。肯塔基州最高法院在该案中支持路易维尔的种族分区。路易维尔市的律师斯图尔特·谢瓦利埃(Stuart Chevalier)和彭德尔顿·巴克利(Pendleton Buckley)为被告辩护说,该法令是对警察权的有效行使,可以防止种族冲突和保护地产价值。(他们说,它将阻止"每个种族中的少数人僭越由天意和非人类法律所设置的

---

① Kenneth Fox Graham, "Urban Space, Racial Covenants, and the Origins of Racial Residential Segregation in a U. S. City, 1900 – 1950," *Journal of Urban and Regional Research*, September 2000, page 621. See also U. S. Bureau of the Census, *Fourteenth Census of the United States Taken in the Year 1920*, volume 2, *Population : 1920* (Washington, D. C. , 1922), pages 47 – 49; Garrett Power, "Apartheid Baltimore Style: The Residential Segregation Ordinances of 1910 – 1913," *Maryland Law Review*, 1983, pages 297 – 298; Ronald M. Johnson, "From Romantic Suburb to Racial Enclave: LeDroit Park, Washington, D. C. , 1880 – 1920," *Phylon*, December, 1984, pages 264 – 270.

种族障碍"。)代表原告的全国有色人种协进会（NAACP）① 主席克莱顿·布莱克（Clayton Blakey）和摩尔菲尔德·斯托里（Moorfield Storey）驳斥道，法令违反了宪法第十四条修正案，该修正案禁止任何一州未经正当法律程序剥夺任何人的财产。法官威廉·R. 戴（William R. Day）在一个全体一致同意的法庭发表意见时承认，防止种族冲突和促进"公共和平"非常重要，但必须是在不侵犯宪法权利的前提下。路易维尔法令剥夺了白人处置地产和黑人获得地产的权利。在布坎南诉沃利案之后，很明显，如果地块划分商想要确保种族同质，就必须采用种族契约。②

但是法院会强制执行它吗？直到 20 世纪 10 年代初期，大多数法律专家与鲍顿律师们的意见不谋而合，答案是否。一些法院认为，种族契约是对转让的非法限制。在 1892 年一项影响深远的判决中，这些契约被裁决违反了宪法第十四条修正案。加利福尼亚州南区（Southern District）巡回法院法官厄斯金·M. 罗斯（Erskine M. Ross）驳回了州政府不是契约缔约方的辩护，他写道："凡是宪法禁止的任何事情，都不能再通过公民个人之间的合同来实现，同样也不能通过立法来实现，法院不

---

① 全国有色人种协进会（NAACP, National Association for the Advancement of Colored People），美国白人和有色人种组成的一个全国性组织，其组织目标是确保每个人的政治、社会、教育和经济权利，消除种族仇视和种族歧视。——译者注

② *Buchanan v. Warley*, 245 U. S. 60, quotes on page 81; Michael Jones-Correa, "The Origins and Diffusion of Restrictive Covenants," *Political Science Quarterly*, Winter 2000 – 2001, pages 547 – 550; Power, "Apartheid Baltimore Style," pages 298 – 306; David Delaney, *Race, Place, and the Law, 1836 – 1948* (Austin, 1998), pages 105 – 114, 119 – 147; Chase, "Restrictive Deed Covenants," page 313.

应该强制执行其中任何一个。"但是,从20世纪10年代中期开始,地块划分商开始常态化地采用种族契约,许多法院也转变态度,接受了这一做法。路易斯安那州最高法院称,这些契约并不违反宪法第十四条修正案,因为修正案"仅适用于州立法,不适用于个人协议"。只要转让限制不是"彻底和永久的",它们就不违反公共政策。正如密苏里州最高法院所写,卖方有权"在某些情况下"对"某些人、某段时间或出于某些目的"的转让施加限制。华盛顿上诉法院也支持种族契约,而且就其科里根诉巴克利案(*Corrigan v. Buckley*)的判决被提起上诉后,这一案件于1925年交由美国最高法院审理。原告的律师不仅有斯托里,还有纽约律师协会的台柱路易斯·马歇尔(Louis Marshall),他们辩称,禁止"任何黑人种族或血统的人"的契约违反了宪法第五条、第十三条和第十四条修正案。(他们还警告称,不久之后,适用于黑人和犹太人的契约会同样扩大到天主教徒。)法官爱德华·T.桑福德(Edward T. Sanford)在一个全体一致同意的法庭发表意见时驳回上诉,并宣称"很明显,这些修正案都没有禁止私人签订有关支配和处置自己地产的协议"。一位法律学者写道,在科里根诉巴克利案之后,许多法院"以最高法院已经一劳永逸地解决了这个问题为由,处置宪法问题"。①

---

① *Gandolfo v. Hartmann*, 49 Fed. 181, quote on page 182; *Queensborough Land Co. v. Cazeaux*, 67 So. 641, quote on page 643; *Koehler v. Rowland*, 275 Mo. 573, quote on page 585; *Corrigan v. Buckley*, 271 U. S. 323, quotes on pages 327, 330; *Appellants' Points*, a brief submitted to the U. S. Supreme Court in the case of *Corrigan v. Buckley*, page 41, Harvard Law Library; Clement E. Vose, *Caucasians Only : The Supreme Court, the NAACP, and the Restrictive Covenant Cases* (Berkeley, 1959), pages 17 – 24.

一些法院并不认同这种观点，至少不是一开始就认同。在1919年的一项具有里程碑意义的判决中，加利福尼亚州的一个上诉法院裁决种族契约并未违反宪法第十四条修正案。但是，路易斯安那州和密苏里州的法院并不认同，裁决它们确实违反了普通法关于转让的限制。弗兰克·G. 芬莱森（Frank G. Finlayson）法官在发表法庭意见时表明："任何转让限制，无论是针对人还是针对时间的限制，都是无效的。"（如果一个业主被禁止向非裔、华裔或日裔租售地产，也可能被禁止向"任何来自非洲中心的白化病人或金发爱斯基摩人"租售地产。）换句话说，种族契约之所以无效，不是因为它们侵犯了黑人（和其他少数族裔）的公民权利，而是因为它们侵犯了白人的财产权。然而，几个月后，加利福尼亚州最高法院公布了一项判决，维持了上诉法院的判决结果，但基本上删除了种族契约。法院写道，种族契约不能阻止白人租售地产，但可以用来阻止黑人（和其他少数族裔）占用或以其他方式使用地产。尽管律师辩称，这些契约将"黑人、其他教派和信仰的人与屠宰场、马房、制革厂、车库等归为一类"，密歇根州最高法院与加利福尼亚州的法院立场一致，西弗吉尼亚州最高法院也是如此。马里兰州最高法院写道："可能存在一种不正常的情况，那就是有色人种可能拥有房产，但他却不能在其中居住。"但只要他的诉讼权利得到保护，这些限制就会被强制执行。①而且，只要这些限制能得到强制执行，非裔美国人就不

---

① *Title Insurance & Trust Co. v. Garrott*, 183 P. 470, quotes on page 473；*Los Angeles Inv. Co. v. Gary*, 186 P. 596；Knight, "Restrictions for the Subdivision," page 63；*Parmalee v. Morris*, 218 Mich. 625；*Porter v. Barrett*, 206 N. W. 532；*White v. White*, 150 S. E. 531；Vose, *Caucasians Only*, pages 21–22.

太可能在一个受限分区里买地或租房。

如法院所知,种族契约的时代已经来临。1908 年,尼科尔斯首次采用种族契约,鲍顿为跟上竞争步伐,不久后也效仿了这一做法。邓肯·麦克杜菲、汤普森兄弟和霍格兄弟也采用了种族契约。到 20 世纪 20 年代后期,也就是纽兰兹去世 10 年后,切维蔡斯土地公司将"任何带黑人血统的人"以及"任何闪米特人(原文如此)"排除在外。20 世纪初,种族契约还很罕见,但 20 年后,它成了一项惯例。由于担心法院将如何回应,少数地块划分商没有施加转让限制。一个典型例子是德文郡唐斯的开发商奈特—梅纳德公司。为遵从密歇根州最高法院的判决,它只规定,任何地块都不能"……被任何一个不是纯正、非混血、白种、高加索人和异教徒的人使用或占用"。但奈特—梅纳德公司只是个例外。大多数地块划分商,即使是加利福尼亚州的地块划分商们,也有理由担心法院将如何应对包括对转让、使用和占用的禁令。到了 20 世纪 20 年代,这些契约不仅在中产和上层中产分区中常见,在工薪阶层分区中也已司空见惯。伊斯蒙特 2 号地块(Eastmont No. 2 Tract)位于洛杉矶市中心以东,专为"工人"设计,广告上写着"永久性种族限制"。城市露台是洛杉矶市中心东部的另一片地,售价仅 400—650 美元,以"严格的种族限制和适度的建筑限制"自诩。还有圣塔菲泉(Santa Fe Springs)附近的石油花园(Petroleum Gardens),其开发商兜售的矿业权比宅地还多,开发商向准买家保证,土地只会卖给"高加索人或白人"。正如鲍顿在 20 世纪 20 年代中期对他的同行们说的那样,即使是很少或根本没有施加其他限制的分区，也会施加种族契约。①

一些地块划分商将非"白人"排除在外。但由于科学家们不确定哪些人属于"白种人"，事实上，他们甚至不确定是否包括4个还是5个（甚至是15个、29个或63个）种族，许多地块划分商更喜欢用"高加索人"这个词。历史学家马修·弗莱·雅各布森（Matthew Frye Jacobson）曾指出，到20世纪20年代，高加索人得是"确凿、可信、科学的白人"。不心存任何侥幸，一些地块划分商明确排斥非裔（也称黑人和埃塞俄比亚人）和亚裔（也称蒙古人、华人和日本人）。奥姆斯特德兄弟公司甚至敦促沃尔特·H. 莱默特，在其种族契约中加上东印度人（East Indians），并附上一句"或湖岸房屋协会（Lakeshore Homes Association）规定的任何其他种族"。一些地块划分商还排斥闪米特人（Semites），据华盛顿的一位开发商称，闪米特人包括"亚美尼亚人、犹太人、希伯来人、波斯人和叙利亚人"。（犹太人与希伯来人有何区别，契约中没有详细说明。）其他地块划分商禁止墨西哥人、夏威夷人、波多黎各人、菲律宾人和美洲印第安

---

① Worley, *Nichols*, page 148; Garrett Power, "The Covenants of Roland Park" (1991), an unpublished paper made available to me by Professor Power; *Washington Post*, February 15, 1999; Lampl and Williams, *Chevy Chase*, page 141; Monchow, *Deed Restrictions*, page 49; Burgess, *Planning for the Private Interest*, page 57; Charles Orson Cook and Barry J. Kaplan, "Civic Elites and Urban Planning: Houston's River Oaks," *East Texas Historical Journal*, 1977, page 31; Chase, "Restrictive Deed Covenants," pages 304–305; *Protective Restrictions for Devonshire Downs*, page 11; *Los Angeles Times*, May 20, November 4, 1923; Kevin Starr, *Material Dreams: Southern California Through the 1920s* (New York, 1990), page 87; Bouton, "Development of Roland Park," page 28.

人。有的甚至排斥"达戈族（Dago class）①外国人"。除了加拿大安大略省的韦斯特代尔（Westdale）（该区禁止许多种族和族裔群体，包括"亚美尼亚人，无论是否为英国人"和"外国出生的意大利人、希腊人或犹太人"），没有任何分区像宾夕法尼亚州伊利县的湖滨俱乐部区（Lake Shore Club District）那样，排斥这么多种族。正如禁止任何"黑人或蒙古出身或血统"的人一样，这家名为贫瘠农场房地产信托公司（Hardscrabble Farm Real Estate Trust）的地块划分商还禁止"任何匈牙利人、墨西哥人、希腊人、亚美尼亚人、奥地利人、意大利人、俄罗斯人（可能指的是犹太人）、波兰人、斯拉夫人或罗马尼亚人"。②

执行和期限问题

正如 J. C. 尼科尔斯指出的那样，施加限制是一回事，执行

---

① 达戈族（Dago class）指对意大利人、西班牙人或葡萄牙人的蔑称。——译者注

② U. S. Immigration Commission, *Report of the Immigration Commission*, volume 5, *Dictionary of Races and Peoples* (Washington, D. C. , 1911), page 3; Matthew Frye Jacobson, *Whiteness of a Different Color : European Immigrants and the Alchemy of Race* (Cambridge, 1998), page 95; *White v. White*, 150 S. E. 531; Olmsted Brothers to Walter H. Leimert, September 27, 1917, Olmsted Records, Job File 5945; William C. Miller, "Modern Trends in Subdividing," *Annals of Real Estate Practice : 1930*, page 300; *Shelley v. Kraemer*, 334 U. S. 1; Burgess, *Planning for the Private Interest*, page 45; Ross Peterson, "Creating the Packaged Suburb: The Evolution of Planning and Business Practices in the Early Land Development Industry, 1900 – 1914," in *Suburbia Reexamined*, ed. Barbara M. Kelly (Westport, Connecticut, 1989), page 127; undated Land Purchase Contract, Lake Shore Club District, Loeb Library.

这些限制又是另一回事。但是,如果地块划分商施加了,他们就必须执行;如果不打算执行,他们就不应该一开始就施加。尼科尔斯的一位合伙人说,也许应该建议地块划分商忽略一些微小的违规行为,但他们必须警惕严重违规行为,甚至是无意的那些。尼科尔斯说,这类行为的累积"可能导致整体地产品质的崩溃"。鉴于一位消息灵通观察人士称此为"妥当的机制",地块划分商认为,执行这些限制是有可能的,这不仅可以保护社区免受不受欢迎的人和活动的影响,而且如罗兰公园一位业主所说,维系"邻里之间的和睦关系"。因此,从一开始,许多地块划分商都花费了大量的时间和精力来执行这些限制。尼科尔斯通知推销人员和管理人员密切留意违规行为。每发现一个,他就会在小黑色皮革笔记本上草草记下房屋地址,然后请员工去提醒房主注意。鲍顿经常审查建筑计划,有时会有令人不快的任务,比如,通知地块业主其规划的建筑违反了罗兰公园(或吉尔福德)的一项或多项限制。①

不久,地块划分商就意识到,实施限制是一项费力不讨好的工作。他们宁愿把这些时间、精力和金钱花在处理其他事务上。实施限制使他们与居民处于对立关系,这些居民正是他们

---

① J. C. Nichols, "A Developer's View of Deed Restrictions," *Journal of Land & Public Utility Economics*, May 1929, pages 139 – 140; Charles S. Ascher, "Reflections on the Art of Administering Deed Restrictions," ibid., November 1932, pages 374, 377; *Roland Park Review*, February 1909, page 4; Pearson and Pearson, *The J. C. Nichols Chronicle*, page 59; Richard Longstreth to Robert M. Fogelson, March 6, 2004, author's files; Edward H. Bouton to James A. Burgess, November 14, 1908, Box 33, Roland Park Company Records.

寄希望能帮忙将小区房子卖出去的那些。有时,这会让他们陷入两难,夹在赞成对限制条件做宽大解释的居民与倾向于严格解释的居民之间。无论地块划分商站在哪一方,他们肯定要得罪另一方。这些问题虽然严重,但与另一个问题相比则微不足道。一切顺利的话,地块划分商有望在几年内处理掉大部分地块,其余地块在不久之后也会被处理掉。一旦地块售罄,他们就会搬离——有时到附近的另一片土地,有时到城市的其他地方,有时,就像沃尔特·H. 莱默特离开奥克兰前往洛杉矶一样,到另一个城市去。地块划分商问道,为什么他们要在一个不再拥有任何利益关系的土地上执行这些限制?他们往往拒绝这样做。《帕洛斯福德公报》(*Palos Verdes Bulletin*)哀叹,结果就是,洛杉矶及周边的许多好地只被允许"播种"。①

地块划分商本可以将此事转给居民,因为居民作为这些限制的受益者,有权执行这些限制。但这一做法有严重缺陷。不仅是出于,如尼科尔斯所说,"每个人都有责任的事就谁都没责任",而且是由于大多数居民都不愿意把邻居告上法庭。正如罗兰公园的一位居民所说,除非违规行为是"令人无法忍受的妨害",否则,人们不大可能去提起诉讼。即使居民愿意冒与邻居作对的风险,他们也须三思而后行。如一位知名中西部人士指出,他们必须做好准备"支付启动诉讼、聘请律师以及

---

① Nichols, "A Developer's View," page 139; Paul Kinkead, "This Is the House that Jesse Built," *Liberty*, October 23, 1927, page 89; *Palos Verdes Bulletin*, December 1924, pages 1 – 2.

承担附带麻烦和开销的费用"。在一些州,法院认为举证责任应落在原告,所有疑点均应以有利于被告的方式解决,居民不仅必须证据确凿地证明这些限制已被违反,而且还必须证明,这些限制是"有效和正当的"。更糟糕的是,限制性契约管理方面的专家查尔斯·S. 阿斯彻(Charles S. Ascher)写道,法官对他们认为的邻里之间的争吵并不总欣然受理,尤其是当他们的日程表上"满是商业纠纷、定罪程序、离婚和州事务"的时候。即使诉讼请求得到支持,居民也将长期产生"从诉讼中艰难幸存"的负面情绪。"毕竟,"阿斯彻补充道,"业主们将不得不在今后多年里毗邻而居。"①

如果居民必须在所谓的"高额成本和麻烦"的情况下提起诉讼,那么谁会在地块划分商如尼科尔斯所说的将地块"售罄"之后再执行这些限制?世纪之交后不久,奥姆斯特德兄弟着手解决这一问题。小奥姆斯特德就附近温彻斯特(Winchester)的一个分区致信一位波士顿律师,建议契约中应当包括一项授权成立业主协会的条款,所有在该分区持有土地的人都将属于该协会,并授权协会执行这些限制。这一基础广泛的组织所要做的,不仅仅是将诉讼的经济负担从少数居民转嫁到整个社区;而且,如同约翰·查尔斯·奥姆斯特德意识到的,也将使居民个人不必承担"在邻居身上强制执行自身权利的这一通常令人

---

① Nichols, "When You Buy a Home Site," page 175; Steele, compiler, "Restrictions on Land," page 32; *Roland Park Review*, February 1909, page 4; Charles E. Merriam, *Building Districts and Restrictions* (Chicago, 1919), pages 39 – 40; Ascher, "Administering Deed Restrictions," pages 373 – 374.

不快的任务"。在一个建立了业主协会、纳税人协会和各类志愿者协会的国家,这项提案引起了人们的共鸣。1909 年,鲍顿成立了一个名为罗兰公园道路及养护协会的业主协会,后来,他建议其他地块划分商将限制的执行"尽快交给业主自己"。尼科尔斯紧随鲍顿之后。圣弗朗西斯伍德、布伦顿伍德、橡树河和帕洛斯福德庄园的地块划分商纷纷仿效。在这些地方,房屋协会的宗旨明确为"重启"开发商"留下的工程"。到帕洛斯福德庄园上市时,业主协会或其他协会已经非常普遍,尤其在富人区,它们被视为执行限制性契约的最有效机制。①

一旦地块划分商决定实施限制,他们将面临另一棘手问题。他们必须弄清楚限制要施行多久。在整个 19 世纪后期,大多数地块划分商都施加了限制,但是,用奥姆斯特德兄弟的话说,"期限都很短"。15 年或 20 年是常见的,10 年也不是闻所未闻。律师、房地产中介和准买家都反对施加长期限制,对他们中的许多人来说,加亚特兰大德鲁伊山的地块划分商乔尔·赫特写

---

① *Roland Park Review*, February 1909, pages 3 – 4; Nichols, "When You Buy a Home Site," page 175; Frederick Law Olmsted, Jr., to F. P. Smith, February 7, 1903, Olmsted Records, Job File 2385; John Charles Olmsted to J. H. Oldfield, May 21, 1907, Olmsted Records, Job File 3276; Worley, *Nichols*, page 168; *First Annual Conference*, pages b100 – b101; Pearson and Pearson, The *J. C. Nichols Chronicle*, page 59; *Palos Verdes Bulletin*, December 1924, pages 1 – 2; Monchow, *Deed Restrictions*, pages 62 – 65, 69 – 71. 因其吸纳的不仅有业主,还有租户。所以,严格来说,罗兰公园道路及养护协会是一个居民协会而不是一个业主协会。有关鲍顿在协会中吸纳租户的决定,参见 *Stenographic Report of the Second Annual Conference of Developers of High Class Residence Property* (1918), pages 265 – 268, Department of Manuscripts and University Archives, Olin Library.

道:"(限制)时间越长,越可恶"。但在世纪之交后不久,一些地块划分商意识到,10年乃至20年都太短了。准买家知道这些限制将在不久的将来失效,他们会犹豫着是否买地——或者,即便买了地,也会犹豫着是否在上面建房子。从理论上讲,有可能在这些限制到期之后重新实施。但事实上,尼科尔斯指出,"不可能让所有业主(都同意)"。尤其可能反对的是那些处于战略布局中角落地段的业主,他们本希冀获利于将土地从住宅用地变更为商业用地。赫特觉得,50年好像差不多了。但奥姆斯特德兄弟致信赫特,建议"至少60年"。因为未来买家很快就会意识到,这些限制"并不是为了限制其自由使用土地,而是为了确保他能享受到一个一流社区的好处"。奥姆斯特德兄弟警告,限制到期后,廉租公寓和其他令人讨厌的建筑很可能会拔地而起,因此敦促他们,限制"应比常规有效期长得多"。①

但是要限制多久?它们应该像沙克村那样,限制50年或60年,甚至100年?或者,出于永久性,它们是否应该像罗兰公园的第一块地那样,永久有效?到了20世纪10年代,如果不是更早的话,地块划分商已经开始相信,永久性限制不可取。正如尼科尔斯所说,法院是否会执行这些规定还远未明确——约翰·查尔斯·奥姆斯特德也持相同观点,他告诉高地开发商

---

① *Sharp v. Ropes*, 110 Mass. 381; *Jackson v. Stevenson*, 156 Mass. 496; Olmsted Brothers to Joel Hurt, May 16, 1903, Olmsted Records, Job File 71; "Restrictions Create Values in the Country Club District," *National Real Estate Journal*, February 1939, page 37; Joel Hurt to Olmsted Brothers, May 13, 1905, Olmsted Records, Job File 71.

之一 J. H. 奥德菲尔德，法官认为这类限制违反了公共政策。鲍顿说，即使法院会执行（事实证明，只有少数法院会强制执行），也不建议强加它们。在解释他决定放弃永久性限制，转而实行有效期限为 25 年的限制时，他告诉他的地块划分商同行，任何人都不要认为自己"永远明智"。到了 20 世纪 10 年代，地块划分商也开始相信，过长时间的限制是不可取的。正如尼科尔斯所指出的，事物会随着时代的发展而变化，有时是受技术驱动，有时是受时尚驱动。汽车的问世就是一个很好的例子。他在 1916 年说，假设几年前他对车库实施了限制。现在，他所有的准买家都想要一个地方来存放汽车，那么，"我们今天就要面对这个问题了"。鉴于未来难以预测，尼科尔斯建议，地块划分商应该在限制措施中保留"一定弹性"。①

为提出一个期限，用尼科尔斯的话来说，"足够长，足以合理地保证（永久性），但又足够短，以允许重新调整……以适应生活方式的改变"，地块划分商们一筹莫展。一些人倾向于 25 年或 30 年，另一些人则是 50 年或 60 年，还有一些介乎

108

---

① Monchow, *Deed Restrictions*, page 59; Pearson and Pearson, The J. C. Nichols Chronicle, page 57; J. C. Nichols, "Financial Effects of Good Planning in Land Subdivision," *Proceedings of the Eighth National Conference on City Planning：1916*, pages 108 – 109; John Charles Olmsted to J. H. Oldfield, May 21, 1907, Olmsted Records, Job File 3276; Zinn v. Sidler, 268 Mo. 680, especially page 683; *Proceedings of the General Sessions of the National Association of Real Estate Boards at the Seventeenth Annual Convention：1924*, page 26; Nichols, "A Developer's View," page 135; *Proceedings of the First Annual Convention Conferences of the Homebuilders' and Subdividers' Division of the National Association of Real Estate Boards：1923*, page 70.

两者之间(一位专家称,一般来说,"分区越发达,限制期限就越长")。但是,大家实在想不出一个最好的期限。然而,1909年,尼科尔斯有了突破。洛克希尔广场(Rockhill Place)是位于乡村俱乐部区东部边缘的一块地。尼科尔斯将这块地的限制期限从20年延长至25年,他第一次这样做是在日落山(Sunset Hill),那是迄今他最专属的一个分区。而且,根据一项他归功于鲍顿的计划,尼科尔斯还在契约中加入了一项条款,即洛克希尔广场的业主可以将限制期限再延长25年。所有这一切只需要得到大多数重要业主的认可。1907年,约翰·查尔斯·奥姆斯特德在写给J. H. 奥德菲尔德的一封信中,早就提及这一新奇的做法。这一做法很快流行起来,主要是因为它为准买家提供了高度持久性,又不会长期套牢他们的地产。①

但尼科尔斯很快发现,要让数百名业主同意延长限制是"一项艰巨的任务"。一些人希望从土地用途变化中获利,希望看到它们到期。其他那些可能同意延期的人即使有,也很难找到。尼科尔斯说,有些人甚至已经搬离了分区,乃至搬离了美国。更糟糕的是,有些地块留给了继承人。另一些则在受托人或监护人手中。还有一些则被抵押。要说服许多对分区没什么兴趣的继承人、律师和银行家们批准延期,是一项既耗时且常常徒劳的工作。为克服这些困难,尼科尔斯想出了另一创新的

---

① Nichols, "A Developer's View," page 135; H. V. H., "Land Subdivision Restrictions," table following page 54; Monchow, *Deed Restrictions*, pages 56 – 59; Worley, *Nichols*, pages 127 – 128; John Charles Olmsted to J. H. Oldfield, May 21, 1907, Olmsted Records, Job File 3276.

方法，据此他大获成功。它的工作原理如下：在有效期届满前五年，业主协会将通知业主，他们有权修改或取消限制性契约。如果他们不采取行动——更准确地说，如果大多数重要业主不同意更改——那么限制将自动延期25年。这一方案在米申高地（Mission Hills）首次被采用，这是乡村俱乐部区于1914年细分的一片地。该方案具有若干优点。它把责任从那些希望保留限制的业主，转移到那些想要修改或取消限制的业主身上。也能保证业主不会在不经意间使限制失效。这样一来，限制几乎是自我延续的。后来，尼科尔斯在他的其他地块中也采用了这一方案，其他地块划分商纷纷效仿。①

与分区制"携手并存"

1928年底，美国杰出的经济学家之一理查德·T. 伊利（Richard T. Ely）宣布，土地经济和公共事业研究所（Institute for Research in Land Economics and Public Utilities）计划出版两套专著，一套是关于土地经济学，另一套是关于公共事业经济学。该研究所由伊利于1920年在威斯康星大学（University of Wisconsin）创立，后来迁至芝加哥市中心的西北大学

---

① "Restrictions Create Values," page 37; Pearson and Pearson, *The J. C. Nichols Chronicle*, pages 57–59; Worley, *Nichols*, page 131; Nichols, "Good Planning in Land Subdivision," pages 109–110; *Proceedings of the Annual Convention Conferences of the Homebuilders' and Subdividers' Division of the National Association of Real Estate Boards*: 1923, pages 70–71; Monchow, *Deed Restrictions*, pages 59–62.

(Northwestern University)校园,是美国同类机构中最具影响力的。尽管研究所主要因其在金融和市场营销方面的开创性工作而闻名,伊利还是选择以一本名为《分区开发中契约限制的使用》(*The Use of Deed Restrictions in Subdivision Development*)的专著来开启土地经济学系列研究。该书由经济学家海伦·C. 蒙周(Helen C. Monchow)撰写,是对这一主题的首次系统研究。它主要强调这些限制措施在郊区发挥的重要作用。契约限制在美国随处可见,尤其是在富人区。契约限制对郊区不可或缺,就像那些由它们规范环境、设计和成本的独栋房,以及狭窄的街道(奥姆斯特德兄弟公司写道,它们有着"柔和的曲线和令人舒适的坡度"),还有修剪整齐的草坪、观赏灌木和树荫对郊区不可或缺一样。①

到20世纪20年代末,限制性契约已经非常普遍,以至于人们都快忘记这是一种相对较新的事物,虽然它可以追溯到18世纪末19世纪初。当蒙周撰写专著时,罗兰公园还不到40岁,吉尔福德不到20岁。世纪之交后不久,乡村俱乐部区的第一批土地被细分。圣弗朗西斯伍德于20世纪10年代初被投放市场,大颈山在十年后被投放市场。因为限制性契约是一个非常新的事物,起草这些契约的许多地块划分商和顾问依然健在。他们还记得那个时候,在有限制的情况下,一块地都卖不出去。此

---

① Monchow, *Deed Restrictions*, page ii; Marc A. Weiss, "Richard T. Ely and the Contribution of Economic Research to Home Ownership and Housing Policy," MIT Center for Real Estate Development Working Paper No. 19 (February 1989), pages 1 – 2; Olmsted Brothers, "St. Francis Wood, Westgate Park, San Francisco, California," a memo dated March 1916, Olmsted Records, Job File 5658.

时，鲍顿还很硬朗，尼科尔斯和麦克杜菲身体也不赖。虽然父亲已经离世 20 余年，兄弟也离世快 10 年了，但是，作为美国首席景观设计师和城市规划师的小奥姆斯特德，仍然活跃在第一线。查理斯·H. 切尼住在帕洛斯福德庄园，在生命中最后 20 年，他在那里度过了大部分时间。他先后担任艺术评审委员会秘书、房屋协会秘书，不止这些，他还担任最接近社区报纸的《帕洛斯福德公报》的编辑。① 不那么走运的是 E. G. 刘易斯，他因邮件欺诈罪在联邦监狱服刑 5 年。

到 20 世纪 20 年代末，大多数地块划分商开始相信，限制性契约必不可少——它们比其他任何东西，包括花费在改良和生活设施上的巨款，以及对设计准则的审慎关注更为重要。实施严格的限制措施解决了老奥姆斯特德在 19 世纪 60 年代和 70 年代提出的有害变化的问题。范斯威林根兄弟公司的一位员工说，有了限制措施，美国人就无须担心，一个有吸引力的分区会很快"让位给那些不合意、可能让人害怕的东西"。这些地块划分商相信，限制性契约能够稳定房地产价值，并鼓励人们买房。最重要的是，它们是值得的。它们吸引了准买家，其中许多人要求限制尽可能严格和全面。② 限制性措施回报丰厚，

---

① Fukio Akimoto, "Charles H. Cheney of California: His Thoughts and Practices," a revised version of a paper that appeared in the *City Planning Review of Japan*, October 1999, page 10.

② *Palos Verdes Protective Restrictions*, page 8; Clarke, "Protective Deed Restrictions," page 42; Prather, "Planning, Platting, and Improving the Subdivision," page 158; Shuler, "Subdivision Control and Standards," page 238.

其在市郊分区的实施使鲍顿、尼科尔斯、麦克杜菲和杰米森成为其所在社区中最富有的商人,也为范斯威林根家族的巨额财富再添一大笔。

一些团体也支持限制性契约。哈兰·巴塞洛缪(Harland Bartholomew)代表许多城市规划师强调,在严格受限郊区,房地产价值飙升,但在那些允许"杂乱开发"的郊区,即允许住宅、廉租公寓、工厂、商店和马房混建的郊区,则不然。两位专家表达了房地产经济学家的一贯看法,坚称限制性契约"提升了居民区作为高档住宅所在地的吸引力"。

那些寻求在高档住宅上大额投资的建筑商亟须知道作为住宅区的小区能够维持多长的时间,这样,自己在享用地产时就会免受干扰。很少有人愿意投大笔钱在这些地方建房子:此地可能很快会被建成商业区,拥挤的道路交通接踵而来,隔壁也许会盖上一套廉价公寓或一幢有小商店的楼房。

房地产经纪人和建筑商支持限制性契约,理由是它们增强了稳定性。先前,许多贷款机构一直担心限制措施会影响债券发行,现在开始看好它们。历史学家苏珊·M.蔡斯(Susan M. Chase)写道,记者们从专家那里得到启发,"强调了限制性契约的可取性"。①

---

① McMichae land Bingham, *City Growth and Values*, pages 200, 256; undated brochure, Box 296, Roland Park Company Records; Pitkin, Jr., "Lessons in Subdivision Restrictions," page 38; Marc A. Weiss, "Urban Land Developers and the Origins of Zoning Laws: The Case of Berkeley," *Berkeley Planning Journal* (1986), pages 8 – 9; Chase, "Restrictive Deed Covenants," pages 267 – 268.

尽管大多数中产和上层中产美国人都赞成限制性契约，但也有一些人持保留意见。他们并非基于"限制是侵犯财产权"的理念，而是源于"限制是一种无效的土地使用管制方式"的信念。1916年，美国廉租房改革先驱劳伦斯·维勒（Lawrence Veiller）在一次城市规划师会议上说，指望通过"充其量只是双方之间的私人合同或协议"来维持住宅区的长期完整性是不合理的。通过私人协议来规范土地的使用，就跟通过私人协议来监管牛奶纯度或行人安全一样毫无意义。批评人士指出，限制性条款可以在新分区实施，但在已建成的社区，通常很难让业主同意任何事情（有趣的是，这项规则的一个例外是，当白人业主因非裔美国人的大量涌入而感到备受威胁时，他们会联手施加种族契约。）。评论人士称，即使在新分区，也经常出问题。在克利夫兰一个原本高度受限的分区，由于止赎程序的原因，有几块地在没有禁建公寓楼的条件下售出。克利夫兰城市规划委员会（Cleveland City Plan Commission）的顾问罗伯特·H. 惠滕（Robert H. Whitten）写道，他们的疏漏"严重损害了附近的受限地产"。①

批评人士指出，限制性契约还有另外两个严重缺陷。其中之一是它们很难执行。很少有居民愿意打官司。正如芝加哥市

---

① Lawrence Veiller, "Districting by Municipal Regulation," *Proceedings of the Eighth National Conference on City Planning: 1916*, page 149; Weiss, "Origins of Zoning Laws," pages 8–9; Vose, *Caucasians Only*, pages 8–9, 17; Robert H. Whitten, "Zoning and Living Conditions," *Proceedings of the Thirteenth Annual Conference on City Planning: 1921*, page 22.

议员,也是该市改革的领军人物之一查尔斯·E.梅里亚姆(Charles E. Merriam)所指出的,愿意打官司的有钱人更少。他写道,诉讼费用如此高昂,只有富人才能负担得起。即使居民提起诉讼,胜诉的概率也不高。维勒指出,一旦这些限制到期,法院就不会强制执行。如果原告长期无视这些违规行为,或者邻里关系已经变化太大,以至于禁令会对被告造成损害但原告也得不到救济,它们也不会被执行。根据纽约市的一家贸易组织——房地产权益咨询委员会(Advisory Council of Real Estate Interests)的说法,法院的做法也不尽一致。尽管限制禁建私人住宅以外的一切建筑,法院允许地块业主在曼哈顿建造一幢公寓楼,但不允许在布朗克斯区建造一栋三户住宅。尽管有其他限制,法院允许商人在东街193号经营一家马房,但不允许在南大街经营一家面包店;可以在百老汇开一个加油站,但不能在弗拉特布什(Flatbush)建一家汽车修理厂。该委员会称,同样令人困惑的还有其他裁决,其中包括"位于麦迪逊大街(Madison Avenue)和第41街的私人住宅可变更为经营场所;位于西24街的私人住宅可变更为裁缝店;但西40街的私人住宅不得变更为商业大楼"。①

另一严重缺陷是,这些限制只能在分区内部执行。梅里亚姆指出,即使一个地块划分商在地块上施加了严格限制,他也

---

① Merriam, *Building Districts and Restrictions*, page 39; Holleran, *Boston's "Changeful Times,"* page 207; Lawrence Veiller, "Protecting Residential Districts," *Proceedings of the Sixth National Conference on City Planning: 1914*, page 93; Veiller, "Districting by Municipal Regulation," pages 149–150.

无法控制"在地产所在街道的另一侧"发生的事情。没有人能阻止另一个地块划分商对相邻地块施加宽松的限制——甚至使其完全不受限。任何人也不能阻止新业主以一种使限制无效的方式使用土地。尼科尔斯写道,即使你买了一块面积为30英亩、40英亩或100英亩的地,"你永远也不能保证,毗邻业主不会做出一些使你的地产贬值的事儿来。"对于他所说的"边界"问题,并没有简单的解决办法。地块划分商可以采用从一个地块延伸到另一地块的"共同契约"。但房地产行业竞争如此激烈,他们不大可能这么做。尼科尔斯说,他们还可以为公园和开放空间预留土地,作为"一道屏障,以防不受限制或限制程度较低的地产受到有害侵犯",但这些缓冲带价格不菲,也不能创收。最后,地块划分商可以购买非常广阔的土地,保罗·A. 哈什说,"大到能够自给自足。"① 但是,除非它们以河流为界,或者像帕洛斯福德庄园那样以海洋为界,否则,即使是非常广阔的土地也有边界。

鉴于限制性契约的诸多缺陷,维勒、梅里亚姆和其他改革者呼吁地方当局采取一种新的土地使用管制方式,即分区(或分块)制。律师兼规划师爱德华·M. 巴塞特(Edward M. Bassett)曾在1916年纽约市的先驱性法令的通过中发挥关键作用,他说,与私人限制相比,分区制有很多优势。它由政府官

---

① Merriam, *Building Districts and Restrictions*, page 41; Nichols, "A Developer's View," pages 133 - 134; *The Country Club District* [:] *The 1000 Acres Restricted*, J. C. Nichols Company Scrapbooks, volume 2, J. C. Nichols Collection; Harsch, "Ottawa Hills," page 8.

员执行,在整个城市都可执行,而且它比私人限制"更持久和更有弹性"。但即使是分区制的最有力倡导者都不认为它会取代限制性契约。鉴于分区制不能用来设定房屋的最低成本或规定其建筑风格,维勒承认,仍有许多工作需要通过私人限制来完成。巴塞特也这样认为。他写道:"分区制和私人限制不会相互干扰,两者可能携手并存。谨慎的开发商仍将使用私人限制作为分区条例的补充。"在全面记录限制性契约的传播过程,并客观分析其优缺点之后,蒙周总结道:"似乎在一段时间内,它们可能持续成为调控城市土地开发的重要力量。"①

---

① Veiller,"Districting by Municipal Regulation," page 156; Merriam, *Building Districts and Restrictions*, page 41; Edward M. Bassett, "Zoning Versus Private Restrictions," *Civic Comment*, October 29, 1921, pages 5 - 6; Monchow, *Deed Restrictions*, page 78.

二 中产阶层噩梦：对几乎所有人和事的恐惧

限制即保护

1918年初，十几家被称为"高档住宅地产"的主要开发商齐聚巴尔的摩市中心贝维德雷酒店（Belvedere Hotel），在此召开第二届年会。出席年会的有一年前在堪萨斯城主办了首届年会的J. C. 尼科尔斯，E. H. 鲍顿，邓肯·麦克杜菲，小罗伯特·杰米森，金·G. 汤普森，其他出席者包括塞奇基金会住宅公司（Sage Foundation Homes Company）副总裁、森林山花园开发商约翰·F. 德马雷斯特（John F. Demarest）和曾细分布伦顿伍德的公司负责人爱默生·W. 查伊尔（Emerson W. Chaille）。缺席会议的有保罗·A. 哈什和休·E. 普拉瑟。在花了几个小时参观罗兰公园和吉尔福德（并在罗兰公园乡村俱乐部用过午餐）之后，与会者开始进入正题。在尼科尔斯担任主席期间的头两天，大部分时间大家聚焦于销售，特别是在如何招聘、留住和监督高效的销售团队方面。（尼科尔斯抛砖引玉，宣读了一长串他对销售人员的规定。例如，"不要坐得离你的潜在客户太远,或隔着桌子坐""不要表现得漫不经心和懒懒散散""不要唉声叹气""不要嚼口香糖""不要用手拿或嘴叼着雪茄或香烟进入私人办公室""无论如何,呼吸中不能带酒的气味""对于任何可能会对合作前景不利的政治、宗教、战争或城市管理话题,永远不要发表过激言论"。还有,"保证充足的睡眠""清晨[洗个]冷水澡""细嚼慢咽""做个深呼吸""成为'参与者'""加入地方分会、教会和俱乐部""拜访客户之前一定要对他有相当了解""和客户办公室的秘书、速记员或电话接线员交朋友"。)①

第三天,亦即会议的最后一天,也是迄今最长的一天,开发商们转向了销售以外的若干主题。应尼科尔斯之邀,鲍顿宣读了一篇文章,阐述在罗兰公园和乡村俱乐部等地生活的十大最佳理由。这一话题引起了地块划分商们的极大兴趣,他们的一些项目不仅因为战时房地产市场低迷,也因为公寓楼的激烈竞争而举步维艰。鲍顿重申了长期以来的反城市论,他指出,这些分区满足了他所称的"对空间、光线、空气和阳光的普遍渴望"。不同于"尘土飞扬、烟雾缭绕和臭气熏天"的城市空气,这里有着乡村"干净、香甜的空气",以及"有别于令人神经紧张、睡眠不佳的城市喧嚣的乡村宁静"。鲍顿还强调了郊区的美丽——与缺乏秩序、和谐感以及"绿色空间"的"城

---

① *Stenographic Report of the Second Annual Conference of Developers of High Class Residence Property*(1918),pages 1 – 2,164 – 168,Department of Manuscripts and University Archives, Olin Library, Cornell University. See also *National Real Estate Journal*, April 5, 1921, pages 30 – 31.

市的丑陋"形成鲜明对比。他还说,郊区是一个养儿育女的好地方,还可以确保孩子们有"理想的伙伴"。最重要的是,鲍顿强调了"保护性限制",它将居民"从没有此类保护(的社区)所遭受的诸多烦恼中解脱出来",这有助于地产保值,并培育其他地方所没有的"睦邻精神"。①

就有关限制的言论而言,鲍顿是在向追随者们传经布道,很难找到十多个对它们更有好感的房地产大亨。与会的所有地块划分商都采用了严格限制,并发现它们是一种有效的营销工具。他们无法想象,如何去开发一个没有限制的新分区,就好比要在没有道路、地块以及公共设施的情况下去开发一样。但是有关限制的一件事情总困扰着他们,那就是这个词本身。德马雷斯特在接任森林山花园经理之前,曾在布鲁克林从事房地产工作。他指出,开发商认为限制是一种福利。但潜在买家通常会将其视为一种强加,他提到这正是这个词"通常"的含义。1919年,在杰米森的家乡伯明翰举办的第三届年会上,德马雷斯特更尖锐地指出这一问题:"在普通买家看来,限制意味着束缚。"他说,"'限制'这个词很难听。"德马雷斯特建议,至少地块划分商应该指导销售人员向潜在客户解释限制的好处。用德马雷斯特的话说,以防他们"喋喋不休"于"'我们限制这个,我们限制那个'"。②

---

① *Second Annual Conference*, pages 534–537.

② *Second Annual Conference*, pages 542–543, 545–546; *Stenographic Report of the Third Annual Conference of Developers of High-Class Residence Property* (1919), pages 245–246, Department of Manuscripts and University Archives, Olin Library.

一石激起千层浪。正如德国城市规划师沃纳·黑格曼在1916年对一群美国城市规划师说的那样,"限制"这个词有点冒犯,甚至"相当'非美国'"。麦克杜菲说,他的公司正在"尽可能地不用'限制',而将限制称为'保护协议'"。查伊尔说,"我们不说限制,而说'布伦顿伍德保护条款'"。当这一话题在第三届年会上被提出来时,杰米森发问:"难道没有别的词可以用吗?"在伯明翰这样做的哈什回答:"为什么不用'保护'来代替'限制'?"为什么不呢,普拉瑟这次也在场,他说:"我认为这个词很合适。"鲍顿对此并不认同。他说,"限制"是"一个准确的用词,很难弃用","保护"则"很模糊"。① 尽管鲍顿持怀疑态度,罗兰公园公司还是使用了"保护性契约"这个词。德文郡唐斯的开发商奈特-梅纳德公司更愿意用"保护性限制"。帕洛斯福德庄园的地块划分商也是如此。事实上,早在帕洛斯福德庄园上市之前,各地地块划分商都坚称,限制首先是一种保护方式。

但是它们应当保护谁呢?应当保护这些人什么?对于尼科尔斯和其他地块划分商,以及小弗雷德里克·劳·奥姆斯特德(德高望重如他,被邀请参加了首届年会)而言,答案显而易见。这些限制措施本来是为了保护地块划分商,因为他们担心,首批买家中的某一位买家可能会做出一些事情,使得剩余地块即使能售出,也是非常困难。它们还应该保护买家、地块业主

---

① *Proceedings of the Eighth National Conference on City Planning : 1916*, page 176; *Second Annual Conference*, page 532; *Third Annual Conference*, pages 245–246.

和房主等,因为他们担心邻居们可能会以损害社区长期福祉的方式使用土地。小奥姆斯特德早在半个世纪前就提出了一个解决办法,即这些限制措施旨在保护地块划分商和买家免受有害变化的影响,这些变化可能会破坏最初吸引人们来到这里的林木葱茏。这些变化,用德马雷斯特的话说,"毁掉"一个又一个高级住宅区。通常在不到十五年的时间里,迫使居民亏本卖掉房屋,在别处重新开始。限制旨在将"不受欢迎的"人和活动,通常称之为"不受欢迎的侵犯",排除在社区之外以阻止有害变化。①

是什么让原本受人尊敬的守法公民不受欢迎?是种族、宗教还是民族?抑或是因为资金不够,还是缺乏一则房地产广告所称的"品味不凡、温文尔雅"?或者完全是因为别的?1948年洛杉矶发生的一件事很好地诠释了这个问题。当时最走红的艺人之一、非裔美国人纳特·金·科尔(Nat King Cole)以85000美元购得了汉考克公园一幢有12居室的住宅,这在当时可是一个天价。汉考克公园位于洛杉矶市中心以西几英里处,早在20世纪20年代初就被细分,并作为该市最高档和最高度受限的小区之一广为宣传。大部分是律师、医生和富商的居民们行动起来,想把科尔拒之门外。但他们很快得知,美国最高法院最近裁决种族契约不可强制执行。通过汉考克公园业主协会,居民们想将科尔的房子买下。当他拒绝出售时,居民要求召开会议。玛丽亚·科尔(Maria Cole)回忆道:"有人耐心地

---

① *Second Annual Conference*, page 546; *Los Angeles Times*, January 21, 1923.

向我丈夫解释道，善良的汉考克公园居民只是不想让任何不受欢迎的人搬进来。""我也不想，"这位歌手答道，"如果我看到任何不受欢迎的人进来，我会第一个投诉。"①

人们也不清楚，为什么一些平常的活动被认为不受欢迎，特别是那些并非不道德、非法或犯罪的活动，或者用奥姆斯特德兄弟公司的话说，不是"明显有害或令人不快，以及有可能成为法律上可予起诉的妨害行为"。② 为什么不仅经营屠宰场，而且经营面包店、杂货店、马房或文具店不受欢迎？为什么开一家酒吧，就连许多不光顾它的人都普遍认为它是"工人俱乐部"，都不受欢迎？为什么建造一幢公寓楼（甚至是双户或三户住宅）不受欢迎？为什么建造一栋直达地界线的独栋房，占地块总面积 1/3 以上，高度在两三层以上，造价不足 7000 美元，但是没有得到艺术或建筑评审委员会的批准，会不受欢迎？为什么钻探石油、悬挂广告牌、张贴大大的"出售"或"出租"标识或者竖起 4 或 6 英尺高的围栏，都是不受欢迎的？为什么饲养家畜，即使是像鸡和兔子这样的小动物，也不受欢迎？

这些问题的答案非常简单。使某些人和活动"不受欢迎"

---

① Daniel Mark Epstein, *Nat King Cole* (New York, 1999), pages 177 – 182. See also *Los Angeles Times*, November 5 and 26, 1922, December 10, 1923.

② Olmsted Brothers, "Restrictions for Residential Subdivisions and Related Matters," a report dated January 1925, page 16, Loeb Library, Harvard University. See also Jon M. Kingsdale, "The 'Poor Man's Club': Social Functions of the Urban Working – Class Saloon," *American Quarterly*, October 1973, pages 472 – 488.

的是,他们正是限制的对象。也就是说,他们之所以不受欢迎,是因为地块划分商给他们贴上了不受欢迎的标签。地块划分商们是这样认为,也认为客户会这样看待。但是,这些会引发有害变化、给即便是最时髦的郊区敲响了丧钟的"不受欢迎"的人和活动,究竟是哪些? 为什么需要实施"保护性限制"? 要回答这些问题,我们有必要超越这些限制,去审视这些限制体现出的根深蒂固的恐惧:对他人的恐惧,用老奥姆斯特德的话来说,甚至是那些与地块划分商和准买家有着"许多共通点"的他人;对变化的恐惧和对市场的恐惧。[①] 综观这些恐惧,我们不仅可以了解郊区,还能了解19世纪末20世纪初美国社会的包罗万象。

对他人的恐惧

和 J. C. 尼科尔斯一样,H. S. 基塞尔(H. S. Kissell)也认为把房屋卖给"不受欢迎的人",后果将是毁灭性的。基塞尔是俄亥俄州春田市的主要地块划分商,也是受邀参加堪萨斯城、巴尔的摩和伯明翰年会的少数人物之一。他在1923年对一群开发商说:"我们得有销售受损的勇气,而不是把房屋卖给不受欢迎的邻居。"我们必须要有这个勇气,不仅在地块刚上市、地块划分商面临"重大风险"的时候,而且在大部分地块都已

[①] Olmsted, Vaux & Co., "Preliminary Report Upon the Proposed Village at Riverside, Near Chicago (1868)," *Landscape Architecture*, July 1931, page 276.

售出,"亟须整顿"时,也要有这个勇气。假设他们的未来买家有着同样的顾虑,基塞尔和其他地块划分商向他们保证,凭借着设计有方的限制措施,他们无须担心"不受欢迎的邻居"。于是,一个地块划分商承诺"好邻居",另一个承诺"**优秀的邻居**",还有的承诺"最出色的居民"。其他人承诺意气相投的居民,"家境殷实的居民""**特别的居民**",甚至是"最合意的居民"。乡村俱乐部区的居民将有"**最优品格**",地处布朗克斯北部的德拉菲尔德庄园(Delafield Estates)的居民,将是"最高等级"的。圣费尔南多谷的一个分区惠特利公园(Whitley Park),是为那些遵守宪法第十八条修正案的美国人而设,该修正案禁止出售含酒精饮料。汉考克公园为"社区领袖"而设——只为"品位不凡、温文尔雅"的那些。附近需要准买家提供证明文件的贝莱尔,向公众保证,"目的不是尽快售出这片地",而是将它卖给"顶级的置业者"。①

当基塞尔谈到"不受欢迎"的人时,他的意思与老奥姆斯特德半个多世纪前所说的截然不同。在奥姆斯特德看来,人们

---

① J. C. Nichols, "The Lessons of a Lifetime of Land Developing," *National Real Estate Journal*, February 1939, page 28; *Proceedings of the First Annual Convention Conferences of the Homebuilders' and Subdividers' Division of the National Association of Real Estate Boards : 1923*, page 160; *Los Angeles Times*, November 26, December 3, 1922, March 11, July 8, October 21, December 22, 1923; undated ad, Box 296, Roland Park Company Records, Collection 2828, Department of Manuscripts and University Archives, Olin Library; Eloise L. Morgan, ed. , *Building a Suburban Village : Bronxville, New York, 1898 - 1998* (1998), page 18; *Country Life in America*, December 1909, page 118, November 1923, page 10, March 19, 1926, page 16c; *Kansas City Star*, October 3, 1909.

之所以不受欢迎,在于他们的所作所为,以及他们如何使用(或更确切地说,滥用)土地——通过"无知、无能、低级趣味或恶作剧"任由乡村建筑和围栏倒塌,砍伐大树,污染波光粼粼的小溪,通过开商店、工厂、马房、砖厂、啤酒花园和酒吧污损乡村,破坏那些最初吸引他们来到郊区的田园风光。但对基塞尔来说,人们之所以不受欢迎在于他们的身份。决定他们身份的,不在于他们的穿着多体面,喝茶多优雅,而在于他们属于哪个种族(小而言之,宗教和民族)和社会阶层。换言之,不是他们的所作所为,无论多么得体,多么受人尊敬,他们都不受欢迎。只在于他们是谁。他们在社区的存在被认为是有攻击性、危险和令人不安的,以致总会引起一位芝加哥房地产商所称的"一群人的蜂拥而逃"。①

在众多"不受欢迎"的群体中,没有一个比黑人更不受欢迎的了。黑人在种族契约中也被称为非洲人、黑人,以及埃塞俄比亚人——但鉴于埃塞俄比亚文明和文化的悠久历史,埃塞俄比亚人"绝不会使黑人名誉扫地",西弗吉尼亚州最高法院法官哈蒙德·麦克斯韦尔(Hammond Maxwell)如此写道。对于大多数白人而言,他们不想和黑人居住在同一个社区,乘坐同一辆火车,在同一家餐厅用餐,或者被埋葬在同一块墓地。不言而喻,黑人非常不受欢迎,无须他们费心解释。但在少数情况下,例如,当他们为种族分区辩护时,他们强调黑人会以

---

① Elmer A. Claar, "Why the Cooperative Plan of Home-Ownership Is Popular," *National Real Estate Journal*, May 18, 1925, page 47.

"劣币驱逐良币"的方式赶走白人。据路易维尔的一位房地产经纪人说,黑人的存在也会使房地产贬值25%至30%,并引发冲突和暴力。尽管一位律师认为这令人发指,但大多数白人认为黑人是"一种妨害,在(优质)社区里令人讨厌、不受欢迎"。奥姆斯特德兄弟发现黑人非常不受欢迎,于是,他们向一个地块划分商建议,如果可行,他甚至不应该允许黑人以仆人身份住在房子里。即使在高度受限分区,仆人身份都是一种广泛采用的做法。"抚养黑人孩子,乃至园丁、车夫和其他服务人员的孩子,"他们写道,"几乎肯定会导致不愉快的状况,"特别是过量噪音,甚至是"非法侵入、盗窃和其他犯罪行为"。①

在洛杉矶和其他西海岸城市,几乎和非裔美国人一样不受欢迎的是亚裔美国人。亚裔美国人在种族契约中也被称为华人、日本人、亚洲人和蒙古人。亚裔作为五个主要种族群体之一,美国移民委员会(U. S. Immigration Commission)在1911年写道:"学校教的地理知识使美国人对此最为熟悉"。亚裔不受欢迎的原因与非裔大致相同。好莱坞一位房地产经纪人指出,尽

---

① White v. White, 150 S. E. 531, quote on page 532; Charles Abrams, *Forbidden Neighbors: A Study of Prejudice in Housing* (New York, 1955), page 158; "Transcript of Testimony" in the case of *City of Louisville v. Arthur Harris*, November 14, 1914, pages 67-68, in *Records and Briefs*, Buchanan v. Warley, 245 U. S. 68, Harvard Law Library; L. S. Knight, "Restrictions for the Subdivision," *Proceedings of the First Annual Convention Conferences of the Homebuilders' and Subdividers' Division of the National Association of Real Estate Boards: 1923*, page 63; Olmsted Brothers to Joel Hurt, April 4, 1902, Records of the Olmsted Associates (hereinafter referred to as Olmsted Records), Job File 71, Manuscript Division, Library of Congress.

管日裔的房屋和白人的一样漂亮,但他们的存在使房地产贬值。"他们在自己的地段完全没问题,"他坚持认为,"但是他们应该被区隔开来。"他对他们"混进最佳住宅区"的方式感到特别不安。作为对日裔美国人"入侵"的回应,一位加利福尼亚州房地产商称此为"日裔威胁"。洛杉矶的业主们不仅起草了种族契约,还试图把新来者驱逐出去,有一次甚至采取纵火方式。历史学家约翰·莫德尔(John Modell)说,洛杉矶的一片郊区甚至"拒绝承认不带种族契约的新分区",这种做法在布坎南诉沃利案中可能是违宪的。同样不受欢迎的还有马来人和美洲印第安人(包括墨西哥裔美国人的一个群体),他们是棕色和红色人种(与之相对的是白色、黑色和黄色人种)。但很少有种族契约专门针对这些群体。大多数排除了"白人或高加索人"之外的其他人。①

种族契约只是19世纪末20世纪初渗透到美国社会的种族主义的诸多表现之一——即使不如南方私刑的流行、北方种族骚乱的爆发和三K党(Ku Klux Klan)(尤其在中西部地区)的死灰复燃那样可怖,也跟吉姆克劳法(Jim Crow legislation)的传播那般可耻。这种广泛传播的种族主义,引发了地块划分商

---

① U. S. Immigration Commission, *Reports of the Immigration Commission*, volume 5, *Dictionary of Races and Peoples* (Washington, D. C., 1911), page 3; John Modell, *The Economics and Politics of Racial Accommodation : The Japanese of Los Angeles, 1900 - 1942* (Urbana, 1977), pages 56 - 66; *Proceedings of the First Annual Convention Conferences of the Homebuilders' and Subdividers' Division of the National Association of Real Estate Boards : 1923*, page 69; *Protective Restrictions, Palos Verdes Estates, Los Angeles, California* (1923), page 17.

和他们的未来买家们对非裔和亚裔美国人深深的恐惧。这种恐惧使大多数房地产商相信,在一个本应稳定的住宅区里,即便只有一两个非裔或亚裔美国家庭存在,也会把白人赶出去——肯定会的。这种信念比其他任何东西更能促使许多地块划分商施加种族契约,即便是在非裔和亚裔(他们之中几乎没有人有能力在郊区买地,更不用说建房屋了)很少的城市。举两个例子,圣弗朗西斯伍德的地块划分商梅森-麦克杜菲公司排斥任何非裔,尽管在旧金山 417000 名居民中,只有 1600 名是非裔(即不到 1/100 人口的 4/10);渥太华山公司排斥"任何华人或蒙古人",即使在托莱多大约 20 万居民中,只有不到 100 人是亚裔(即不到 1/100 人口的 1/10)。①

在使用种族契约排斥非裔美国人、亚裔美国人和通常包括犹太人在内的其他"不受欢迎"人群时,地块划分商们毫不心慈手软。在反犹主义猖獗的 19 世纪末 20 世纪初,一些地块划分商明确排斥所有犹太人、希伯来人、"任何闪米特族人"或任何"非异教徒"。当时美国犹太人正处在历史学家马修·弗莱·雅各布森所说的"种族奥德赛"的中途——从"白人"到"希伯来人"再到"高加索人"。其他地块划分商试图简单地通

---

① *Deed and Agreement Between the Ottawa Hills Company and John North Willys Containing Restrictions and Conditions Relating to Plat Number One*, Ottawa Hills (1916), page 6; U. S. Bureau of the Census, *Fourteenth Census of the United States Taken in the Year 1920*, volume 2, *Population: 1920* (Washington, D. C., 1922), pages 58 – 59. See also Claar, "Cooperative Plan of Home-Ownership," page 47; "Transcript of Testimony" in the case of *City of Louisville v. Arthur Harris*, pages 66 – 67.

过排斥非高加索人来排斥犹太人。还有一些人借遵守"君子协议"将犹太人拒之门外,即开发商和房地产经纪人拒绝给犹太人和其他"不受欢迎的人"看房,这一做法得到了全国房地产委员会协会的认可。偶尔,地块划分商会采取更严厉的措施。19世纪90年代中期,E. H. 鲍顿曾回购过一块地,以防一名犹太人买下它。由于担心犹太人会"严重有损地产",橡树河的开发商之一休·波特在20世纪20年代中期采取了大致相同的策略。当他得知一名业主将房子卖给了一名犹太人时,他试图让新业主将其卖回给公司,但遭到拒绝。"也许,"波特写道,"他讨厌我们的态度。"后来,不知出于什么原因,犹太人把房子卖给了另一名非犹太人,波特如释重负地告诉他的同行们:"我们已经摆脱他了。"①

然而,到了20世纪10年代末,一些迄今仍拒绝向犹太人卖地的地块划分商开始重新考虑。尼科尔斯解释道,一个由杰出犹太人组成的代表团曾向他抱怨,他把他们挡在许多最好的居民区之外,"使犹太人在堪萨斯城住得差强人意"。这次会面使他很不舒服。他说,堪萨斯城有一些"优秀的犹太家庭"。他和一些犹太人是"好朋友",他和他们一起担任城市慈善机

---

① Matthew Frye Jacobson, *Whiteness of a Different Color : European Immigrants and the Alchemy of Race* (Cambridge, 1998), page 199; Garrett Power, "The Residential Segregation of Baltimore's Jews," *Generations* (Fall 1996), page 6; Abrams, *Forbidden Neighbors*, pages 154 – 156; Susan L. Klaus, *A Modern Arcadia : Frederick Law Olmsted Jr. and the Plan for Forest Hills Gardens* (Amherst, 2002), page 116; Charles Orson Cook and Barry J. Kaplan, "Civic Elites and Urban Planning: Houston's River Oaks," *East Texas Historical Journal* (1977), page 36.

构董事会的董事。其中一位是该市最大此类组织的负责人。在最近的战事中,没有任何其他团体比它"更忠诚地为国家服务"。"乔治,这件事让我很难受,"他说,"以民族为由把一个人排除在外是不是太不美国、不民主和不公平了。"因此他决定,如果"一个非常杰出的"犹太人,一个"在其他方面都非常令人满意和可接受的"的犹太人想买地的话,"我们会毫不犹豫地卖给他"。一些地块划分商认同尼科尔斯的观点。加利福尼亚州伯克利的埃尔默·A. 罗威尔(Elmer A. Rowell)说,他把地卖给了两位"非常优秀的犹太人"。达拉斯的休·普拉瑟接着说,他也把地卖给过两个"镇上最好的犹太人",他称他们为"可爱的犹太人"。"我会像其他人那样,很快就让犹太人住进来,"他说,举个例子,达拉斯百货公司桑格兄弟(Sanger Brothers)的总裁"桑格老人",正考虑在高地公园置业。"所有人都爱桑格先生,他和镇上最好的异教徒是一样的,"普拉瑟说,"高地公园的居民会很高兴与桑格先生那样的犹太人(为邻)。"①

其他地块划分商认为,尼科尔斯犯了一个鲍顿所称的"非常可怕的错误"。鲍顿说,我们不会把地卖给"任何犹太人"。E. W. 查伊尔也不会把地卖给犹太人,即使是"城里最优秀的犹太人"。金·汤普森也不会,尽管他不情愿地承认,"镇上最

---

① *Proceedings of [the] First Annual Conference of Developers [of] High Class Residence Property* (1917), pages b53 – b54, Department of Manuscripts and University Archives, Olin Library; *Third Annual Conference*, pages 565 – 580.

棒的商人中有一些是犹太人"。H. S. 基塞尔也不会,尽管他坦言自己一直承受着把地卖给犹太人的巨大压力。"我们简直无路可走,"他说。约翰·德马雷斯特的森林山花园位于美国(如果不是世界上)最大的犹太社区以东几英里处,也不会把地卖给犹太人。"我们把地卖给了两三个优秀的犹太人,"但是,从那以后我们一直在琢磨究竟是为了什么。"我们再也不会这样做了,"他说,"因为他们绝对令人讨厌。"鲍顿和其他地块划分商发现,犹太人,甚至像"桑格老人"这样的犹太人之所以不受欢迎,不是因为像非裔美国人那样,他们会让自己的房产缩水,或是压低房产价值,而是因为他们想聚在一起生活。一旦一个犹太人搬入,其他犹太人就会接踵而至。鲍顿说,不久之后,一场"蜂拥而逃"开始了,基督徒被驱逐出去。面对类似问题,由于担心越来越多的犹太学生会阻碍基督徒学生的申请,哥伦比亚大学和其他常青藤盟校实施了配额制,并修改了招生程序。在没有类似选择的情况下,鲍顿和其他许多地块划分商选择将犹太人完全排除在外。①

种族契约和其他排斥措施远非万无一失。其他美国人毫不怀疑非裔和亚裔美国人不是白人。他们也不是"高加索人",

---

① *First Annual Conference*, pages b53 – b54; *Third Annual Conference*, pages 565 – 580. See also John R. Freeman to Katherine McNamara, August 4, 1931, Loeb Library; "Transcript of Testimony" in the case of *City of Louisville v. Arthur Harris*, pages 66 – 67; Richard Albert Farnum, Jr., "Prestige in the Ivy League: Meritocracy at Columbia, Harvard, and Penn, 1870 – 1940" (Doctoral dissertation, University of Pennsylvania, 1990), pages 95 – 100, 187 – 196.

连美国最直言不讳的种族主义者麦迪逊·格兰特（Madison Grant）都称这个词"至多是一个烦琐而过时的称呼"。但是印度人、缅甸人和菲律宾人呢？或者叙利亚人、亚美尼亚人、墨西哥人和意大利南部人（其种族认同相当不确定）？他们也"不受欢迎"吗？很难说。此外，一些无疑是不受欢迎的人群找到了规避排外措施的方法。某位普罗维登斯①地块划分商把地卖给了"一名爱尔兰人或本地人"，但不知道对方原来是代一位"希伯来人"买的。（这名地块划分商说，希伯来人建造了一些最漂亮的房屋，而且"维护得最好"，但他的竞争对手利用其土地上"希伯来人的存在"来促进房屋销售。）一位浅肤色的非裔美国房地产经纪人为纳特·金·科尔买下了汉考克公园的房子。大多数地块划分商不会故意把地卖给任何不受欢迎的人。但是新业主呢？鲍顿和波特发现，只要价格合适，个别业主会卖给任何人。德马雷斯特也遇到了同样的问题。当他得知一个房主有位犹太买家时，他"试图说服他不卖"。"我做不到，"对方如此回复。当隔壁邻居警告房主，"如果他把房子卖给犹太人，他会让一个黑人租客住在自己的房子里"。房主向准买家转达了这个警告。②

---

① 普罗维登斯（Providence），美国罗得岛州（Rhode Island）首府。——译者注

② Madison Grant, *The Passing of the Great Race or the Racial Basis of European History* (NewYork, 1918), pages 65 – 66; Ian F. Haney Lopez, *White by Law: The Legal Construction of Race* (New York, 1996), pages 61 – 68, 203 – 208; U. S. House Committee on Immigration and Naturalization, *Hearings Relative to the Further Restriction on Immigration and Naturalization* (Washington, D. C., 1913), part 2, pages 77 – 78; John R. Freeman to Katherine McNamara, August 4, 1931; Epstein, *Cole*, pages 177 – 182; *Third Annual Conference*, page 579.

虽然绝非完全可靠，但种族契约相对明确。一般情况下，非裔和亚裔美国人（以及小而言之，犹太人）很容易被识别。既然所有这些人都不受欢迎，那么契约就不必在这些群体成员之间做出区分——比如"可爱的犹太人"和普通犹太人。但是对于地块划分商（以及他们的准买家）来说，人们因阶层和种族而不受欢迎。而按阶层排斥人的问题更严重。由于地块划分商面向不同的市场，在某处不受欢迎的阶层不一定在别处也不受欢迎。所有地块划分商都认为底层不受欢迎，他们中的大多数对工薪阶层也持相同看法。但只有那些最高档住宅区的开发商才认为中产阶层不受欢迎。唯一的原则是，如果一个阶层位于分区的目标阶层之下，那么它是不受欢迎的。即使一个地块划分商知道哪个阶层是不受欢迎的，他又怎么知道未来买家是不是属于这个阶层？这是财富的问题吗？还是收入、职业、教育，抑或是"品位不凡、温文尔雅"的作用？除了在一些非常专属的分区（以及许多非常独家的合作公寓楼）中做过的，如进行个人面试、要求证明文件或进行背景调查，地块划分商很难找到一种按阶层而不是按种族排除不受欢迎人群的方法。①

但是地块划分商们找到了一种方法。虽然他们口口声声标榜"品位不凡、温文尔雅"，却把阶层定义为金钱的函数。这是一个粗糙的定义，但在一个如此多变的社会里，这也许是唯一可能的定义。地块划分商试图通过使不受欢迎人群购地建房的成本过高而将他们拒之门外。另一方法是将土地的价格设定

---

① 见上文"引言"的注释㉒，即本书第28页注①。

在这些人能够承受的价格之上。(另一紧密相关的做法是将地产分割成大地块。尽管"某位品位不佳的居民"总有可能"以一种冒犯邻居的方式"使用大地块,但奥姆斯特德兄弟在1902年建议德鲁伊山的地块划分商乔尔·赫特,小地块更可能会被滥用。) 这种方法有一个缺点。正如底特律房地产商爱德华·A. 洛夫利 (Edward A. Loveley) 在 1922 年指出的那样,价格越高,市场越小。他说,"谨记,价格最高、限制最严的地产必定会限制可能买家的数量"。当有人愿意花 10000 美元买块地时,会有五至十倍的人愿意花 5000 美元买块地。① 尽管有缺点,但这种方法行之有效,可以将一些人排除在外,也不会赶走其他人。其中许多人本就不愿意募集证明文件,更不用说接受个人面试和背景调查了。

另一方法是设定"不受欢迎"人群无法达到的最低成本要求。这些要求的初衷是防止业主建造廉价而劣质的房屋。在 19 世纪中后期,出于同样的考虑,地块划分商也施加了限制,禁建低于两或三层的房屋,或者用石头和砖以外材料建造的房屋。这种做法一直持续到 20 世纪初。1907 年,约翰·查尔斯·奥姆斯特德致信给高地地块划分商,建议与其禁建一层平房,不如将最低成本要求设为 5000 美元。"在我们看来,"他解释道,"限价令可以有效地保护房地产,使其不致被建成贫民区,而

---

① Olmsted Brothers to Joel Hurt, April 4, 1902, Olmsted Records, Job File 71; Edward A. Loveley, "Fundamental Principles in Developing High-Grade Subdivisions," *Annals of Real Estate Practice*:1925, volume 3, page 69.

且,如果一栋一层农舍小屋造价高达5000美元,那么它就不可能有什么本质上令人反感的东西了。"但最后,很明显,最低成本要求有助于将不受欢迎人群排除在外。正如奥姆斯特德兄弟对赫特说的:"房屋最低(成本)设定得越高,越能建成一个理想社区。"奥姆斯特德兄弟坚持认为,赫特不应考虑3000美元以下的限制,从长远来看,5000—6000美元的限制是明智的。①

这个方法也有缺点。最低成本要求并不能阻止纽约市建筑师奥斯瓦尔德·赫林所说的"某位举止粗野、没文化的村夫"建造一幢"刺眼建筑"。而且,除了许多不受欢迎的人,他们还排斥了一些本应受欢迎的"教养良好的家庭"。约翰·查尔斯·奥姆斯特德说,这些家庭会成为"有魅力、使人愉悦的邻居",但又如赫林所说,他们"缺乏一个鼓胀的钱包"。如何吸纳这类家庭的难题引起了鲍顿的关注,他在罗兰公园实施了最低成本要求,但在吉尔福德又放弃了这一限制。他对费城的一位银行家说,他的解决方案是"建造一组十套小房子,以非常低的价格租给十对来自巴尔的摩显赫家庭的年轻夫妇"。即使房屋利润为零,它们也会给社区带来良好影响。尽管有瑕疵,大多数地块划分商仍坚持最低成本要求。当鲍顿在第三届年会上说,这些要求在需要设计审查的社区"完全没有必要",但

---

① John Charles Olmsted to Messrs. Oldfield, Kirby & Gardner, August 2, 1907, Olmsted Records, Job File 3276; Olmsted Brothers to Joel Hurt, April 4, 1902, Olmsted Records, Job File 71.

是,地块划分商们无人响应。即使再无防止建造丑陋或俗气房屋的必要,但最低成本要求仍不失为一个排斥不受欢迎人群的好办法。正如奥姆斯特德兄弟公司所称,它们仍然是社会阶层的"粗略标识"。①

对生活在 21 世纪初的美国人来说,建造一个普通双车位车库需要花费至少 20000—30000 美元,从这点来说,很难理解奥姆斯特德建议的意义,即建议赫特设置一个 5000—6000 美元的整房最低成本要求。但在 1902 年,5000—6000 美元是一大笔钱。尽管在第一次世界大战期间和战后不久,工资和物价飞涨,但直到 1929 年,这仍是一笔可观的数目。当时,美国家庭的年均收入仅为 2335 美元。(其中,最低的 2/5 家庭仅为 725 美元,居中的 1/5 家庭约为 1600 美元,次高的 1/5 家庭略高于 2250 美元,最高的 1/5 家庭约为 6300 美元。)考虑到当时人们普遍认为,一个家庭在住房上的投资不能超过其年收入 2.5 倍,大多数美国家庭的购房花费都不能超过 5000—6000 美元。但历史学家玛格丽特·马什(Margaret Marsh)指出,在这个价格区间内,即便是在郊区,也很难找到这样的小房子。在某些分区,最低成本要求为 5000—10000 美元,某些分区则高达 15000—20000 美元。再加上地块价格,多在 3000—5000 美元(在专属分区中,价格要高得多),一幢舒适但并不豪华的房子的总成

---

① John Charles Olmsted to J. H. Oldfield, May 21, 1907, Olmsted Records, Job File 3276; Edward H. Bouton to James B. Ladd, August 3, 1916, Box 291, Roland Park Company Records; *Third Annual Conference*, pages 698 – 701; Olmsted Brothers, "Restrictions for Residential Subdivisions," pages 24 – 25.

交价在8000—15000美元，这是美国前5%的家庭可承受的，这些家庭的年均收入约为14000美元。但其他能负担得起的人少之又少。更糟糕的是，雄心勃勃的房主通常需要支付一大笔首付款，如果他们能够获得抵押贷款的话（当时比现在困难得多），然后在五或十年内分期偿还。[1]

当小奥姆斯特德描述帕洛斯福德庄园"主要面向相当富裕的人群"时，他也可以这样描述罗兰公园、圣弗朗西斯伍德、乡村俱乐部区和其他高度受限分区。这些分区是专为富裕的商人、制造商以及律师和医生设计的。他们可能是规划分区的规划师和景观设计师能买得起的，但那些砍伐林木、铺设道路、安装管道的工人，抑或是运送材料、拉走垃圾的卡车司机是买不起的。它们也可能是设计房屋的建筑师所能及的，但不是建造房屋的木匠、泥瓦匠、油漆工、石匠、电工和水管工能买得起的。这些手艺人大多数一小时只能挣一美元左右。即便他们每周工作44个小时，这样连续工作52周（这种情况极为罕见），运气好的话，一年能挣到2000美元。1925年，在房地产繁荣即将结束之际，洛杉矶的一项调查显示，收入最高的手艺人——水管工，一年也只能挣到1900美元。这些社区可能是消防局长和警察局长以及学校主管买得起的，但不是保护居民的

---

[1] U. S. Bureau of the Census, *Historical Statistics of the United States：Colonial Times to 1970*, Part 1（Washington, D. C., 1975）, page 301; Margaret Marsh, *Suburban Lives*（New Brunswick, 1990）, page 133; Becky M. Nicolaides, *My Blue Heaven：Life and Politics in the Working-Class Suburbs of Los Angeles, 1920 – 1965*（Chicago, 2002）, pages 188 – 189.

消防员和警察，以及教育孩子的老师们可及的。①

  有些地块划分商规划的地块限制性契约少也没有那么昂贵，其中一些是面向中产阶层（并非上层中产人士）的，甚至还有一些是面向工薪阶层的。但这些地块多带有种族契约。许多地块有最低成本要求，尽管要低得多。对中产阶层和工薪阶层地块施加限制与对上层中产人士地区施加限制的原因大致相同，目的都是排斥"不受欢迎"人群，以建设一个严格同质的社区。查尔斯·H. 切尼非常清晰地阐明了这一点。在谈及他在帕洛斯福德庄园的工作时，切尼于1928年写道：

>   我们提供的保护性限制和高级规划方案，旨在引导和自动调节在这里定居的公民阶层。（种族）限制禁止黑人或亚裔占有土地。住房限制中的最低成本要求，旨在将收入相似的人们聚集在一起，只要这样做是合理且明智的。

  这一目标的核心是假设异质性与永久性不相容，种族、阶层的混合与"中产阶级乌托邦"不相容。这一假设的基础是对他人根深蒂固的恐惧。（一定程度上，分区间存在差异，这主要取决于其他人是谁。他们只是非裔和亚裔吗？或者他们也是底层吗？抑或是工薪阶层？或者，在海克利夫和汉考克公园这

---

① Frederick Law Olmsted, Jr., "Palos Verdes Estates," *Landscape Architecture*, July 1927, pages 257-258; *Monthly Labor Review*, October 1920, pages 98-99, June 1922, pages 69-73, June 1923, pages 111-115, October 1924, pages 69-82, June 1926, pages 61-63, August 1931, pages 383-385.

样的地方,甚至是中产阶层?)这种恐惧比其他任何东西,包括公共空间和私人空间之间的差异,更能解释从老奥姆斯特德对美国公园的包容性看法,到小奥姆斯特德对美国郊区的排他性看法的巨大变化。①

彼此恐惧

种族契约、最低成本要求和其他排斥措施都非常有效。在大多数市郊住宅区里,几乎没有非裔或亚裔美国人(或其他有色人种)居住。举几个例子,比弗利山庄是洛杉矶市中心以西的一个富裕小区(此地一栋房的均价约为 18000 美元),在 1930 年有近 5000 户家庭。其中,仅 1 户为非裔美国人,8 户为"其他"种族。南门(South Gate)是位于洛杉矶市中心(此地一栋房的均价低于 4300 美元)以南的一个工薪阶层社区,有大约 5600 户家庭。其中,只有 1 户是非裔美国人,41 户是"其他"种族。在为数不多的几个有资料的郊区中,大多数只有几户犹太人或者根本没有。直到 1919 年,达拉斯的高地公园仅有两户犹太人;在 20 世纪 20 年代中期规划的休斯顿橡树河,一户犹太人都没有。由于鲍顿拒绝向"任何犹太人"出售地产,而且大多数巴尔的摩房地产经纪人都遵守"君子协议",只有少

---

① Robert M. Fogelson, *The Fragmented Metropolis: Los Angeles, 1850 – 1930* (Cambridge, 1967), page 324;"Final Report of the Commissioners of Central Park: 1870," in *Frederick Law Olmsted, Landscape Architect, 1822 – 1903*, ed. Frederick Law Olmsted, Jr., and Theodora Kimball (New York, 1970), volume 2, page 406.

数犹太人能成功买到罗兰公园公司四大分区的地产。1928年,居住在罗兰公园、吉尔福德、家园和诺斯伍德(Northwood)的2250多户家庭中,只有13户是犹太人,不到巴尔的摩庞大犹太人口的1%。虽然信息量有限,但有理由相信,排斥措施是能将郊区按阶层和种族区隔开来的,尽管没那么严格。记者凯里·麦克威廉姆斯(Carey McWilliams)将洛杉矶描述为"一片由民族、文化、种族和社会经济岛屿组成的群岛",这一说法同样适用于其他美国城市。①

但是,如果种族契约、最低成本要求和其他排斥措施都这么有效,那么,为什么地块划分商还要在地块上施加如此多的其他限制呢?为什么他们对最专属的地块实行最严格的限制?如果地块划分商能够"自动调节"一个地区的种族和阶层构成,如果他们能确保它完全由富裕的白人甚至是富裕的基督徒组成,为什么还有必要对居民如何使用其房地产施加如此繁重的限制?也许,没有哪个分区比太平洋帕利塞兹(Pacific Palisades)更能说明这一悖论。它坐落在洛杉矶的群山之上,俯瞰太平洋,于20世纪20年代中期由卫理公会南加利福尼亚州分会赞助开发(和其他许多分区一样,它由奥姆斯特德兄弟

---

① U. S. Bureau of the Census, *Fifteenth Census of the United States: 1930, Population*, volume 3, *Families* (Washington, D. C., 1933), pages 181–184; *First Annual Conference*, pages b53–b54; *Third Annual Conference*, pages 567–568; Cook and Kaplan, "River Oaks," page 36; Power, "Residential Segregation of Baltimore's Jews," pages 5–7; Carey McWilliams, *Southern California Country: An Island on the Land* (New York, 1946), page 328.

公司规划)。尽管分会构想帕利塞兹是一个敬畏上帝的基督教社区,一个除了"基督教教徒和各教派机构"以外,其他人都不会居住的社区,但它仍觉得有义务强制实施这种常规限制。①这些限制针对除非裔美国人、亚裔美国人、犹太人和底层人士、工薪阶层,少数情况下还有中产阶层外的所有人,显然是因为这些"不受欢迎的人"不能在最受限分区买地或建房。

其他人是哪些人? 根据地块划分商的说法,这些限制与其说是针对居民,不如说是针对他们的邻居。限制是为了保护居民免受范斯威林根兄弟公司的一名员工所称的"他人行为"的侵害。正如乡村俱乐部区的一则广告所言:"对您自家土地的限制对您来说意义不大,对您邻居土地的限制才是关键。"居民没有理由害怕大部分邻居,乃至所有邻居。但他们有充分理由害怕少数人,用奥姆斯特德的话来说,"通过粗心、无知、疏忽"或大量涌入,"破坏或严重损害……吸引他们(最初来到这些社区)的特质"。奥姆斯特德说,少数人中,有人会在规划为建独栋房的地块建公寓楼,有人会把房屋建到地界线,抑或有人会在居民区开一家小卖部或酒吧。切尼说,少数人中,有些会建造"丑陋、难看或者品味拙劣的房屋,以致住在附近极不舒服、极不愉快"。鲍顿说,还有少数人会把其他居民带坏。"居民可能不想在分区里第一个烧烟煤,"他说,"但是,如果有一个邻居决定烧烟煤,其他邻居就会说,既然自己的房

---

① *Pacific Palisades*, a 1920s pamphlet, Ephemera Collection, Huntington Library, San Marino, California.

子已经飘进了黑烟,那么不妨一起享受烧烟煤的实惠吧。"①

但是,为什么居民害怕他们的邻居,这些邻居都是白人、经济宽裕,而且几乎全部是基督教徒?在圣费尔南多谷的卡胡恩加公园(Cahuenga Park),有什么值得担心的地方,使得地块划分商向准买家承诺,"您知道……(您的邻居)是怎样的人"?在橡树河,居民会住在"这样一个社区",开发商说,"您喜欢的人,喜欢居住在此"?或者在"印第安纳波利斯公民身份的最佳代表地"布伦顿伍德,地块划分商说,"您的邻居将是和您品位相似的绅士和女士,他们和您一样,会爱上布伦顿伍德,并珍惜它给予的一切"?换言之,为什么地块划分商及其未来买家会害怕像他们自己一样的人,而不仅仅是白人以外的种族群体和中产和上层中产人士以外的人?他们知道——或者,如果"知道"这个词太强烈,觉察到——是什么让他们把别人往最坏里想?如果说"中产阶级乌托邦"是——如 J. C. 尼科尔斯评价"日落山"(乡村俱乐部区最专属区域之一)的——"我们对人性至高无上信仰的结果"。那么,为什么除了种族契约和最低成本要求外,还要对它施加如此繁多的限制?

---

① *Palos Verdes Bulletin*, April 1929, page 4; *Kansas City Star*, July 16, 1916; Frederick Law Olmsted, Jr., to Clinton B. Miller, September 26, 1922, Olmsted Records, Job File 8001; Charles H. Cheney, "The Benefits of Community Planning," *House Beautiful*, August 1926, page 146; E. H. Bouton, "Development of Roland Park, Baltimore," *Proceedings of the General Sessions of the National Association of Real Estate Boards: 1924*, page 24. The observations of Olmsted, Jr., can also be found in Olmsted Records, Job File 3276, portions of which were kindly sent me by Professor Larry D. McCann, Department of Geography, University of Victoria.

难道没有一些非正式的机制,亦即比限制性契约更宽松的措施,来阻止邻居以损害社区长期福祉的方式使用其地产吗?①

为回答这些问题,不妨从菲利普·霍恩(Philip Hone)日记里经常被引用的一段话切入。霍恩是一名事业有成的纽约商人,曾任纽约市长。19世纪30年代,他住在下百老汇(lower Broadway)。当时,纽约州参议院的一个特别委员会所称的"对商业不可阻挡的渴求"正将曼哈顿下城区从住宅区变为商店、办公室、车间和仓库。到1836年,霍恩担心自己很快会被迫搬离市中心。"几乎每个市中心的居民都面临同样的困境,"他写道,"因为所有的住宅都将会被改造成小卖部。"霍恩搬走了,许多其他富裕的纽约人也搬走了。但是没人强迫他们这么做,也没有公共机构谴责他们的地产应当给学校、公园或街道让路。为什么他们要搬家?原因之一是他们不愿意生活在商店和办公室之间,以及随之而来的交通、噪音和灰尘之中。另一个原因是,他们意识到,一旦根据商业用途潜力对其地产进行重新评估,税费就会增加。但最重要的是,正如霍恩所说,"我们被高得无法抗拒的价格所诱惑"。② 他们无法抗拒的是暴利的前

---

① *Los Angeles Times*, March 2, 1923; River Oaks Corporation, *A Few Homely Preachments Concerning Homes and Homesites*, undated pamphlet, Loeb Library; *Why You Should Choose the Location for Your Home in Brendonwood*, undated pamphlet, Loeb Library; *Sunset Hill of the Country Club District*, "1000 Acres Restricted," Planned-Developed and Offered Exclusively by J. C. Nichols (1916), J. C. Nichols Collection, Western Historical Manuscript Collection, University of Missouri-Kansas City Archives.

② Robert M. Fogelson, *Downtown : Its Rise and Fall, 1880 – 1950* (New Haven, 2001), page 10.

景、获利于土地用途预期变化的运气,以及用比他们购买原价高得多的价格出售地产的良机——他们可以在郊区盖一栋新房,同时还能赚下一大笔。

亚历西斯·德·托克维尔(Alexis de Tocqueville)可能是美国战前最敏锐的观察人士。在一个充斥着他所说的"商业习惯和重金意识"的国家,包括霍恩及其邻居在内的许多人都无法抗拒暴利前景的诱惑。尽管社会已经产生巨变,但在20世纪20年代,其不可抗拒的程度丝毫不亚于19世纪30年代。无怪乎,索尔斯坦·凡勃伦在1923年写道,房地产的转手和交易是仅次于扑克牌的"伟大的美国游戏"。它创造了美国的许多巨额财富,其中约翰·雅各布·阿斯特①是赚得最多的人之一。阿斯特曾说:"倘若我重新开始,知道我现在所知道的一切,并且有钱投资,我会买下曼哈顿岛上每一寸土地。"和阿斯特一样,成千上万的人涉猎房地产,通常都成功了。正如一名记者在20世纪20年代这样描述洛杉矶:"一次又一次,人们以当时的天价买地,只为几年后预售它们。"即使是那些无视知名银行家和房地产商的建议,以投机为目的在分区购买高价地块的人,"也在几年内卖出,大赚一笔"。利润出自土地价值的上升,这是受人口增长、经济发展、交通改善以及土地用途变化(特别是从农村转为城市、从住宅区转为商业

---

① 约翰·雅各布·阿斯特(John Jacob Astor),德裔美国皮毛业大亨及财金专家,阿斯特家族创始人,美国历史上排名第四的富人。1848年阿斯特去世时,其留下的遗产高达2000万美元,是该时期的美国首富。——译者注

区）所驱动的。①

对许多美国人来说，地块和宅地一样都是一种投资。对一些人来说，这完全是一种投资，甚至一个家也不仅仅是一个居所。20世纪20年代中期，记者艾伯特·W. 阿特伍德（Albert W. Atwood）在访问洛杉矶时，"被大量卖房或打算卖房赚钱的人所震惊，虽然并不总令人愉快"。地块划分商很清楚这种"重金意识"，所以，除了几个像汉考克公园这种高度专属性的开发项目外，他们也相应地调整了自己的广告。开发商称，比弗利伍德（Beverly Wood）可以"双倍获利"；它既是郊区住宅的绝佳之所，又是"当今洛杉矶山麓地产中前景最好的投资"。布伦特伍德露台（Brentwood Terrace）不仅面向置业者，也面向"头脑冷静的投资者"。地块在贝尔米德（Belle Mead）是"顶级投资"，在阿尔塔迪纳乡村俱乐部公园（Altadena Country Club Park）是"辉煌投资"，是好莱坞新月玫瑰园2号（Hollywood Crescent Rose Tract No. 2）"无法复制的投资"。其他洛杉矶分区承诺**"利润丰厚""巨额利润""投资立竿见影"**。还有一些人向准买家承诺，房产价值将上涨100%至200%。其他城市的情况也一样。威彻斯特县斯卡斯代尔庄园（Scarsdale

---

① Witold Rybczynski, *A Clearing in the Distance: Frederick Law Olmsted and America in the Nineteenth Century* (New York, 1999), page 43; Thorstein Veblen, *Absentee Ownership and Business Enterprise in Recent Times: The Case of America* (New York, 1923), page 143; Kenneth Jackson, *Crabgrass Frontier: The Suburbanization of the United States* (New York, 1985), page 134; Albert T. Atwood, "Money from Everywhere," *Saturday Evening Post*, May 12, 1923, pages 144, 147; Erik H. Monkkonen, *America Becomes Urban* (Berkeley, 1988), page 7.

Estates)的一则广告称,能够确保您的房屋"既是一种投资,也是一处居所"。"今天,您把房屋建在一个价格必然(或很可能)上涨的地方,很快,您就能以高价卖掉它。"①

郊区居民确信,即使出价很高,大多数人还是会拒绝把地卖给非裔或亚裔美国人或其他"不受欢迎"的人。(地块划分商们亦然。尼科尔斯说,乡村俱乐部区的居民一再跟他说,"我可以通过这样那样地使用地产赚很多钱,但我肯定不会在贵公司竭尽所能创造出这种好环境之后还这么做"。)② 但是郊区居民远不确定,大多数人会拒绝一个受欢迎的人出的一个好价,一个像他们这样富裕的白人基督徒,打算把地产用作不受欢迎的活动。他们也担心,大多数拥有大面积角落地块的人会把地卖给一个想要建公寓楼(或者,比这还糟,开一家小商店、酒吧或加油站)的建筑商,出价相当于该地块用作独栋房的五或十倍。他们还担心,只要出价够高,许多人会允许户外广告公司在地产上竖立广告牌,或者允许石油公司在其地底钻探石油。他们也担心,如果价钱合适,大多数人会搬至另一个(也许更时尚的)郊区并建一栋(也许更昂贵的)房子。他们担心大多数人会这样做,是因为他们知道,如果自己处在相同

---

① Jules Tygiel, *The Great Los Angeles Swindle: Oil, Stocks, and Scandal During the Roaring Twenties* (New York, 1994), page 13; *Los Angeles Times*, November 5, 12, and 26, 1922, January 14, March 4, June 10, October 28, 1923; *Country Life in America*, June 1909, page 40.

② J. C. Nichols, "Suburban Subdivisions with Community Features," *Proceedings of the General Sessions of the National Association of Real Estate Boards at the Seventeenth Annual Convention: 1924*, page 17.

的位置，也可能会这样做。

那就是他们会做的，因为他们一直都在这样做。大多数美国人多次搬家——从欧洲到美洲，从东部到西部，从乡村到城市，从一个城市到另一个城市，从城市到郊区，从一片郊区到另一片郊区。一位英国观察人士写道，即使在殖民地时期，"四处游荡似乎已经融入了他们的本性"。到内战①前，搬家对大多数美国人来说已经是第二天性了。正如托克维尔所说：

> 在美国，有人建了一栋房子用来安度晚年，但他在屋顶还没盖好之前就卖掉了它；他培植了一个花园，结果只剩树木疯长；他把一块地开垦成耕地，却留待别人去收割；他欣然接受一份工作，然后又辞职；他定居在一个地方，不久便离开，把多变的渴望带至别处。

另一位欧洲游客在19世纪40年代写道："如果上帝突然召集世界接受审判，他一定会让2/3像蚂蚁般在路上的美国人大吃一惊。"小说家威廉·迪安·豪威尔斯（William Dean Howells）在19世纪70年代说，一个人向往"祖先的房屋，甚至是自己少年时的场景"，这是非美国的。历史学家乔治·威廉·皮尔森（George William Pierson）在20世纪50年代的一篇文章中很好地总结了美国人的这种躁动。"我们从探险家、帝国建设者、朝圣者和难民开始，从那以后我们一直在搬家、搬

---

① 此处指发生在1861—1865年的美国南北战争。——译者注

家。"如果"现在我们许多人拥有自己的住房,"他接着说,"但这些肯定不是我们祖辈住过的地方,也很可能不是我们出生的地方。"①

过去几十年中,大量研究证实了皮尔森的观察。被两位历史学家称为"令人眼花缭乱的人口流动率",被另两位称为"显著的短暂",是19世纪和20世纪几乎所有城市的特征。大约1/4的家庭,有可能多达1/3的家庭,每年都在搬家。有些人被迫举家搬迁,是因为他们的房屋被拆除以建商店和办公楼、街道和公园、桥梁和铁路。其他人选择搬家,有时是因为他们找不到一份能维持生计的工作,有时是因为他们找到了一个更好或更便宜的住处,有时只是因为他们想到别处重新开始。结果是,历史学家霍华德·P. 丘达科夫(Howard P. Chudacoff)和朱迪思·E. 史密斯(Judith E. Smith)写道:"从波士顿到旧金山,从明尼阿波利斯(Minneapolis)到圣安东尼奥(San Antonio),10年后,常居在一座城市、还能找得到的家庭不足一半。"(住在同一个社区里能找到的人要少得多,住在同一所房子里的就更少了。)或者,如历史学家斯蒂芬·塞思托姆(Stephan Thernstrom)和彼得·R. 奈特斯(Peter R. Knights)所指出的,"一个19世纪的典型美国城市居民,既没有出生在其居住的城市,也不会在这座城市度过一生。"无论他是房主抑

---

① Alexis de Tocqueville, *Democracy in America* (New York, 1959), volume 2, pages 144 – 145; George William Pierson, "The Moving Americans," *Yale Review*, Autumn 1954, pages 102 – 104; William Dean Howells, *Suburban Sketches* (Boston, 1875), page 16.

或租客,富人抑或穷人,白人抑或黑人。①

这种流行性躁动困扰着许多美国人。其中,约翰·F. W. 威尔大概是最为苦恼的了。这位来自剑桥的一神论牧师谴责"缺乏永久性"是"这个时代最可悲的罪恶之一"。他于1864年写道,我们美国人"像一匹游荡的沙漠马匹般不安","随时准备掀开帐篷,逃离家园"。似乎有些人只想"看看能住到多少房子"。"所有这些,"他说,"对一个家庭来说是致命的。它破坏了生命的连续性,阻碍了习惯的固化和目标的实现。"最重要的是,它削弱了"人类内心最强烈、最纯洁的情感之一——乡愁"。"不再把永久居住视为基本美德"是一个民族的悲哀。颇具讽刺意味的是,J. C. 尼科尔斯(他的成功有赖于说服当地居民,搬到郊区住比待在城市要好得多)也表达了许多同样的担忧。他有些夸张地指出,堪萨斯城的居民似乎"每个月都在搬家"。他在1916年说,一个男人在妻儿老小"精心规划了房屋"、自己建造了房屋,以及全家搬入之后,"又把房屋卖掉",这是很可悲的。尼科尔斯说,当"有人走过来问:'你卖房吗?'(然后房主回答)'那还用问,我会卖掉除老婆孩子外的所有东西。'"他"非常愿意"举家背井离乡"以多赚点

---

① Stephan Thernstrom and Peter R. Knights, "Men in Motion: Some Data and Speculations About Urban Population Mobility in Nineteenth-Century America," *Journal of Interdisciplinary History*, Autumn 1970, pages 7 – 37; Howard P. Chudacoff and Judith E. Smith, *The Evolution of American Urban Society* (Englewood Cliffs, 1994), pages 101 – 102, 136 – 143. See also Monkkonen, *America Becomes Urban*, pages 194 – 197.

钱来投机石油和其他股票",这实在是太悲苦了。①

这些担忧并没有阻止尼科尔斯鼓励人们搬家,尽管一旦他们搬到乡村俱乐部区,他会不遗余力地劝说他们留下。这些担忧也没有阻止美国人搬家,尤其当一个受欢迎的人,不管他的意图如何,准备以"天价"购买或租赁自己的房产时。他们觉得,如果从帕洛斯福德庄园的一个片区搬到另一片区,几乎没什么区别。即使从帕洛斯福德搬到橡树丘、比弗利山庄、汉考克公园、贝莱尔或其他任何拥有大片土地、蜿蜒道路和开阔视野的高度专属郊区,也不会有很大不同。对于那些既想搬家但又在这些分区里买不起地的居民来说,有许多价格较低的分区,中产阶层能买得起,有时候连工薪阶层也可以。居民们有这么多的分区可供选择,是因为被细分的土地远远超出了实际所需。到1925年,洛杉矶的人口接近100万,足够的土地已被细分成700多万块。② 纽约、芝加哥、费城和底特律的居民也有很多选择。即使在巴尔的摩和堪萨斯城这样的小地方,居民的选择也不在少数。

这种流行性躁动的结果是,美国人不但经常在搬家,习惯性地定居在对他们而言没有任何"乡愁"的社区里,而且还总

---

① John F. W. Ware, *Home Life: What It Is, and What It Needs* (Boston, 1864), page 9; J. C. Nichols, "Financial Effects of Good Planning in Land Subdivision," *Proceedings of the Eighth National Conference on City Planning: 1916*, pages 102–103.

② Kevin Starr, *Material Dreams: Southern California Through the 1920s* (New York, 1990), page 71. See also William S. Worley, *J. C. Nichols and the Shaping of Kansas City: Innovation in Planned Residential Communities* (Columbia, Missouri, 1990), chapter 9.

是生活在陌生人之间。用皮尔森的话来说,邻居们"互不了解",对彼此的家庭、父辈和祖辈、近亲和老朋友、过去的荣耀和苦难,更是一无所知。① 在范德利普、切尼、老奥姆斯特德和其他新来者搬到帕洛斯福德之前,除了比克斯比一家和几十个菜农,没有人住在那里。这些菜农多是日裔美国人,他们后来被禁止在此地购买、租赁和占有地产。事实上,当时也没人住在后来成为比弗利山庄、橡树丘、亨廷顿帕利塞兹的地方和成百上千个在 19 世纪末 20 世纪初不那么时尚的分区。此外,在这些分区买地建房的人,并没有发现自己身处一个有着长期定居家庭和完善规范的新英格兰老城镇的现代版。换言之,大多数郊区居民在搬入社区之前必须先建设一个社区。

郊区的这一幕也在城市上演。一个典型例子是洛杉矶,尽管有些极端。1880 年,它还只是一个 1.1 万人的小镇,到 1930 年,它已经发展成一个拥有 120 多万人口的城市(和 230 多万人口的大都会区),人口在半个世纪里增长了 100 倍。大多数新来者来自全国各地,其中最大的一支来自中西部。正如一位记者带着些许不屑写到的,他们是"来自威奇托(Wichita)的'优秀公民';来自埃米茨堡(Emmetsburg)的荣誉护柩者;来自锡代利亚(Sedalia)的圣堂武士(Good Templars);来自格兰迪森特(Grundy Center)的诚实老姑娘——他们都是普通人,

---

① Alexander von Hoffman, *Local Attachments: The Making of an American Urban Neighborhood, 1850 – 1920* (Baltimore, 1994), page xv; Pierson, "Moving Americans," page 110.

其中许多人家底单薄，通过出售农田或用上小商企的毕生积蓄才能搬到这里"。另一位记者写道，一些人在"含辛茹苦"几十年后，开始寻求一种更轻松的生活，以摆脱"草原上的寒冬酷暑"。其他人，包括建筑师迈伦·亨特和出版商哈里·钱德勒（Harry Chandler），则被这里宜人的气候所吸引。还有人希望在这个快速发展的大都市里找份好工作。起初，大多数新来者乘火车长途跋涉而来。后来，许多人开着车来，有钱人开着舒适的小车，没那么有钱的，一位观察人士写道，开着"嘎嘎作响的汽车，车子的挡泥板用绳子系着，窗帘在微风中飘荡"。"如果说纽约是欧洲人民的大熔炉的话，"另一位观察人士说，"那么，洛杉矶就是美国人民的大熔炉。"①

在商会所称的"人潮汹涌"过处，留下了一座大都市。一名记者写道，其中，"几乎所有人都是新来者"。1922年，刘易斯对帕洛斯福德项目的承销用户（Underwriting Subscribers）说："有人跟我说，一个人在这里待了6年，他就是一个本地人，如果待了8年，他就是一个老居民了。"8年后，一位游客去洛杉矶旅行时，被"一个奇怪的事实"所震撼，那就是，在这座拥有125万人口的城市里，"你见到的每一个人都在这里待了不到5年"，而且，每10个人中超过9个待了不足15年。少数居民

---

① Fogelson, *The Fragmented Metropolis*, chapter 4; Willard Huntington Wright, "Los Angeles: The Chemically Pure," in *The Smart Set Anthology*, ed. Burton Rascoe and Graff Conklin (New York, 1934), page 93; McWilliams, *Southern California Country*, page 135; Sarah Comstock, "The Great American Mirror," *Harper's Monthly Magazine*, May 1928, page 723.

是19世纪中叶来到这里的。但是，对这里每个人而言，成百上千的人是在19世纪末20世纪初才来到这里。这些人当中，有这座城市最具感染力和最多姿多彩的人物。除了亨特、钱德勒和麦克威廉姆斯，还包括运输和房地产大亨亨利·E. 亨廷顿、风靡一时的好莱坞电影制作人塞缪尔·戈尔德温（Samuel Goldwyn）、洛杉矶商会秘书长弗兰克·威金斯（Frank Wiggins）（也是该地区的主心骨），以及艾米·森普尔·麦克弗森（Aimee Semple McPherson）和鲍勃·舒勒（Bob Shuler），该市最受欢迎的（在"艾米修女案"［Sister Aimee］中，也是最臭名昭著的）福音传教士。麦克威廉姆斯写道，人们互致问候时经常说的"我对这里也不熟"，是否源于洛杉矶尚未可知。但可以确定的是，它反映了大都市的典型特征之一。①

美国城市中是否存在这样的社区：居民对某个地方有着强烈的依恋，与邻居的关系非常密切，即使有人可以为他们的房产出高价，他们也会拒绝出售并搬至别处？是否存在这样的社区：邻居们可以利用家庭纽带、昔日友谊和传统价值来规劝居民以不被接受的方式使用地产（或将其出售或租赁给以这些方式使用的人）？这种社区也许会有，但如果真有的话，也是非常少的，而且在大城市的新郊区里很难找到。这些郊区可能还有其他一些不鼓励发展亲密关系的因素。1904年，记者塞缪

---

① Atwood, "Money from Everywhere," pages 11, 134, 140; *A Report of Proceedings and Addresses [at the] Meetings of Underwriting Subscribers of Palos Verdes Project* (Los Angeles, 1922), page 17; McWilliams, *Southern California Country*, pages 165, 170.

尔·斯威夫特（Samuel Swift）在写到罗谢尔公园（Rochelle Park）这个地处南威彻斯特县的分区时称，开发商曾煞费苦心地"保留适当的标准"，以将任何"众所周知令人讨厌的人"排除在外。但他指出，"你没有必要与邻居建立任何亲密的友谊，因为住所毗邻。你可以，也必须对隔壁的男人彬彬有礼，但除非你爱慕他，否则你一年都不必请他吃一次饭；你甚至不必在往返纽约的火车上与他同座。"① 在这样一个关系松散的社区里，居民们很难找到比限制性契约更不具压迫性的措施，来阻止邻居们用不受欢迎的方式使用他们的房地产。

满是妨害的世界

在众多被契约禁止的活动中，有些活动本身就不受欢迎。意即，对几乎所有美国人来说，不管怎样，它们都不受欢迎。它们很可能是必需的，甚至利润高昂。它们的产品可能很受欢迎。它们可能会为工薪阶层，尤其是新移民，提供抢手但不一定高薪的工作机会。但就大多数人而言，这些活动完全与宜人的居住环境格格不入。要是能选择，没有人会在离它们很近的地方安家落户。此类活动普遍（某些情况下，甚至在法律上）被视为妨害。这些活动中，最糟糕的是屠宰场、制革厂、铸造厂、炼油厂和砖厂。其中某项活动曾在哈达切克诉锡巴斯琴案

---

① Samuel Swift, "Community Life in Rochelle Park," *House and Garden*, May 1904, page 243.

(*Hadacheck v. Sebastian*)① 中备受争议。美国最高法院在 1915 年受理的该案中维持了先驱性的洛杉矶分区法令的合宪性。工厂也被归入这一类。正如小奥姆斯特德跟乔尔·赫特说的,"很明显,在一个高档住宅区……任何形式的工厂都是极其令人反感的,"——"供出租或承包商使用的大型马房"也一样。②

虽然本身并不是妨害,但酒吧也"极为讨厌"。事实上,对许多中产和上层中产阶层的新教徒来说,它们甚至比工厂和马房更令人讨厌。19 世纪 50 年代初,芝加哥市议员执照委员会(Chicago Board of Aldermen's Licensing Committee)说,有两点让酒吧如此令人反感,使它"不可能""在社区里培育睦邻关系"。一是它们招引了错误的人群。如酒吧的支持者说,最重要的是,酒吧是"穷人俱乐部"和"工人俱乐部"。一名矿工写道:"它提供了一个公共聚会场所,它散发着快乐的气息,它迎合了渴望团契的人。对筋疲力尽的身体和紧张的神经来说,放松能带来休息。"对于工薪阶层的顾客来说,酒吧是一个异地的家、通信处、职业介绍所、吃饭、睡觉、兑现支票和上厕所的地方。(它也为酒吧老板提供了一条社会流动的途径。)但

---

① 该案中,原告 J. C. 哈达切克(J. C. Hadacheck)称自己在土地并入洛杉矶市前就买下了它,建砖厂时周边尚未有任何住宅或住宅区。他辩称制砖没有健康风险,对社区安全也不构成威胁。但最高法院还是支持土地使用规制,终止了在居民区周边的这项有害土地使用。——译者注

② Frederick Law Olmsted, Jr., to Joel Hurt, April 4, 1902, Olmsted Records, Job File 71. See also Mark Stewart Foster, "The Decentralization of Los Angeles During the 1920s"(Doctoral dissertation, University of Southern California, 1971), pages 230 – 231.

是，中产和上层中产的郊区居民并不希望在他们的社区里出现一个招引工人的机构。他们更不希望在自己身边有这样一个机构，用历史学家乔恩·M. 金斯代尔（Jon M. Kingsdale）的话说，将"美国传统禁欲主义的勤劳、节俭、自制、自律和持重"取而代之。这些正是郊区居民希望在其"中产阶级乌托邦"中保留下来的价值观。①

另一个原因是，酒吧导致了波士顿大学神学院（Boston University's School of Theology）社会学教授约翰·马歇尔·巴克（John Marshall Barker）所说的"道德和社会堕落"。巴克和其他批评者指责道，最糟糕的是，酒吧助长"贫穷和浪费"，削弱人们对"传染病"的抵抗力，伤害人们的自尊，并助长"在国外出生公民之间的非美国精神"。它"对家庭是一个威胁"，在这里，男人花光他的血汗钱，给"许多家庭的妻子、母亲和孩子带来难以言表的痛苦和悲伤"。它也是"一个不折不扣的犯罪（和道德败坏）的教习地和温床"，诱使男孩偷窃、赌博和女孩卖淫。（批评人士认为，它足足占据了90%的犯罪活动，芝加哥犯罪调查委员会［Chicago Vice Commission］称，它比妓院以外的任何机构都更助长"社会罪恶"。）它还是"贿赂和政治流氓的主要推动者"。巴克写道，"在酒吧势力最根基深固的地方，欺诈、抢劫、贪污和恶政最为猖獗"。在一个接二连三

---

① Robin L. Einhorn, *Property Rules : Political Economy in Chicago, 1833 – 1872* (Chicago, 1991), page 154; Kingsdale, "The 'Poor Man's Club'," pages 472 – 488; James H. Timberlake, *Prohibition and the Progressive Movement, 1900 – 1920* (Cambridge, 1966), page 94.

的禁酒改革风潮获得数以百万计拥趸的国家,在一个许多城市、州,以及在 1918 年连国家本身都实施了禁酒令的国家,不难理解,为什么地块划分商通常会施加限制禁止销售"含酒精饮料"——或者,用 1864 年肯塔基州契约中的一个古朴措辞,"烈酒"。①

但人们难以理解,为什么地块划分商通常会施加限制,禁止许多本身并非不受欢迎的活动;也不清楚,为什么许多地块划分商允许医生、牙医和律师将自己房屋的一部分用作办公场所,却禁止其他业主将土地用作五金店、文具店、药店、杂货店、面包店或肉店,电工、水管工或木匠的办公室或小作坊,或者任何类型的零售店。人们容易理解约翰·查尔斯·奥姆斯特德建议奥克兰开发商沃尔特·H. 莱默特在他的地块上"禁止小卖部",也理解他的兄弟弗雷德里克建议乔尔·赫特时所说的"卖普通家居用品的小卖部……如果可以管理的话,最好与您的地产保持 0.25 到 0.5 英里的距离"。但很难解释,为什么奥姆斯特德兄弟想当然地认为商店和小卖部的毗邻会使分区不再是一个"一流住宅区"。也难以解释,为什么著名房地产经济学家理查德·M. 赫德和帕洛斯福德庄园前销售总监亨利·克

---

① John Marshall Barker, *The Saloon Problem and Social Reform* (Boston, 1905); Timberlake, *Prohibition*, page 58; Robert T. Devlin, *A Treatiseon the Law of Deeds* (San Francisco, 1897), volume 2, page 1322; 51 *A. L. R.* 1454; John Charles Olmsted to Messrs. Oldfield, Kirby & Gardner, August 2, 1907, Olmsted Records, Job File 3276; *Hatcher v. Andrews*, 5 Bush 561. See also Joseph R. Gusfield, *Symbolic Crusade: Status Politics and the American Temperance Movement* (Urbana, Illinois, 1963).

拉克一致认为，商业建筑在住宅区是一种妨害。①

为什么许多美国人，尤其是中产和上层中产的美国人，对居住区里的小卖部、商店和办公室如此之反感？原因之一是，即使是一项用尼科尔斯的话来说"带来极大便利"的商业活动，也与他们的"中产阶级乌托邦"展望不符。正如明尼苏达州法官奥斯卡·哈勒姆（Oscar Hallam）所说的："勤俭节约的人，无论富人还是穷人，都向往一个商业活动中心之外的家。在那里，他可以住在一块空间相对宽敞、适合养儿育女的土地上。"人们愿意忍受许多不便，以追求"更好的光线和空气，更高尚的道德环境以及更舒适的娱乐条件"，并竭力避免即使是危害最小的商业活动所带来的喧嚣和交通。H. S. 基塞尔写道，时尚社区的居民不想要任何"带商业气息"的东西，甚至连温室也不想要。他说，温室里摆放的与其说是鲜花和灌木，不如说是肥料和运输箱。考虑到人们对商业活动的反感，即使最不令人反感的小卖部，用哈勒姆的话说，"也会湮没周围住宅的价值"。② 医生、牙

---

① John Charles Olmsted to Walter H. Leimert, June 28, 1917, Olmsted Records, Job File 5945; Frederick Law Olmsted, Jr., to Joel Hurt, April 4, 1902, Olmsted Records, Job File 71; "The Uplands Limited: Prospectus Revised by Messrs. Olmsted Bros.," November 2, 1908, Olmsted Records, Job File 3276; *State v. Houghton*, 158 N. W. 1017; Richard M. Hurd, *Principles of City Land Values* (New York, 1903), page 117; Henry Clarke, "The Real Estate Business—Today and Tomorrow," *National Real Estate Journal*, May 1932, page 36.

② *Third Annual Conference*, pages 601, 605 - 610; *State v. Houghton*, 158 N. W. 1071, quote on page 1022. See also *Trustees of Columbia College v. Thacher*, 87 N. Y. 311.

医和律师的办公室也有"商业"味道。但是,由于害怕吓退那些最富裕的潜在买家,很多地块划分商将居家办公的专业机构排除在对商业活动的常规限制之外。

另一个原因是,那些远非令人反感的商业活动也是不稳定的根源。正如波士顿期刊《美国建筑师与建筑业新闻》(*American Architect and Building News*)在1904年观察到的那样,"正是那些焦虑的零售店店主迫使我们的城市发生改变",他们"把曾经宜人的住宅区变成商业区……他们追求顾客,顾客却在逃离"。景观设计师乔治·E. 凯斯勒曾规划过罗兰公园第一片土地,他写道,一家铁匠铺、小卖部、酒店和居民住宅可以在村庄里"和平共处",但在城市和郊区都不可能。在这些地方,零售商为接近顾客走火入魔,却在不经意间赶走了居民。乡村俱乐部区住宅委员会说,与一户非裔或亚裔美国人家庭一样,一家小卖部也构成了一个严重威胁。它在1928年写道,要时刻保持警惕,必须"努力扼杀任何一项偶然潜入该地区的商业活动,不论它是一家女帽店,还是一家音乐机构抑或其他,以防商业中心以外的商业活动进入"。[①] 地块划分商及其潜在买家支持限制小卖部、商店和办公场所,是出于一种根深蒂固的担忧:这些商业活动会触发破坏小区永久性的力量,正如老奥姆斯特德警告的那样,它们会摧毁那些最初吸引人们来到郊区

[①] Andrew J. King, *Law and Land Use in Chicago: A Prehistory of Modern Zoning* (New York, 1986), page 80; *Report of the Board of Park and Boulevard Commissioners of Kansas City, Mo.* (Kansas City, 1893), page 14; Country Club Homes Association, *Report of Activities for the Year Nineteen Twenty-Eight*, J. C. Nichols Company Scrapbooks.

的特质。

人们也不清楚,为什么许多地块划分商禁止业主建独栋房以外的住宅。令人困惑的是,对多户住宅的限制不仅限制了寄宿公寓、木制"三层甲板"(1911年马萨诸塞州公民联盟的一位发言人说,它们"像霍乱或黄热病一样"蔓延到整个新英格兰东部)以及肮脏的公寓楼(1899年,模范廉租公寓运动 [model tenement movement] 的领导人 E. R. L. 古尔德 [E. R. L. Gould] 写道,它们"对家庭、社会道德、公共卫生和公民诚信构成持久威胁"),它们还禁止建造舒适的花园公寓和豪华公寓楼,其中许多是为富人,某些情况下是为极其富有的人打造的。地块划分商对人们通常所说的"公寓热"或"公寓狂热"了然于心。他们对公寓楼日益增长的需求感到不安——他们将这种需求主要归因于独栋房的高昂成本、公寓生活的便利以及家政工的短缺。一些地块划分商认为,设计精良、不超过三或四层(一层不超过两套公寓)的公寓楼本身并非不受欢迎。但由于担心很多郊区居民会强烈反对在他们的小区里建公寓楼,大多数地块划分商通常不愿意卖地给公寓建筑商,除非地块处于分区边缘,或者公寓楼在为数不多的小卖部、商店和许多独栋房之间充当了缓冲区。①

---

① Joel Schwartz, "Evolution of the Suburbs," in *American Urban History*, ed. Alexander B. Callow, Jr. (New York, 1982), page 502; Fogelson, *Downtown*, page 323; Homer Hoyt, *One Hundred Years of Land Values in Chicago* (Chicago, 1933), page 136; *Second Annual Conference*, pages 552–553; *Third Annual Conference*, pages 226, 234-235, 528–533, 544–545, 559–560.

地块划分商们的担心不无道理,以至于他们提出了如下问题:为什么很多美国人,尤其是中产和上层中产的美国人,认为居民区里各式各样的多户住宅不受欢迎?答案是他们认为公寓楼是对美国社会的严重威胁。它们通过公共走廊和楼梯传播传染病。它们还向附近小区喷洒烟尘。而且,它们异常吵闹。更差劲的是,它们是消防死角,北达科他州的一位法官写道,这是犯罪和违法行为"大幅增长"的主要原因。它们削弱了"公民精神"。它们也不鼓励人们买房,廉租房改革的主要领导人劳伦斯·维勒写道:"一座多户住宅蓬勃发展的城市,不可能是一座全是自有住房的城市。"明尼阿波利斯的一位市民领袖说:"今天的公寓楼,就是明天的出租房。"这只是个时间问题,一位观察人士说,少则15年,另一位说,多则25年。一些美国人并不认同公寓本身就会危害公共卫生和公共安全或削弱市民精神。俄亥俄州的弗洛伦斯·E.艾伦(Florence E. Allen)法官写道,过量噪音不利于身体健康,但是没有证据表明,公寓楼的居民比其他美国人更吵闹。① 也没有任何证据表明,公寓楼比

156

---

① Kenneth Baar, "The National Movement to Halt the Spread of Multifamily Housing, 1890 – 1926," *Journal of the American Planning Association*, Winter 1992, pages 39 -48; Elmer S. Forbes, "Housing Conditions in Small Towns," *Proceedings of the First National Conference on Housing:1911*, pages 71 – 72; *City of Bismarck v. Hughes*, 208 N. W. 711, quote on page 717; Lawrence Veiller, "Protecting Residential Districts," *Proceedings of the Sixth National Conference on City Planning:1914*, pages 103 – 104; *City of Jackson v. McPherson*, 138 S. E. 604; Otto W. Davis, "Shall We Encourage or Discourage the Apartment House?" *Proceedings of the Fifth National Conference on Housing:1915*, pages 334, 345; *Proceedings of the Third National Conference on Housing:1913*, page 213; *City of Youngstown v. Kahn Bros. Bldg. Co.*, 148 N. W. 842.

独栋房，尤其是带木框架和瓦屋顶的那些，更容易引发火灾。但在中产和上层中产美国人中，艾伦法官属于少数派。

虽然艾伦法官并不认可，但许多美国人认为公寓楼对公共道德构成威胁。（艾伦写道，他们认为，"住在公寓楼里的人本身就没有那些住在独栋房里的人品行端正"。）这一信念是基于一种假设，即道德取决于隐私。威尔牧师指出，隐私只有在独栋房中才有可能，这种房屋"位于一个神圣的围墙内""相互独立，既不受俯瞰也不被偷听"。威尔问道，在这样一幢建筑中，"钢琴弹奏声、母亲责骂声、孩子哭泣声以及每位客人出入响动都从一道薄墙里传出"，一个家庭如何能够维护隐私？缺乏隐私的地方，道德就会沦丧，宾夕法尼亚社会服务学院（Pennsylvania School for Social Services）院长伯纳德·J. 纽曼（Bernard J. Newman）这样写道。在这些地方，男人们沉湎于酗酒、赌博和滥交。家庭不再上教堂。离婚夫妇数量惊人。出生率下降，这被一位公寓楼批评人士称为"种族自杀"的征兆。（很讽刺的是，那些同样谴责公寓楼缺乏隐私的批评人士抱怨说，由于能够隐姓埋名，公寓楼里卖淫嫖娼滋生。公寓楼为"那些［寻求］不道德行为的淫荡男女打掩护"。）历史学家格温德琳·赖特（Gwendolyn Wright）指出，公寓楼沦为19世纪末20世纪初许多最紧迫社会问题的替罪羊。①

---

① *City of Youngstown v. Kahn Bros. Bldg. Co.*, 148 N. W. 842, quote on page 845; Ware, *Home Life*, pages 15–16; Bernard J. Newman, "Shall We Encourage or Discourage the Apartment House?" *Proceedings of the Fifth National Conference on Housing: 1915*, pages 158–159; Davis, "Shall We Encourage or Discourage the Apartment House?" pages 336–337; Gwendolyn Wright, *Building the Dream: A Social History of Housing in America* (New York, 1981), page 151.

许多美国人还发现公寓楼在其他方面令人反感。批评人士抨击,公寓楼丑陋不堪,和工厂、军队营房一样毫无吸引力。城市规划师哈兰·巴塞洛缪说,普通公寓不创造价值,而是吸纳价值,这种价值建立在只有独户或双户家庭住宅社区的和平、安静和新鲜空气的基础上。最糟糕的是,公寓楼招引了不良人群。正如纽约州上诉法院的弗朗西斯·P. 芬奇(Francis P. Finch)法官所说,公寓房"将不断变化的流动人口汇聚到同一屋檐下,他们没有任何所有权,除了个人舒适和即时需要之外,什么也不关心"。公寓楼里住满了租客,哈佛大学校长查尔斯·W. 艾略特(Charles W. Eliot)说:"租客们是一群流浪者。那些今天还在这里、明天就要离开的家庭,他们在镇上没有固定居住点,对镇上事务毫无兴趣。"(一个费城人说,对一幢 15 层高公寓楼的居民来说,他们不在乎街道和人行道是否得到妥善清洁,或者灰烬和垃圾是否得到及时清理,遑论城市是否治理良好。)出于他们的流浪特质,公寓楼的居民在住宅区不受欢迎。J. C. 尼科尔斯说,当他们搬进来时,居民们会认为社区正在走下坡路。①

1925 年,加利福尼亚州最高法院的托马斯·J. 列侬

---

① *Brendonwood* (1920), a pamphlet in the Loeb Library; Otto W. Davis, "How Can We Keep Our City a City of Homes?" *Proceedings of the Third National Conference on Housing: 1913*, page 208; Walter Firey, *Land Use in Central Boston* (Cambridge, 1946), page 277; *Lewis v. Gollner*, 29 N. E. 81; Forbes, "Housing Conditions in Small Towns," page 72; *Proceedings of the Third National Conference on Housing: 1913*, page 347; *State v. Houghton*, 176 N. W. 159; *Third Annual Conference*, pages 546–547.

(Thomas J. Lennon)法官写道,许多美国人"觉得公寓、单元房或酒店生活必不可少,或者更舒适"。许多家庭享受着一种"公寓、单元房和酒店的理想家居生活"。许多住在独栋房的家庭都被"离心离德"所困扰。尽管如此,列侬声称,多户住宅存在许多严重弊端,以至于"一种几乎普遍的情绪"在美国人之中形成,那就是:"单户住宅比公寓、酒店或单元房更利于增进和维系家庭生活。""我们认为,如果有选择的话,很少有人会故意选择在一个公寓楼住宅区而不是一个独栋房住宅区组建家庭和抚养孩子。"其他人的观点更为犀利。有人写道:"很难想象,一个真正的家窝藏在(这些)小小的鸽笼里,完全没有一家人之间自然、自由的交流。"另一位说,即使是在"高级廉租公寓"里,大家都一直在外面奔忙。"几乎没有家庭生活,家庭成员之间的纽带不复存在。"套用这个逻辑,尽管结论牵强,许多美国人认为,一套公寓房,无论多么精心设计与匠心建造,都不是一个家,也不应当被误认为是一个家。"一个家,"有人说,"要么是一栋独立住宅,要么是一栋双户住宅——别无其他。"①

在住宅区即使只建一幢公寓楼也会引起极大关注。因为人们普遍认为,建起一幢公寓楼就会导致建起其他。一旦这样的情况发生,这个社区就完了。如同查尔斯·H. 切尼指出:

---

① *Miller v. Board of Public Works*, 234 P. 381, quotes on page 387; Wright, *Building the Dream*, pages 148 – 149; *Proceedings of the Fifth National Conference on Housing*:*1915*, page 348; Davis, "How Can We Keep Our City a City of Homes?" pages 207 – 208.

一旦一个街区的住宅被单元房和公寓楼侵入，之后， 159
几乎不会再建任何新的独栋房。它标示着变化，与之毗邻
的土地永远被投机者持有，以期获得商业回报，并且，通
常不考虑大部分只为安家而投资的毗邻业主的感受。

列侬法官对此表示同意。他声称，一幢公寓楼可能会提升相邻房产用作公寓楼的价值，但"会压低相邻房产用作住宅楼的价值"。奥姆斯特德兄弟公司也认同这一点，并建议沃尔特·H. 莱默特不要为公寓楼预留任何地块，理由是它们"会对旁边私人住宅区的价值产生极其不利的影响"。公司跟另一位客户说，如果他划出一部分土地用于建公寓楼，他"就应该下定决心，以类似方式开发剩余地产"。一言以蔽之，美国最高法院于1926年宣称："（在独栋房社区里）几乎成为妨害的公寓楼，在不同环境中，不仅完全无可非议，甚至非常受欢迎。"①

退缩线、建筑控制和围栏

有的地块划分商只禁止建独栋房以外的建筑。但是许多人

---

① Charles H. Cheney, "Removing Social Barriers by Zoning," *Survey*, May 22, 1920, page 277; *Miller v. Board of Public Works*, 234 P. 381, quote on page 387; *Third Annual Conference*, pages 534 – 535; John Charles Olmsted to Walter H. Leimert, June 28, 1917, Olmsted Records, Job File 5945; James Frederick Dawson to Walter H. Davis, March 17, 1920, Olmsted Records, Job File 6562; *Euclid v. Ambler*, 272 U. S. 365, quote on page 395.

也施加了一系列针对房屋选址、设计、景观美化等方面的限制，其中一些限制非常烦琐。这些限制性条款引发了一些有趣的问题，这些问题的答案揭示出19世纪末20世纪初曾弥散在郊区的许多忧虑。奥姆斯特德兄弟公司写道，比方说，为什么许多地块划分商要求房屋不仅要从地块的前线退缩——这是一种惯例，"在任何郊区都被公认为合情合理"——而且也要从后线和侧线退缩？① 为什么少数地块划分商竟然限制了房屋能占地多少？为什么很多地块划分商规定，在他们（或艺术或建筑评审委员会）批准设计方案之前，不能建房子，在某些情况下，甚至不能建车库和其他附属建筑？为什么有些地块划分商会指定建筑风格、材料类型、外墙颜色，甚至屋顶倾斜度？为什么许多地块划分商会对庭院进行限制，其中最值得关注的是对围栏的高度、特征和设计进行规定，少数情况下，甚至彻底禁建围栏？

　　这些限制中最不烦琐、最不具争议的一项，即退缩要求，是为两个紧密相关的目标而设。正如一位消息灵通的观察人士写道，普通郊区居民的"天性"是把自己的房子建得比邻居的更靠近马路，以欣赏到"沿街上下更美的风景"。这就产生了一条参差不齐（也不悦目）的建筑线，也只能在屋前留出一点点空间来种树和灌木，培植某位景观园艺权威所说的"一块完整的观赏草坪"，以及用作一个"修剪齐整"（即使不是特别有

---

① Olmsted Brothers to Messrs. Oldfield, Kirby & Gardner, November 5, 1908, Olmsted Records, Job File 3276.

用)的前院。奥姆斯特德兄弟建议乔尔·赫特,只有"让所有建筑与街道保持一定距离",至少25英尺,最好40到50英尺,地块划分商才能够约束房主。圣弗朗西斯伍德的开发商邓肯·麦克杜菲称,在大地块上实施退缩要求,使"整个地产看起来像是公园或私人庄园",在劳伦斯公园、高地公园,以及斯卡斯代尔庄园、帕洛斯福德庄园这样的分区中,这种做法非同小可。正如历史学家罗伯特·菲什曼所说,退缩要求使中产和上层中产居民产生了一种生活在公园里的错觉,但这种公园般的环境通常远超他们的经济实力。①

麦克杜菲写道,退缩要求也增强了"隐私感"。正如威尔牧师所强调的,没有什么比奥姆斯特德兄弟所说的"理想的隐私度"对健康家居生活更为重要的了。在他们看来,问题在于,普通的郊区居民,尤其是那些地块又窄又浅的居民,很可能会沿着地块侧线或后线建房。(例如,通常房主会尽量靠北建房子,"尽可能多地在自家土地上保留宜人的南向空间",但这样做会"对其北面的邻近地块带来严重损害"。)奥姆斯特德兄弟建议,在德鲁伊山,房屋的侧面和后方至少得预留5英尺,最好10英尺,在高地和由他们负责的其他分区得预留更多。如

---

① Fletcher Steele, compiler, "Restrictions on Land to Be Used for Suburban Residential Purposes," a memo dated February 1, 1913, pages 5 – 6, Loeb Library; Jackson, *Crabgrass Frontier*, pages 58 – 60; Olmsted Brothers to Joel Hurt, April 4, 1902, Olmsted Records, Job File 71; Duncan McDuffie to James F. Dawson, July 7, 1913, Olmsted Records, Job File 5658; Robert Fishman, *Bourgeois Utopias : The Rise and Fall of Suburbia* (New York, 1987), pages 146 – 147.

果没有侧面和后方的退缩规定，郊区的房屋将紧密相连。不久后，它们周边的开放空间只会比波士顿、纽约和费城的联排别墅多一丁点。与邻居住得太近，用奥姆斯特德兄弟的话说，自家房子和庭院在邻居的窗户下"一览无余"，郊区居民和城市居民同样没有隐私可言。① 难怪，大多数郊区居民都支持退缩要求。

远比退缩要求烦琐和更具争议的是建筑控制。直到20世纪10年代和20年代，在大多数其他限制已经实施很久之后，它才流行开来。面对普遍反对，是什么迫使地块划分商实施建筑控制？是什么导致他们得出结论：最低成本要求不足以确保建筑质量和建筑和谐？原因之一是，地块划分商们担心一些地块业主建造的房屋，用建筑师奥斯瓦尔德·C. 赫林的话来说，"设计平庸或怪异"——比例失调、轮廓粗俗且色彩耀眼，有碍观瞻。如果少数业主建了如记者 F. A. 库欣·史密斯（F. A. Cushing Smith）所说的建筑"怪胎"或"怪物"，甚至如 J. C. 尼科尔斯所说，如果他们"不经思考"就建了一栋设计糟糕的房屋，结果将是灾难性的。地块划分商们将很难售出剩余地块，或者不得不将它们降价出售。附近地价也会随之下跌。正如《帕洛斯福德公报》所说，"粗心或拙劣地运用颜色或线条"建成的丑陋房屋，"就像一个消防死角或一种有害产业，

---

① Duncan McDuffie to James F. Dawson, July 7, 1913, Olmsted Records, Job File 5658; Olmsted Brothers to Joel Hurt, April 4, 1902, Olmsted Records, Job File 71; Frederick Law Olmsted, "Deed Restrictions That Affect Houses in Planned Neighborhoods," *Architectural Record*, November 1940, page 33.

对小区房产价值构成极大威胁"。①

另一个原因是，地块划分商担心一些地块业主会建造设计精良但与社区不相协调的房屋。洛杉矶著名房地产商弗兰克·L. 梅林指出，即使是最低成本要求也不能阻止"善意的业主打下一栋伪意大利别墅的地基"，即使"在他隔壁 20 英尺之内，另一位有谋有略的建房者正在建造一座格鲁吉亚时期的殖民小屋；也许，一箭之遥，一幢深巧克力色西班牙式住宅即将竣工"。（或者，正如记者切斯特·S. 蔡斯［Chester S. Chase］所述，"地处春田柯罗尼山的一幢豪宅，和一栋用水泥块和隔板建成的平房一样不受欢迎。"）罗兰公园公司的秘书长小理查德·W. 马钱特写道，这样的建筑大杂烩会"破坏规划得最好的分区的整体布局"。约翰·查尔斯·奥姆斯特德对此表示同意。出于对帕洛斯福德项目长期福祉的考虑，他建议杰伊·劳耶不仅要求设计审查，还应将所有住宅限制在"单一的建筑风格和有限的外部建筑材料选择上"。"应避免千篇一律，"他向弗兰克·A. 范德利普的得力助手 W. H. 基尔南（W. H. Kiernan）解释道，"然而，过度多样性，尤其是常规做法（即允许每位业主在不考虑邻居已经或可能做什么的情况下建房）中明显缺乏和谐、没有美感的多样性，已经使我们的城市让所有聪明、

---

① F. A. Cushing Smith, "The Glory of Shaker Heights," *American Landscape Architecture*, July 1920, pages 21 – 26; J. C. Nichols, "Suburban Subdivisions with Community Features," *Proceedings of the General Sessions of the National Association of Real Estate Boards at the Seventeenth Annual Conference：1924*, page 18; *Palos Verdes Bulletin*, March 1929, page 7.

爱国的美国人蒙羞受愧。"①

为什么地块划分商会担心一些地块业主——他们中的大多数都是与自己一般的富裕美国人——会建造设计粗劣的房屋，或者即使设计精良，也与其他房屋格格不入？赫林说，答案是金钱和品位不一定相匹配，因为许多"举止粗野、没文化的村夫"品位粗俗却富甲一方。约翰·查尔斯·奥姆斯特德也为美国同胞们的低劣品位而烦恼，只好将问题归咎于国民性的严重缺陷。"我们只能很遗憾地说，"他致信劳耶，"经验表明，美国人在选择建筑风格时，通常没有表现出使他们在其他方面脱颖而出的智慧。"他在一次全国房地产商会议上说，大多数美国人都"没有敏锐的建筑鉴赏力"。梅林也这样认为。使问题更为复杂的是，一些人认为美国人生活中的过度个人主义，把人们引入歧途。如《科学美国人》②建筑版的编辑们在19世纪90年代中期写道："如果郊区建筑的规模、风格以及选址完全由建筑投机商或业主个人随意决定，那么，总体建筑效果很可能不相协调，有时甚至完全荒诞。"③

---

① Frank L. Meline, "Advantages of Architectural Harmony in Subdivisions," *Annals of Real Estate Practice*: 1925, volume 3, page 166; Chester S. Chase, "A Well Planned and Well Planted Community," *House Beautiful*, September 1926, page 267; Richard W. Marchant, Jr., to Charles A. Platt, December 30, 1902, Box 10, Roland Park Company Records; John Charles Olmsted to Jay Lawyer, March 24, 1914, and Olmsted Brothers to W. H. Kiernan, October 9, 1914, Olmsted Records, Job File 5950.

② 《科学美国人》(*Scientific American*) 是一本美国及全世界知名的科普杂志，创刊于1845年。——译者注

③ John Charles Olmsted to Jay Lawyer, March 20, 1914, Olmsted Records, Job File 5950; Meline, "Architectural Harmony," page 166; *Baltimore News*, May 6, 1896, Box 296, Roland Park Company Records.

比退缩要求和建筑控制更令人困惑的是对围栏（多数情况下，还有对墙和树篱）的限制。这些限制是美国人情感发生根本转变的结果。19世纪上半叶，美国人将一本波士顿杂志称为"耐用材质的牢固围栏"视为乡村景观不可或缺的一个特征，"毫无疑问，它们体现了勤俭节约和井然有序"。它们有助于管理流浪动物和离家出走儿童，保护隐私和家庭生活，并划定私人空间和公共空间之间的界线。但早在19世纪40年代，安德鲁·杰克逊·唐宁（Andrew Jackson Downing）就强烈反对传统观点。他写道，普通围栏令人憎恶，是因为"靠近住宅的围栏使整个地方显得逼仄而刻薄"。下一代郊区景观鉴赏权威弗兰克·J. 斯科特持同样观点。他在1870年写道，与其竖起一道围栏，郊区居民不如相信他们的邻居是"友善的绅士和女士，教养良好，大家都可以在不冒犯他人的情况下欣赏彼此的景致"。即便这样，如果要竖起围栏，他们应当记住，"最好的围栏，是那种最不容易被人看到，但又能看得最清楚的"。斯科特说，树篱曾经是"旧式园艺的原生态要素之一，如今，它们就跟西班牙修道院里带围墙的庭院和有栅栏的窗户一样，既荒诞又不文明"。一块"光滑、近乎修平的草皮"，他指的是一块修剪整齐但不设围栏、墙和树篱的草坪，"是迄今郊区住宅之美的最基本元素"。①

---

① John R. Stilgoe, *Common Landscape in America, 1550 – 1845* (New Haven, 1982), pages 191-192; Paul Groth, "Lot, Yard, and Garden: American Distinctions," *Landscape* (1990), pages 32-33; Philip Dole, "The Picket Fence at Home," in *Between Fences*, ed. Gregory K. Dreicer (Washington, D. C., 1996), page 33; David P. Handlin, *The American Home: Architecture and Society, 1815 – 1915* (Boston, 1979), pages 178 – 179; Frank J. Scott, *The Art of Beautifying Suburban Home Grounds of Small Extent* (New York, 1886), pages 51, 55, 107.

这些人当中,最坚决反对建围栏的莫过于纳撒尼尔·H.埃格斯顿(Nathaniel H. Egleston)了。埃格斯顿是康涅狄格州本地人,后来成为一名公理会牧师和热心的环保主义者,以及19世纪末20世纪初席卷美国的乡村改良运动的领导人。他于1878年首次出版了一本极具影响力的书《家及周边环境》(The Home and Its Surroundings)。在书中,埃格斯顿写道,围栏不仅使房屋和庭院丑陋不堪,而且还毁损整个社区的美感。"没有任何东西",他声称,"比我们常见的尖桩围栏更不雅观的了。比如,在房屋周围设置一系列尖桩围栏作为路障,仿佛每一个路过的行人或野兽都是敌人,必须加以防范。"在一度禁止牛和猪乱跑的时期,围栏也是"一笔不必要的开支"。埃格斯顿承认,美国人习惯于修建围栏。起初,他们觉得没有围栏就怅然若失。但是,一旦围栏被"一片美丽的草坪"所取代,他们就会意识到,这样更敞亮,也更美丽。"每位(居民),当他看向窗外时,视线会沿着一片远远超出自己土地范围的地面扫过。他可能只有一块50英尺或100英尺宽土地的合法所有权。然而,他似乎生活在比这大许多倍的土地上。瞧,邻居家的树、草皮和花好像自己家的一样。"埃格斯顿写道,这样带来的是"内心和情感的实际扩充,更亲密友好的友谊,以及对彼此日益加深的关注"。①

---

① Nathaniel H. Egleston, *The Home and Its Surroundings or Villages and Village Life* (New York, 1884), pages 134 – 136. On the village improvement movement, see Handlin, *The American Home*, pages 91 – 116.

"拆掉那些尖桩围栏，"埃格尔顿敦促他的美国同胞们。（有围栏时，他们得把花园移到别处，把木头堆到别人看不见的地方，还得铺设一块草坪，种上几棵树并培育一个花圃。）大家确实这样做了。在美国各地，一位观察人士于1903年写道，围栏"已经被拆除"，"在我们这里，无论大小，没有什么是大家看不到的"。（他称，英国和其他欧洲国家的不同之处在于，游客们在这些地方"除了石墙，看不到［房子里的］任何东西"。）近来，有那么多围栏被拆除，以至于现在很多人都在纳闷："为什么房主（曾经）如此顽固地竖起围墙。""这并不罕见，"另一名观察人士说，"看到整个社区没有任何类型的界线来标识一处房产的起点和终点。"由当地花园俱乐部和乡村改良协会领导的全国性运动的结果是，拆除围栏不仅能产生如马萨诸塞州公民联盟乡村改良委员会主席所说的"一片畅通无阻的迷人土地"，它还将前院和邻近街道变成"一种新空间"。正如一位学者在1990年写的："这是一种开放、畅通、公园般的空间，使人联想到上层中产人士的郊区生活。"①

对时人称为"近期美国热潮"的拆除围栏运动，一些美国人远没那么热衷。怀疑论者认为，围栏可以保护花园免受鸡、

---

① Egleston, *The Home and Its Surroundings*, pages 149–150; Julian R. Tinkham, "A Discussion of the Fence Problem: II. A Plea for Fences and Privacy," *Country Life in America*, September 1903, pages 326–327; L. H. Bailey, "A Discussion of the Fence Problem: I. The Philosophy of Fences," ibid., pages 324–325; Ernest Hemmings, "Hedges for the Country or *Suburban Estate*," *Suburban Life*, September 1907, page 276; Parris Thaxter Farwell, *Village Improvement* (New York, 1913), page 129; Groth, "Lot, Yard, and Garden," page 33.

狗和"别人家孩子"的侵扰。(《大西洋月刊》的一名编辑开玩笑地说,为防止"穿蓝色连体裤的短腿淘气包"破坏他的旱爪莲,业主打算在自己的小地块周边建一堵 10 英尺高的红砖墙,并在墙顶安上"一些破瓶子和一排钉子"。)除了解决邻里问题,一道漂亮且位置合适的围栏"使房屋显得高贵而完美",就像"一本旧书上的小金属闩,寓示着里面内容的珍贵"。最重要的是,怀疑论者强调,围栏增强了隐私感,有人写道:"隐私感是家庭生活最珍贵的珠宝。"另一位说,不仅是隐私感,还有隐居感,"对盎格鲁—撒克逊人的内心来说尤为珍贵"。怀疑论者坚持认为"一定程度的户外隐私是绝对必要的"。他们宣称:"对我们的民族性而言,最大的灾难莫过于对此漠不关心。"①

这样一来,地块划分商对围栏的矛盾态度就不足为奇了。与老奥姆斯特德一样,他们反对修建"无用的"围栏,特别是那些用约翰·查尔斯·奥姆斯特德的话来说,隔断了"一块连续、完整草坪"的围栏。有时,当少数业主竖起围栏,而其他人却不这样做时,这就产生了奥姆斯特德兄弟所说的美学"大杂烩"。(小奥姆斯特德对一名地块划分商说,他对"不设围栏"运动持保留意见,并奉劝另一名地块划分商,大多数围

---

① Steele, compiler, "Restrictions on Land," page 17; Mary Harrod Northend and Dorothy Loud, "A Plea for Fences," *House Beautiful*, February 1917, page 147; "On Our Fenceless State," *Atlantic Monthly*, August 1909, pages 283–284; Tinkham, "A Plea for Fences and Privacy," pages 326–327; Hemmings, "Hedges for the Country or Suburban Estate," page 276.

栏,无论多么"整洁、昂贵以及精心设计","除非被树叶遮蔽,否则,或多或少都很惹眼和难看"。)但是,就像老奥姆斯特德一样,地块划分商也很难确定所有围栏都是无用的。据他们所知,围栏确保了隐私。对此,E. H. 鲍顿指出,大多数郊区居民对围栏都有"非常坚定的意向"。(鲍顿补充道,通过竖起围栏或树篱,郊区居民可以获得一定程度的隐私,但这通常只能通过购买几英亩大的地块才能实现,但"[地块的]价格会让人望而却步"。)鲍顿指出,通过防止"一家的孩子闯入另一家的院落",围栏也有助于维系邻里和睦。他接着说,树篱也一样,即使是低至两英尺的树篱,在小地块上也不令人生厌。①

尽管存在这种矛盾态度,但一些地块划分商仍然禁建围栏。为了兼顾对开放空间的偏好和对维护隐私的热爱,大多数地块划分商选择对围栏进行监管。他们对围栏的类型、样式和位置加以限制。(少数情况下,限制还要求围栏必须通过设计审查,

---

① Frederick Law Olmsted to *American Gardner*, August 26, 1889, Frederick Law Olmsted Papers, Manuscript Division, Library of Congress (hereinafter cited as Olmsted Papers); Edward H. Bouton to Messrs. Stuart & Young, June 28, 1898, Box 291, Roland Park Company Records; *First Annual Conference*, pages b76 - b77; Olmsted Brothers to Joel Hurt, May 16, 1905, Olmsted Records, Job File 71; Olmsted Brothers to Walter H. Leimert, June 28, 1917, Olmsted Records, Job File 5945; Frederick Law Olmsted, Jr., to Edward H. Bouton, December 13, 1911, Olmsted Records, Job File 3721; Olmsted Brothers to Messrs. Oldfield, Kirby & Gardner, November 5, 1908, Olmsted Records, Job File 3276; Edward H. Bouton to James A. Burgess, September 11, 1908, Box 291, Roland Park Company Records.

并要求被树叶遮蔽,或被藤蔓覆盖。)更值得注意的是,地块划分商对围栏的高度进行限制。但是,这种做法有一个明显的例外。在用围栏遮蔽晾衣绳的地方,奥姆斯特德公司通常倾向于4英尺的最高值,但可以高至6或7英尺。(正如它向高地的地块划分商们解释的那样:"众目睽睽之下在公众、邻居或自己的房子、草坪或花园晾衣服,是原始野蛮的。有句老话告诫人们不要在公共场合晾晒脏衣服,洗过的衣服同样不该如此。")但即使是这些围栏——公司的另一个地块划分建议,也应该是"合适的格子围栏",被藤蔓覆盖或"被足够高的茂密常绿树篱遮掩"。① 对奥姆斯特德兄弟以及大多数地块划分商们而言,一根裸露的晾衣绳比一道被树叶遮蔽的六七英尺高的围栏更令人反感。

禁养鸡、兔子和其他家畜

在所有限制性契约中,没有哪一项比禁养家畜,尤其是对鸡(和其他家禽)和兔子的禁令更能让地块划分商迟疑不决。就连非常赞同禁养家畜的奥姆斯特德兄弟,也承认"许多有意购买者会强烈反对这一限制"。奥姆斯特德兄弟熟悉的一个典

---

① Steele, compiler, "Restrictions on Land," pages 17 – 19; H. V. H., "Land Subdivision Restrictions," *Landscape Architecture*, October 1925, table following page 54; Olmsted Brothers to Walter H. Leimert, June 28, 1917, Olmsted Records, Job File 5945; Olmsted Brothers to Messrs. Oldfield, Kirby & Gardner, November 5, 1908, Olmsted Records, Job File 3276.

型案例是 W. S. 基斯（W. S. Kies）。基斯是纽约市的一位银行家，有意在弗兰克·A. 范德利普的哈德逊河斯卡伯勒分区买地。在研读过奥姆斯特德兄弟拟定的限制后，他抱怨其对家畜的禁令过于严格。"不应该反对饲养家禽，"他对范德利普的代理人 H. J. 斯莱克（H. J. Slaker）说，"只要不是大规模饲养，而且鸡舍的位置也不会干扰到相邻地产。"（一名地块划分商不愿意禁止饲养家畜，不是出于市场原因，而是因为他的妻子。"我特别讨厌家禽，这种状态持续有 15 或 20 年了"，乔尔·赫特致信奥姆斯特德，"但另一方面，我太太十分喜欢养它们。"）尽管有这些担忧，但大多数上层中产地块的划分商，其中包括邓肯·麦克杜菲，都将鸡视为"可憎的妨害"，决定在契约中禁养包括从牛、猪到山羊、绵羊，甚至鸡和兔子的一切家畜。"如果我们（因为）这项限制失去了一些买家，"另一名地块划分商说，"但我们已经（从中）获利 10 倍。"①

这一决定令人困惑。到 19 世纪下半叶，人们普遍认为，在城市饲养家畜不合适，如果不是"几乎无法忍受的妨害"，那就应该加以管制，如有必要，应由当局禁止。但也有一种共识认为，在郊区饲养家畜是件好事。这种共识得到了地块划分商们的认同。迄今，几乎所有地块划分商都对限制家畜犹豫不决。

---

① Olmsted Brothers to Messrs. Oldfield, Kirby & Gardner, August 2, 1907, Olmsted Records, Job File 3276; W. S. Kies to H. J. Slaker, January 31, 1916, Olmsted Records, Job File 5816; Joel Hurt to Olmsted Brothers, May 13, 1905, Olmsted Records, Job File 71; *Second Annual Conference*, page 700; Steele, compiler, "Restrictions on Land," page 23.

170 （在一个罕见案例中，限制也只针对猪。）正如一名观察人士在1867年写道，一个搬到郊区的人，很快就会考虑要买一头猪、一头奶牛和一些鸡——猪可以吃掉"花园里的杂草"，奶牛可以"为长身体的孩子们供给鲜嫩的食物"，鸡可以"供应每天早餐的新鲜鸡蛋"。历史学家约翰·R. 斯蒂戈指出，人们普遍认为，饲养家畜使人精神振奋。正如安德鲁·杰克逊·唐宁所写："要在一个没有'鸡'的乡下教养一名男孩，岂不是回到半野蛮状态了。"家庭生活权威人士凯瑟琳·E. 比彻（Catharine E. Beecher）和她的妹妹哈里特·比彻·斯托（Harriet Beecher Stowe）（斯托夫人以《汤姆叔叔的小屋》一书享有盛名），也认同这一观点。她们认为，让孩子们照料马、奶牛和其他家畜，"饲养它们，保护它们免受伤害和疾病"，没有比这更好的方式来让孩子们习得责任感了。①

整个19世纪晚期乃至到20世纪初，这种共识仍颇具影响力。到那时，众所周知，几乎没有郊区居民有地饲养奶牛或其他牲畜，但正如新教徒牧师弗朗西斯·E. 克拉克（Francis E. Clark）在1907年写的那样，即使在"最狭小的"地块上，"也容得下一对兔子和几只矮脚鸡"。支持者们坚称，即使规模很

---

① *City of St. Louis v. Stern*, 3 Mo. App. 48, quote on page 49; *In re Linehan*, 72 Cal. 114; *Sharp v. Ropes*, 110 Mass. 381; Donald Grant Mitchell, *Out-of-Town Places: With Hints for Their Improvement* (New York, 1884), pages 40, 63; John R. Stilgoe, *Metropolitan Corridor: Railroads and the American Scene* (New Haven, 1983), page 271; Catharine E. Beecher and Harriet Beecher Stowe, *The American Woman's Home* (New York, 1869), chapter 34.

小，家畜养殖也是值得的。假如一个家庭消费鸡蛋和肉，这就减少了开支；如果将鸡蛋和肉卖给邻居或本地杂货店，这就产生了收入，以支付通勤费用（可能还包括地块费）。克拉克说，家畜养殖也具有教育意义。"一个小男孩，能从这些有羽毛的两足动物身上学到多少广博的知识！"他写道，"它们教会他数学、经济学、卫生学和其他许多我不知道的基础科学知识。"支持者们指出，家畜养殖给了家庭成员"一个共同的兴趣目标"。同时，当它通过充分的体力劳动使商人或专业人士在过度用脑后稍事休息，通过充分的智力劳动抖擞其精神，还为神经衰弱的上班族纾解压力。它为家庭主妇提供了一种赚零花钱的方式，给孩子们"一个机会"，用斯蒂戈的话来说，"以体验农场生活责任感"。在第一次世界大战期间，在郊区土地上养鸡和兔子，在胜利花园（Victory Garden）里种蔬菜也被认为是爱国的。①

随着食品价格上涨，这些观点催生了斯蒂戈所称的"伟大的郊区家禽饲养热"。不久，郊区就有了成千上万甚至数百万个鸡舍、鸡棚和兔笼。风潮在每个地区和社会阶层中广泛流行开来。一个极端是巨富们，其中包括亨利·霍华德·休斯顿在

---

① Francis E. Clark, "Why I Chose a Suburban Home," *Suburban Life*, April 1907, pages 187–189; Stilgoe, *Metropolitan Corridor*, pages 273–277; H. S. Babcock, "Poultry Breeding in the United States," *Outing*, October 1900, page 44; E. I. Farrington, "Poultry-Yard Patriotism," *Countryside Magazine and Suburban Life*, June 1917, page 316; Henry Lowe, "Rabbit Raising for War-Time Food," *Illustrated World*, July 1918, pages 737–741.

他位于费城栗树山（Chestnut Hill）的一个占地52英亩的庄园中，建有一个鹿园、几个菜园和一个饲养着奶牛、猪、马、鸡和其他家畜的小农场。另一极端是工薪阶层，其中许多是第一代和第二代移民，他们养鸡、兔子和鸽子，甚至在南门和家庭花园这样的洛杉矶郊区饲养山羊、奶牛和骡子。居中的是中产和上层中产家庭，他们住在切维蔡斯这样的郊区。一位居民后来回忆道，早些年，"几乎每家每户都养鸡"。不少中低收入地段的地块划分商们充分意识到了这股风潮，他们都强调，自己的地块足够大，不仅可以种植蔬菜和水果，还可以饲养鸡和兔子。如同一则广告所说："一个普通六口之家需消费的所有水果、蔬菜、兔子、家禽等，都可以（在您自家的土地上）生产出来。"另一则广告称："家禽、水果和蔬菜的收入使您可以很轻松地支付地块费用，并为您每年增收600到1000美元。"①

为什么邓肯·麦克杜菲认为家禽养殖"不适合我们正在建设的此类分区"？为什么沃尔特·H.莱默特和约翰·诺斯·威利斯一起把鸡舍、兔笼、猪圈、养牛场与屠宰场、采石场、铸造厂和火葬场归为一类？换言之，为什么这么多上层中产地块的划分商禁止业主饲养牲畜、家禽和兔子，某些情况下，还禁养鸽子和"吵闹"的鹦鹉？（的确有一些明显的例外。比如乔

---

① Stilgoe, *Metropolitan Corridor*, pages 273–277; David R. Contosta, *Suburb in the City: Chestnut Hill, Philadelphia, 1850–1920* (Columbus, Ohio, 1992), pages 97–98; Johanna Von Wagner to Frederick Law Olmsted, January 29, 1912, Olmsted Records, Job File 5354; *Washington Post*, February 15, 1999; Nicolaides, *My Blue Heaven*, pages 17–18, 26–35; *Los Angeles Times*, April 29, 1923.

尔·赫特和罗伯特·杰米森没有禁养家畜。爱德华·H. 鲍顿在罗兰公园不禁养除猪以外的动物；直到细分吉尔福德之后，他才将禁令扩大到所有牲畜和家禽。但许多没有禁养家畜的地块划分商对此施加了其他限制。例如，在高地，居民可以养牛——尽管不是猪或家禽，但前提是他们得有一片至少五英亩大的土地，这意味着至少得有两块或更多块地，并确保牛"经过严格筛选"。在长岛大颈的一个奢华分区阿瓦隆[Avalon]，可以饲养家畜，但必须征得业主协会的同意，而且只有"在高级住宅区里品位不俗"、不会让邻居觉得"难看或令人反感"，才允许建家禽养殖场之类。)①

据奥姆斯特德兄弟和其他美国人的说法，家畜应该远离郊区，因为它们会招致害虫，造成严重破坏，并制造大量噪音。奥姆斯特德兄弟称，苍蝇会在奶牛粪便中滋生，然后将"细菌带到食物和其他可能进入人类系统的东西上"。(罗兰公园的一位居民补充道，牛棚和马厩也是"老鼠的繁殖地"。)住在"高档郊区"的人们应该受到保护，免受"此类恶心和不卫生事物的滋扰"。奥姆斯特德兄弟写道，鸡和其他家禽时不时被放养，闯入邻居家的地。罗兰公园的另一位居民说，它们会把蔬菜和花的种子刨出来，不然就"自己制造麻烦"。最要命的是，家畜会在最不应该的时候发出噪音。真烦人，奥姆斯特德兄弟写

---

① *Second Annual Conference*, page 699; *Hycliff Standards [:] A Declaration of Protections and Restrictions for Hycliff*, Section Two (1929), page 8; H. V. H. "Land Subdivision Restrictions," table following page 54; deed from Walter W. Davis and Hallie K. Davis to an unidentified buyer, May 14, 1927, Loeb Library.

道:"一大早就被一只雄鸡的打鸣吵醒"。此言不虚。20世纪20年代末,一位居民给《洛杉矶记录》(Los Angeles Record)写信抱怨,在他土地的这一端,是山羊、兔子、小鸡、公鸡、狗和几内亚母鸡,另一端是小鸡和公鸡。"这些公鸡和山羊整夜啼叫,使得人凌晨一点半以后根本无法入睡。"按法律规定,牲畜必须远离他家20英尺。"但这对那些一个街区(外)就能听到打鸣的公鸡来说,这根本算不了什么。""噢,"他哀叹道,"要是有道法律来阻止鸡鸣羊唤就好了!"①

正如奥姆斯特德兄弟建议地块划分商的那样,还有两个原因禁止饲养家畜。原因之一是为了使分区对未来买家更具吸引力。奥姆斯特德兄弟相信,如果不能饲养家畜,某些人可能会被吓跑,但是如果邻居可以饲养家畜,可能更多人会被吓跑。一名居住在罗兰公园的律师亚瑟·D.福斯特(Arthur D. Foster)表达了对未来买家们的感受。他在1915年写道:"虽然我可能喜欢养鸡,并且在我的土地上有足够空间来养鸡。但我知道,我的邻居可能更喜欢养鸭或几内亚母鸡。所以,为了确保一个安静祥和的社区,我完全乐意放弃养鸡给我带来的乐趣。"另一个实施禁令的原因是防止居民之间的冲突。正如约翰·查尔斯·奥姆斯特德在1907年对高地居民说的那样:"在面积相对较小的郊区地块饲养家禽和猪,是导致邻里不满和争执的主要

---

① Foster, "Decentralization of Los Angeles," page 38. See also Olmsted Brothers to Messrs. Oldfield, Kirby & Gardner, November 5, 1908, Olmsted Records, Job File 3276; *Baltimore Sun*, May 30, 1915; John Charles Olmsted to H. J. Slaker, February 28, 1916, Olmsted Records, Job File 5816.

原因。""就在几天前,"他写道,"我看到一篇报道,有个律师射杀了邻居的一只公鸡。"公鸡的主人大为光火,一开始只是邻居之间的争吵,最终却成了一场恶毒的官司。①

奥姆斯特德兄弟知道,许多美国富人早餐想吃新鲜鸡蛋(晚餐可能是鲜宰肉)。他们也清楚,其中许多人乐于饲养家畜(或者,更有可能是看着妻儿们饲养它们)。但是,奥姆斯特德兄弟认为,如果地块划分商对饲养家畜实施禁令,这些美国人还有其他选择。正如约翰·查尔斯·奥姆斯特向 H. J. 斯莱克建议的那样,任何一个想住在禁养家畜的哈德逊河斯卡伯勒的人,"可以在街对面或稍远的地方买块地,在那里,他可以饲养家畜而不会干扰到这个特殊社区(的居民)。"也许,没有什么比奥姆斯特德兄弟在1907年写给高地地块划分商的一封信更清楚地表明他们的立场的了。他们在信中强调,从长远来看,一项对家畜的禁令将"显著提升剩余土地的价值",他们接着说,"想要饲养家畜的人有两个选择:要么,他们可以购买一块5英亩或更大面积的地,这样一来,饲养家畜对依规划住在相邻地块的居民来说不太可能产生反感;或者,他们可以在高地附近购买不受限地块,在此安置园丁或杂工照料家畜,以为全家供应鸡肉和新鲜鸡蛋。"②

---

① Olmsted Brothers to Joel Hurt, October 18, 1902, Olmsted Records, Job File 71; Baltimore *Sun*, May 9, 1915; John Charles Olmsted to J. H. Oldfield, May 21, 1907, Olmsted Records, Job File 3276.

② Olmsted Brothers to Messrs. Oldfield, Kirby & Gardner, August 2, 1907, Olmsted Records, Job File 3276. See also John Charles Olmsted to J. H. Oldfield, May 21, 1907, Olmsted Records, Job File 3276; John Charles Olmsted to H. J. Slaker, February 28, 1916, Olmsted Records, Job File 5816.

毫无疑问，许多美国人认为家畜是一种妨害。但也毋庸置疑，许多人认为家庭宠物使人反感。巴尔的摩的一位医生声称，狗对公共卫生构成威胁，就像猪在城市或郊区不合时宜一样。它们翻遍垃圾桶，使垃圾随风飘散。更糟糕的是"你永远不知道一只狗什么时候会咬你"，它们可能传播狂犬病（甚至白喉和猩红热）。罗兰公园的一位居民说，就像鸡一样，狗在附近的花园里挖洞，毁坏邻居家一排排"多汁的甜菜和西红柿"和"纤脆的生菜和西芹"，更不用说灌木丛和花卉了。另一名罗兰公园的居民抱怨道，最近有一只狗来到他家，"以追赶我的小母鸡们为乐，顺便咬死了两只；追逐每一个从小巷出来去上学的孩子，还在这里待了整整半天，恐吓社区居民"。社区通讯《罗兰公园评论》写道，许多居民对表现乖巧、性情温驯的狗有着"温暖的同情和怜悯"。但是，任何一个在"凌晨"时分被"马路对面长时间的号叫，接着是一声回应的咆哮，然后是一片不和谐的尖叫声"吵醒的人，很可能希望"能用暴力手段让这个物种从地表彻底消失"。①

罗兰公园的另一位居民说，猫比狗更可恶。它们每年捕杀太多鸟类，以至于"我担心，罗兰公园里所有美丽的鸟类很快就会消失，这些鸟类一直是这里春夏季的景观之一"。（他也不喜欢狗，"但有一件事它们是做对了——它们偶尔咬死一只猫，从而拯救许多鸟类，有时是一些小母鸡的生命，也挽救了某人

---

① *Roland Park Review*, March 1909, page 7, April 1909, page 4, June 1909, page 12.

美丽的花园"。)援引《罗兰公园评论》一位专家的说法,猫"不仅杀死鸟类,(也)破坏和平"。在"管理良好"的社区,他所说的"夜间猫叫"是不被允许的。"一个人,"他补充道,"没有任何权利迫使邻居遭受猫的干扰,就像没有权利迫使邻居遭受山羊、兔子或其他任何妨害的干扰一样。"《罗兰公园评论》对此表示赞同。是时候消灭猫了,它声称"猫出自一个凶残无情的族群。尽管已经被驯化了数百年,但每当一种更小或更弱的生物靠近它们时,它们的捕食本能就会显现出来。"除了鸟类,它们还捕食花栗鼠、兔子和其他"能让人想到的大自然中自由自在的可爱动物"。"我们非常愿意承认'猫咪有她自己的居所',而且,它是一种有用和有价值的动物。"《罗兰公园评论》写道,"但我们认为,罗兰公园不应该成为她的一处居所。"①

罗兰公园的一位居民取笑反对家庭宠物的运动,他称,是时候从反猫反狗转为反松鼠了。他指出,这些"小坏蛋""把坚果和果壳的碎片散落在我们引以为傲的光滑人行道上",他写道,"在我们的高级郊区",没有它们的容身之所。它们也很危险。"就在去年秋天,一位可亲可敬的老太太被一颗山核桃砸到帽子,吓到近乎歇斯底里,这是由一只漫不经心的小松鼠从它那抓握不牢的爪子里漏下来的。""下个月,如果《罗兰公园评论》能提供足够版面的话,我希望讨论鸽子和人类婴儿的

---

① *Roland Park Review*, April 1909, pages 3 - 4, May 1909, page 6, August 1909, page 6, April 1911, page 2.

话题，因为二者在我们的专属郊区里似乎过于普遍了。"但是，对家庭宠物的敌意可不是闹着玩的。令宠物主人沮丧的是，罗兰公园的另一位居民建议，对付吠狗的方法是投出"一大块'用有效毒药腌制的多汁肉'"。（几年后，有人的确毒死了六条狗，它们全部是家庭宠物，而非流浪狗。）与此同时，《罗兰公园评论》指导读者如何诱捕猫，以及将无人认领的猫带至何处将其窒息致死。不久，马里兰州防止虐待动物协会（Maryland Society for the Prevention of Cruelty to Animals）指控罗兰公园的居民把流浪猫塞进袋子里淹死，此举被协会秘书长谴责为"大规模的非法屠杀"。①

争议是如此之激烈，以至于罗兰公园市民联盟（Roland Park Civic League）觉得有必要成立一个特别委员会来处理此事。为了在宠物主人和他们的反对者之间找到一个折中方案，委员会强调，自己无意向家庭宠物开战。"关于养（它们）的可行性，可能存在明显分歧。但我们承认，它们的主人拥有必须得到尊重的权利。"它还对此进行区分：家庭宠物，应当被善待；"无家可归的，四处游荡的，孤独流浪的，不论是猫还是狗，都不应当被善待。为解决这个问题，它敦促宠物主人在猫的脖子上挂个铃铛。它写道，"（铃铛）能起到双重作用"。"它可以保护猫不受捕猫者的伤害，也能保护鸟类不受猫的袭

---

① James W. Waesche, *Crowning the Gravelly Hill: A History of the Roland Park-Guilford-Homeland District* (Baltimore, 1987), page 73; *Roland Park Review*, March 1909, page 7, May 1910, pages 2–3, March 1916, page 6.

击。"其他居民倾向于采取更严厉的措施。有些人,甚至一些人认为,尽管有些"亵渎",将狗这种"其忠诚已经在一百个例子中被验证过的人类的朋友"与猪归为一类。他们允许在罗兰公园饲养宠物,但前提是它们不能到处乱跑。另一些人则希望它们被送到动物收容所,或者送到乡下。还有一些人更愿意处理掉他们——若有可能,以人道的方式;否则,采取任何必要的手段。①

乔尔·赫特是众多向奥姆斯特德兄弟寻求限制建议的地块划分商之一。他知道,虽然有的狗表现温驯,但用奥姆斯特德的话说,其他的狗是"无休止的骚扰",它们经常在"不合时宜"的时间狂吠,以及"跑来跑去,挖花坛,追赶别人家的宠物猫之类"。其他地块划分商也这样认为。但是也有极少数例外,其中一个允许"不凶的狗",奥姆斯特德写道,另一个规定"一般禁止养狗,但只要狗不惹人厌,就可以养",地块划分商们没有对狗施加限制。或者,就此而言,对猫的做法也差不多。一个典型例子是 H. S. 基塞尔,他是一位中西部重要地块划分商。尽管他知道"人们喜欢猫",但他相信大多数人"更喜欢鸟"。因此,每年他都会向里奇伍德(Ridgewood)的居民发出一则"**驱猫**"通知,里奇伍德是基塞尔位于俄亥俄州春田市的一个时尚分区。"如果社区里有一只猫,"通知警告,"想让鸟儿在您的灌木丛里筑巢几乎是不可能的。"但基塞尔只

---

① *Roland Park Review*, March 1909, page 7, April 1909, page 4, August 1909, page 6, January 1910, page 5, May 1910, pages 2–3.

做了这些。他没有禁止居民养猫,更没有施加限制禁止它们。(显然,有这则通知已然足够。"这片区域有 200 户人家,"他说,"但没有一只猫。")①

那么,为什么许多重要的地块划分商对家畜施加了限制,对家庭宠物却没有?为什么,比方说,A. D. 哈利维尔(A. D. Halliwell),开发海克利夫(康涅狄格州斯坦福德的一个专属分区)的公司负责人,在其分区禁养家禽、家畜,却只禁养恶狗,不禁养猫?为什么这些地块划分商认为,用奥姆斯特德的话说,这些限制措施对待家庭宠物应当比对待家畜"更温和"?② 答案在于,一方面,在 20 世纪,比起鸡和兔子,美国富人更有可能养狗和猫。奥姆斯特德指出,对他们中的大多数人而言,邻居家的家庭宠物通常不如家畜那般令人反感。宠物主人对猫狗的感情通常比家禽养殖户对鸡鸭的感情要深,因为鸡鸭迟早会被做成菜肴端上餐桌。另一方面,对于那些想要养殖家禽的农民而言,他们在明知不能在此养鸡养兔的情况下买块地是一回事,而宠物主人买下地,却得知自己要将家里的狗或猫丢弃,就完全是另一回事了。正如地块划分商所看到的,对家畜的禁令会吓跑一些准买家,但对家庭宠物的禁令则会赶

---

① Olmsted Brothers to Joel Hurt, May 16, 1905, Olmsted Records, Job File 71; *Hycliff Standards*, page 8; Olmsted Brothers to William H. Graf[f]lin, March 22, 1909, Job File 3391; Henry S. Kissell, "Community Features for Suburbs," *Annals of Real Estate Practice*:*1925*, volume 3, pages 128 – 129.

② *Hycliff Standards*, page 8; Olmsted Brothers to Joel Hurt, May 16, 1905, Olmsted Records, Job File 71.

走更多准买家。在处理这个问题时,地块划分商必须始终牢记:限制越严格,市场就越局限。

另一方面,直到20世纪初,大多数美国人才逐渐相信家禽养殖和其他形式的畜牧业在某些地方是合适的,但罗兰公园、圣弗朗西斯伍德和德文郡唐斯不在其中。人们普遍认为,这些活动在工薪阶层郊区并不令人反感。许多第一代和第二代移民搬到这些地方,不是被历史学家贝基·尼古莱德斯所说的"浪漫田园美感"所吸引,而是出自日复一日为生存的奔波劳碌。通过饲养鸡、兔子、山羊和鸽子,以及出售后院的农产品,接收寄宿者,并在家里经营小本生意等,这些新来者创造了稳定的收入,有助于保护家庭免受市场经济波动的风险。但是上层中产郊区的居民不需要这些额外收入,他们也不想与这些人为邻。因此,在罗兰公园和其他时尚郊区,那些需要饲养家畜以维持生计的准买家是不受欢迎的。例如,1904年8月,E. C. 施赖弗(E. C. Shriver)给罗兰公园公司寄了一张手写(几乎看不清楚)明信片,询问公司是否有"足够大、适合养鸡和种植蔬菜"、每月租金不到18美元的房子。詹姆斯·E. 格林(James E. Green)代表公司,直率而不失礼貌地答复:"我们没有满足这些要求的房产可供租售。"①

人们普遍认为,家禽养殖和其他形式的畜牧业在乡下不令

---

① Nicolaides, *My Blue Heaven*, pages 13, 29, 33-34, 102; Johanna von Wagner to Frederick Law Olmsted, January 29, 1912, Olmsted Records, Job File 5354; *Los Angeles Times*, January 21, 1923; E. C. Shriver to Roland Park Company, August 1904; James E. Green to E. C. Shriver, August 17, 1904, Box 18, Roland Park Company Records.

人反感。罗兰公园的一位居民说,赞成饲养家畜可以有很多理由,但一个真想这样做的郊区居民"应该干脆搬到乡下去弄个小农场"。(约翰·查尔斯·奥姆斯特德也这样认为。如果一位郊区居民想要拥有他所说的"奢侈",即饲养家畜,生产自己的鸡蛋、牛奶和黄油,他应该在其他地方买个"小牧场"。)对于罗兰公园这种地方的居民来说,郊区不仅可以替代城市,也是乡村的另一选择。罗兰公园的另一位居民说,正如这些郊区富人不希望酒吧、加油站和公寓楼在社区拔地而起一样,他们也不希望社区里"猪、牛和鸡到处乱跑"。郊区之所以吸引他们,是因为它是天然的,而不是农业的。家畜在自然环境中格格不入,尽管是人造的自然环境。在奥姆斯特德兄弟设计的帕洛斯福德庄园,以及由他们父亲设计的中央公园里,它们也不合时宜。事实上,在奥姆斯特德担任公园主管期间,公园管理委员会(Board of Commissioners)不仅禁养奶牛、马、猪、山羊、绵羊和鹅,还禁止养狗,"但用长度不超过5英尺的链子或合适的狗绳(或皮带)牵着的狗除外"。①

油井、广告牌和对市场的恐惧

这么多限制措施的核心之义是,地块划分商及其潜在买家担心的远远不止鸡和兔子。意即,他们害怕在没有限制的情况

---

① Baltimore Sun, May 9 and 30, 1915; John Charles Olmsted to J. H. Oldfield, May 21, 1907, Olmsted Records, Job File 3276; Fourth Annual Report of the Board of Commissioners of the Central Park: 1861, pages 107-108.

下，即使是规划最好的地块也将遵循房地产市场的基本规律，即土地将永远得到最高最佳利用。最高最佳利用意味着利润最高。① 假设有人在不受限地段以 5000 美元的价格买下一块地。又假设几年后，在建房之前甚至房子建好之后，有人认为这是块建公寓楼、杂货店或加油站的好地，愿意出价 25000 美元买下它。根据房地产经济学家的说法，不管对附近地产有何影响，业主都会出售。为了防止人们把土地最高最佳地利用，地块划分商禁止他们以各种可能盈利但被指控为令人反感的方式使用这些土地。在这些尚未被讨论的方式中，包括钻探石油（和其他矿物）和悬挂广告牌（以及其他招牌）。

直到 20 世纪 20 年代，当美国生产全世界一半以上的石油时，很少城市（更少郊区）有油井。然而，也有例外，其中最引人注目的是洛杉矶。自 19 世纪 60 年代以来，探矿者一直在洛杉矶及周边地区开采"黑金"。到 19 世纪 80 年代末，大约有一百口油井在洛杉矶城外作业。19 世纪 90 年代早期，因卷入茶壶山丑闻案②而声名远播的爱德华·L. 多汉尼（Edward

---

① Hurd, *Principles of City Land Values*, page 77.

② 茶壶山丑闻案（Teapot Dome scandal），在美国历史上也称为石油储备地丑闻案或埃克尔山丑闻案，是 20 世纪 20 年代早期有时任内政部长亚伯特·B. 富尔（Albert B. Fall）秘密租赁联邦石油储备地的丑闻。当时，富尔接管了三个海军石油储备基地，但他不经公开招标，将这三个石油储备基地租给了私人石油公司承包。其中，怀俄明州的茶壶山租给了哈里·F. 辛克莱的猛犸象石油公司，加利福尼亚州的埃克尔山和波那维斯塔山租给了爱德华·L. 多汉尼的泛美石油公司。一时传言四起。1922—1923 年，参议员汤马思·詹姆士·华勒士负责调查此案。经过长达 6 年的调查与争论，富尔最后承认接受过石油公司的贿款。——译者注

L. Doheny),及其合伙人查尔斯·A. 坎菲尔德(Charles A. Canfield)在洛杉矶众多焦油坑之一开采石油。不久,多汉尼和其他人在附近的惠蒂尔(Whittier)和富勒顿(Fullerton)发现了石油。到1912年,大洛杉矶地区的石油年产量为440万桶。几年后,标准石油、壳牌石油、联合石油和其他大石油公司确信,该地区的石油只有一小部分已被开采。于是它们开始下沉油井。20世纪20年代初,他们在亨廷顿海滩(Huntington Beach)、信号山(Signal Hill)和圣塔菲泉(这三地曾被一位石油地质学家誉为"有史以来规模最大的矿产财富涌出地"),进行了大规模开采。到20世纪20年代中期,位于洛杉矶市中心东南偏南20—30英里处的一小块区域,每年生产数亿桶石油,约占全国石油产量的1/5。石油业取代农业成了加利福尼亚州的主导产业。①

当石油大量涌出时,记者阿尔伯特·W. 阿特伍德写道,"几十、几百甚至几十万"的投资者蜂拥而至,他们大多数"揣着钱"而来。有些人把钱花在土地"单位"(或股份)上,希冀这些土地上会有下一次大开采,而其利润将来自销售。他们把钱托付的给那些开发商,从彻头彻尾的骗子(据美国司法部调查员称,有的骗子在南加利福尼亚州一周能净赚10万美

---

① Fred W. Viehe, "Black Gold Suburbs: The Influence of the Extractive Industry on the Suburbanization of Los Angeles," *Journal of Urban History*, November 1981, pages 6, 11, 13; Dan La Botz, *Edward L. Doheny : Petroleum, Power, and Politics in the United States and Mexico* (New York, 1991), pages 10 – 11; Tygiel, *The Great Los Angeles Swindle*, pages 14 – 16, 25 – 35; Starr, *Material Dreams*, pages 85 – 87.

元）到合法探矿者，应有尽有。迄今，这些人当中，最浮夸的莫过于C. C. 朱利安（C. C. Julian）了。他的传记作者写道，他是"石油开发商之王"。为筹集资金，他对潜在投资者说，他在"美国最大油田的心脏地带"租了4英亩地。一旦开采出石油，投资者有望得到"每月不少于100%的回报"。其他投资者更愿意购买他们觉得有望成为下一次大开采地点的地块，其利润将来自土地使用费。不仅有信号山这种地方的少数大地主的故事启发着他们，也有许多像他们自己这样的普通老百姓的故事鼓舞着他们——比如理发师、有轨电车售票员，还有阿特伍德说的"靠小型养鸡场收入过活的寡妇"，他们碰巧在正确的时间、正确的地点拥有房产。另一位记者写道，众多人中，"经过多年的努力，他们终于拥有了一间小平房和一块25英尺土地的合法所有权，（然后）在星期二，他们发现，从星期一开始，他们每天的收入（来自石油开采费）就是100美元，或者3000美元，或者其他任何令人难以置信的数字"。①

许多地块划分商都渴望从石油地块的交易中获利。当风闻一个冒险商人开始钻探时，他们立即采取行动，在未来的油田附近开商店，买下荒废数年的土地，细分卷心菜地和甜菜地，然后挂上"待售石油地块"的牌子。为吸引潜在投资者来到此地，他们包租了从洛杉矶市中心（以及长滩和其他附近城市）

---

① Albert W. Atwood, "When the Oil Flood Is On," *Saturday Evening Post*, July 7, 1923, pages 4, 96; Tygiel, *The Great Los Angeles Swindle*, pages 36, 40–41, 50; Bruce Bliven, "Los Angeles: The City That Is Bacchanalian—In a Nice Way," *New Republic*, July 13, 1927, page 200.

出发的巴士。除了免费乘车,他们还提供免费午餐,通常是三明治、咖啡和饼干。历史学家朱尔斯·泰吉尔(Jules Tygiel)写道,在工地上,一些地块划分商搭建了帐篷,类似"巡回传教士的帐篷"。当地人称之为"吸油帐篷"。其他人干脆待在路边的汽车里操作。大多数销售人员也做了类似宣传。一位销售人员对阿特伍德和他的同事们说:"小伙子们,你们为什么不稳妥点,买一块 80 乘 20 英尺的好地儿,而不是石油股票或石油单位?你除了拥有这块土地,还得到了这块地底下所有的石油。全部只需 685 美元。"地块划分商们在广告中反复强调这一点。专注于石油地产的波特史密斯公司(Potter & Smith)称,位于洛杉矶市中心西南几英里处的西曼高地(West-man Heights)已出租给了一家大型石油公司。如果开采到石油,投资者将共享土地使用费;如果没有,投资者就拥有了一块肯定会升值的宅地。塔夫特地产(Taft Realty)称,离圣莫尼卡不远的日落高地(Sunset Heights),供应"拥有巨大**石油**潜力的甄选海景地块!"①

随着卷心菜田变成油田,或者换个说法,随着地块业主把土地最高最佳地利用,土地价值飙升。对许多地块业主而言,这是一笔意外之财,其数额之高,令人瞠目结舌。但住在油田附近的那些业主为开采(以及随之而来席卷洛杉矶的投机狂

---

① Upton Sinclair, *Oil*(New York, 1926), pages 24 – 25; Tygiel, *The Great Los Angeles Swindle*, pages 37 – 39; Albert W. Atwood, "Mad from Oil," *Saturday Evening Post*, July 14, 1923, pages 10 – 11, 94; *Los Angeles Times*, May 13, July 22, August 5, October 21, 1923.

热)付出了高昂代价。游客们发现,油田和地球上任何地方一样荒凉、嘈杂、有害和危险。这些井架,有时间距仅三四十英尺,它们摧毁景观、肃清房屋、树木和草坪。它们还发出可怕的噪音。小说家厄普顿·辛克莱(Upton Sinclair)在1926年写道:"日日夜夜,发动机不间歇地运转,巨大链条在拉动,转盘不断旋转,钻头噬咬岩石。"与噪音一样糟糕的是,一些居民称之为"有害的蒸汽、烟雾、难闻的气味、油烟(和)恶臭",非常令人讨厌(而且可能有毒)。油田也非常危险,尤其当机器承受高压,导致出现井喷、气孔、爆炸或间歇泉时。这些事故常常使油田着火,电线杆被掀翻,用阿特伍德的话来说,"在大片土地上喷出一片泥海"。有时候,钻井时钻到石油就更危险了。辛克莱写道:"突然,地球内部似乎从那个洞口喷涌而出;一根像尼亚加拉瀑布般咆哮和奔腾着的黑色圆柱射向空中,高达200英尺,250英尺——没有人能确切说出来——轰隆隆地落到地上,变为一团厚重、黑色、黏稠、滑溜的流体。"①

据观察人士称,油田外围的情况也没好到哪儿去。交通拥堵,路上不仅有满载木材和钻探设备的卡车,还有挤满了观光客的巴士。"**去看看圣塔菲泉的自喷井**"的报纸广告铺天盖地,成千上万的人参加了泰吉尔所说的"油田观光之旅"。辛克莱

---

① Sinclair, *Oil*, pages 24–25, 65. See also Atwood, "When the Oil Flood Is On," page 89; Martin R. Ansell, *Oil Baron of the Southwest: Edward L. Doheny and the Development of the Petroleum Industry in California and Mexico* (Columbus, Ohio, 1998), pages 30–31; Tygiel, *The Great Los Angeles Swindle*, page 27.

写道,游客们来到这里,看看井架,听听"重型钻机单调的研磨声"。幸运的话,他们可能会看到一口自喷井。除了油田,游客们还能参观帐篷城,这是西部繁荣小镇的油田版。泰吉尔写道,在那些满足油井工人需求的简易建筑里,有酒吧,在禁酒的沙漠中打造出"一片自由流动的绿洲";有妓院,用一位观察人士的话,这里的女孩子"像墙一般赤身裸体";还有赌场,满是老虎机、轮盘赌轮,还有扑克牌和21点纸牌桌。在一个地方,阿特伍德写道,投机商"某天以5000美元买进一英亩土地……第二天以30000美元卖掉"。一切都是待价而沽。"为什么有人要在(农田附近)建一幢体面的房子?"一部关于20世纪20年代洛杉矶的小说《推手》中一个角色问道。因为,"地底下可能有石油"。①

不同于波特史密斯公司和塔夫特地产,其他许多地块划分商,包括该地区最显赫的那些,都意识到了石油勘探的负面影响。尽管他们知道,石油的发现对一些地块业主来说可能是一座金矿,但他们也知道,这可能是给上层中产居住郊区敲响的丧钟。E. G. 刘易斯就是一个典型例子。从弗兰克·A. 范德利普手中买下帕洛斯福德之前,刘易斯曾在蒙大拿州、怀俄明州和加利福尼亚州恣意钻探。在启动帕洛斯福德项目后,他保留了位于长滩附近一块被称作"潘汉德尔"的半岛,用于石油勘

---

① Tygiel, *The Great Los Angeles Swindle*, pages 29, 39; Sinclair, *Oil*, pages 24 – 25; Atwood, "When the Oil Flood Is On," page 93; Mark Lee Luther, *The Boosters* (Indianapolis, 1923), pages 197 – 198.

探。他对投资者说,在它的地底,是"加利福尼亚州最大的油田之一",甚至比信号山还要大。但刘易斯在潘汉德尔钻探石油的同时,他禁止在帕洛斯福德庄园开采石油。他说,"太平洋海岸的里维拉(原文如此)"没有井架的位置,不论此地能产出多少石油。另一个典型例子是亨利·E. 亨廷顿,他是一名房地产和运输业大亨,也是大洛杉矶地区最大的地块划分商之一。亨廷顿在圣马力诺及其周边地区尤为活跃,他在他的许多上层中产分区禁止钻探。他还是1900年成立联合石油公司(Amalgamated Oil Company)的财团成员。财团买下了位于洛杉矶市中心西北3300英亩大的哈默尔和丹克牧场(Hamel and Denker ranch),并开始勘探石油。当发现石油储量不足时,1906年,联合石油公司被重组为罗迪欧土地和水务公司(Rodeo Land and Water Company)。公司细分了这块土地,并将它命名为比弗利山庄。这个富庶分区的许多严格限制之一是禁止地块业主(如爱德华·L. 多汉尼)开采石油和其他碳氢化合物。①

---

① Walter V. Woehlke, "The Champion Borrower of Them All," *Sunset Magazine*, November 1925, pages 27, 62; *Meetings of Underwriting Subscribers*, page 14; E. G. Lewis to Underwriting Subscribers, a memo dated February 5, 1925, Local History Collection, Palos Verdes Library District, Palos Verdes Estates, California; *Protective Restrictions*, *Palos Verdes Estates*, *Los Angeles*, *California* (1923), page 17; Indenture Between the Huntington Land and Water Company and Lester H. Luhnon and Elizabeth Clark Luhnon, July 3, 1925, Huntington Land Companies Files, which were once in the companies' office in San Marino, California, and, archivist Alan Jutzi tells me, are now in the Huntington Library, which is also in San Marino; Pierce E. Benedict and Don Kennedy, eds., *History of Beverly Hills* (Beverly Hills, 1934), part 1, pages 60 – 61; Rodeo Land and Water Company to E. L. Doheny, a deed dated June 8, 1914, Historical Collections, Beverly Hills Public Library, Beverly Hills, California.

在洛杉矶的地块划分商中，很少有人像阿尔芬佐·E. 贝尔（Alphonzo E. Bell）那样，拥有这么多与石油有关的亲身体验。贝尔于1875年出生在洛杉矶东部，他的父亲和叔叔都是大地主。1896年，他从叔叔那里继承了洛杉矶南部110英亩土地，随后，他将这块土地细分为5英亩（或更小）的许多地块。1908年，贝尔用这笔投资和其他项目的利润买下了圣塔菲泉附近150多英亩地。有一段时间，他满足于在地里种植紫花苜蓿、卷心菜、橘子树和柠檬树。但后来，他开始怀疑自己的地底下可能有石油。于是，他在1916年与标准石油（Standard Oil）、1917年与联合石油签署了租约。1921年10月30日，联合石油展开了史上规模最大的钻探之一，成就了贝尔的富翁梦。到年底，他一个月获得的土地使用费为2万至30万美元，这在当时是笔巨款。据一位经验丰富的石油商估算，他最终将获得至少600万美元，或者高达1200万到1500万美元的分红。当一次井喷引发熊熊大火，贝尔被迫搬家。随后，他举家搬进了豪华的比弗利山庄酒店，将原来的家改造成一家酒吧。用新赚得的财富，他从黛西·坎菲尔德（Daisy Canfield）及其合伙人爱德华·L. 多汉尼手中买下了洛杉矶山区1760英亩的土地。黛西是查尔斯·A. 坎菲尔德的女儿，也是杰克·丹泽格（Jake Danziger）的妻子。随后，贝尔着手将这块他命名为贝莱尔的地方打造成美国最高档的郊区之一。他斥巨资美化园林，甚至把公共设施埋到地底，当时很少有人这么做。他还实施了一系列严格限制，其中包括禁止钻探。通过实施这项禁令，贝尔确保没有人能在贝莱尔像他在圣塔菲泉所做的那样，亦即将土地最高最佳地利用。贝尔称,准买家不必担心石油井架会破坏这个"绅士庄园社区",也不必担心市场会毁掉这个"郊区至尊"。①

　　每一口油井,就可能有一千块广告牌。这是19世纪末20世纪初户外广告业迅猛发展的体现。它们曾经只能在少数地方看到,现在却随处可见,无论是在乡村道路还是城市街道上。这些广告如此常见,以至于在1906年,美国主要广告公司之一N. W. 艾耶(N. W. Ayer)估计,每天有3000万美国人看得到自己的广告牌。到1908年,全美的广告牌长达850万英尺,或1610英里,是纽约到芝加哥距离的一半。仅"风城"② 的广告牌就有50万英尺长,近100英里。广告牌曾经主要用于宣传怪诞秀和专利药,现在却被用来做林林总总的广告,从汽车到男士内衣,从麦片、肥皂到香烟、白酒,从箭牌(Wrigley)留兰香口香糖到塞西尔·B. 戴米尔(Cecil B. DeMille)的电影《十诫》③。广告牌曾经很小(而且相当不显眼),现在很多都异常巨大。李派林(Lea & Perrins)沿着朝向纽约港的防波堤,打出了一块伍斯特郡酱汁(Worcestershire Sauce)广告牌,全长

---

① John O. Pohlmann, "Alphonzo E. Bell: A Biography," part 1, *Southern California Quarterly*, September 1964, pages 197 – 222, and part 2, ibid., December 1964, pages 315 – 350; Tygiel, *The Great Los Angeles Swindle*, pages 25 – 28; Atwood, "When the Oil Flood Is On," pages 99, 101; Pacific Southwest Trust and Savings Bank to Susan Emma Beachy, a deed dated January 15, 1927, Bel-Air Association Files, Bel-Air, California; *Los Angeles Times*, October 28, December 16, 1923.

② "风城"(Windy City),美国芝加哥市的别称。——译者注

③ 《十诫》(The Ten Commandments),美国导演塞西尔·B. 戴米尔执导的剧情片,于1956年在美国上映。——译者注

0.4英里多。施利茨（Schlitz）在芝加哥的八个谷物升降机①上张贴啤酒广告，其中最大的一块占地约半英亩。在夜间照亮时代广场和美国城市其他"不夜街"（Great White Way）的电子（后来是霓虹）广告牌虽然没那么大，但更为壮观。②

画家埃默里·奥尔布赖特（Emory Albright）说，没人能摆脱得了广告牌。"清晨，当我们从家里出来的时候，它一直跟在我们左右……沿着小路两旁起舞……每次，当我们从有轨电车的车窗向外张望，它总是纠缠和刺激我们……跟随我们的汽车到乡下。"新罕布什尔州律师哈里·F. 莱克（Harry F. Lake）认可这一说法。"您可以选择是否看（一场不雅）演出，"他写道，但除非您闭着眼睛走路，您不能选择是否看广告。（他补充道："当看到这些建议和指令，关于我们应该穿的衣服，吸或嚼的烟草，最好喝的威士忌和啤酒，或者最坏的，因为去骨而应当吃的一种鳕鱼，纯度为99.44%、能漂浮起来的一种肥皂，那种能使工作效率提高一半的特殊早餐，开心时必须去的地方……实在是太讨厌了！"）小奥姆斯特德说："其颜色、形状和大小似乎都能响亮地喊出来，'我们在这里！您不能离开！

---

① 谷物升降机（grain elevator）是一种用来储存谷物并为最终装运做好准备的建筑，可能是一幢单独建筑物，也可能是一系列相互连接的建筑物。最早的谷物升降机出现在19世纪40年代的美国，到19世纪后半叶，这种建筑在美国中西部地区很常见。——译者注

② William H. Wilson, "The Billboard: Bane of the City Beautiful," *Journal of Urban History*, August 1987, pages 395 - 397; Quentin J. Schultze, "Legislating Morality: The Progressive Response to American Outdoor Advertising, 1900 - 1917," *Journal of Popular Culture*, Spring 1984, pages 37 - 38; Fogelson, *Downtown*, pages 191 - 192.

看这里！看这里！看这里！'"广告牌是"众多使生活紧张而疲惫的事物之中，又一个无必要和不受欢迎的小点"。①

广告牌的激增使许多美国人大为震惊，其中大多数是自诩为进步人士的中产和上层中产专业人士和商人。他们自己或通过美国公民协会（ACA, American Civic Association）、美国公园和户外艺术协会（APOAA, American Park and Outdoor Art Association），以及当地民间艺术协会对此发起了严厉控诉。历史学家威廉·H. 威尔逊（William H. Wilson）称，起诉书指控，广告牌不仅有碍美化城市和保护自然景观的持续努力，还败坏年轻人的道德观，引诱他们喝酒、抽烟、看恐怖剧和暴力色情电影。起诉书还指控，广告牌是公园、林荫大道、教堂和公共建筑的劫难，用威尔逊的话来说，这些地方本应为美国人提供一个"避风港"，使人们远离周边世俗和物欲横流的世界。它们也危害公共安全。用木头做的广告牌很可能会着火，火势蔓延到邻近建筑物；用铁做的广告牌，则可能倒在人行道上砸伤路人。广告牌甚至提供了一个完美场所，社会底层人士能在其背后做着时人所谓的"放荡和不道德的行为"。对批评人士而言，广告牌不仅有碍观瞻，它们也是一种妨害。如有可能，应

---

① Wilson, "The Billboard," pages 397 – 405; Schultze, "Legislating Morality," pages 38 – 42. See also W. L. Lawton, "Regulation of Outdoor Advertising," *Planning Problems of Town, City, and Region: Papers and Discussions at the Eighteenth National Conference on City Planning: 1926*, page 88; Everett L. Millard, "What Chambers of Commerce and Realtors Can Do to Help Abate the Billboard Nuisance," *American City*, March 1920, page 276.

予以禁止；否则，应予以严格管制。①

　　针对这些指控，户外广告业的发言人极力为广告牌辩护。他们将这些指控者奚落为"一小撮艺术爱好者""几个长发教授和短发女人"以及"一些精神不正常的美学家"。他们辩称，广告牌并不会有碍观瞻。往好里说，它们迷人、时尚、色彩缤纷，一位支持者说，它们是"一种美妙的艺术（形式）"；另一位说，它们是"一家穷人的美术馆"。最糟糕的情况下，它们也胜过那些，用威尔逊的话说，"到处都是垃圾和生锈罐子"的空地。一些广告牌"缺乏艺术感"，一位广告商承认，但很多房子都这样。"难道我们仅仅因为它们缺乏艺术感，就把这些绵延数英里的房子都铲平吗？"美国平版印刷公司（U. S. Lithograph Company）经理阿尔伯特·德·蒙特鲁津（Albert de Montluzin）认为，户外广告业在培育公众道德方面也卓有成效。它拒绝刊登任何淫秽下流广告。它还向公民和宗教团体提供免费海报，福音宣传联盟（Gospel Publicity League）的经理写道，其中一些团体认为广告牌"是他们最好的推手"。商业杂志《海报张贴人》（*Billposter*）就欣然报道，即使是美国公民协会主席 J. 贺拉斯·麦克法兰（J. Horace McFarland）演讲的赞助商，也不惜利用广告牌吸引大量观众。他们的捍卫者声称，广告牌从未对公共安全构成太大威胁。既然它们是用铁和防火材

---

① Wilson, "The Billboard," pages 405 – 412；"Billboards and Other Forms of Outdoor Advertising," Chicago *City Club Bulletin*, December 16, 1912, pages 395 – 396, 401 – 403, 406 – 407. See also *St. Louis Advertising Co. v. City of St. Louis*, 137 S. W. 929, especially pages 963 – 968.

料制成，它们根本就不是威胁。它们几乎不可能对附近发生的恶性活动负责。没有任何合理标准表明，广告牌是一种妨害。①

户外广告业的发言人不仅为广告牌辩护。他们还大肆鼓吹它。他们反复强调一点，用威尔逊的话来说，广告牌是"商业的女仆"，是商家接触不看报纸杂志的消费者的少数几种方式之一。正如德·蒙特鲁津所说，广告牌"是商业的象征；它们意味着商业；它们创造了商业"。公司需要广告牌，因为"与任何其他广告形式带来的生意相比，它每花1美元带来的生意更多——比率是2∶1，3∶1或5∶1"。支持者指出，广告商和广告公司并不是唯一受益者。正如比尔海报工会（Bill Posters' Union）会员弗兰克·沃伦（Frank Warren）所指出的，今天，超过一百万人受雇于户外广告行业。如果广告牌被禁止，他问道，"那些制作海报的画师将怎么办？海报张贴工、印刷工、刻板工人和其他受雇于这一行业的工人将怎么办？"这项禁令还将对木材厂、造纸厂、油墨制造商以及其他许多企业及其员工造成严重冲击。支持者声称，广告牌将一直存在。它们与有轨电车、电话和汽车一样，是现代生活的一部分。今天，它们可比十年前好多了。未来十年，它们会变得更好。让他们变得更好的是行业领袖们的努力，而不是市政艺术联盟的攻击、地

---

① "Billboards and Other Forms of Outdoor Advertising," page 394, Harry F. Lake, "The Billboard Nuisance," *American City*, November 1910, pages 221–222; Frederick Law Olmsted, Jr., to Charles H. Loring, June 20, 1900; Frederick Law Olmsted, Jr., to Myron E. Pierce, December 26, 1906, Olmsted Records, Job File 3035.

方以及州政府官员的恐吓。①

关于广告牌的激烈争论在报纸、期刊、市政厅、州议会大厦、州和联邦法院持续了大约三十年。但在一些问题上,人们逐渐达成了共识。其中最重要的一点,用《国家房地产杂志》(*National Real Estate Journal*)的话来说,当它们"不合时宜"时,就是一种妨害。除了在林荫大道上——小奥姆斯特德写道,这些地方有着"宁静的田园风光,使人们从城市生活无休无止的纷扰中解脱(出来)"——没有哪个地方的广告牌像在住宅区,尤其是时尚的市郊住宅区那般不合时宜。它们不合时宜在于它们不在工商业区,德·蒙特鲁津说,正是因为它们本身"意味着商业"。人们普遍认为,商业在居住区没有立足之地。圣何塞市(San Jose City)检察官杰克逊·哈奇(Jackson Hatch)解释道,"炫目的广告牌"就跟"猪圈""碎石机"或"沙哑的钟声"一般让邻居反感。说起广告牌,跟其他人谈论非裔和亚裔美国人的感受大致相同。马萨诸塞州公民联盟成员爱德华·T. 哈特曼(Edward T. Hartman)写道,当它们"入侵居民区的时候,人们渴望搬离"。当人们搬离时,房地产价值就会下跌。不久,整个社区都会衰退。②

---

① "Billboards and Other Forms of Outdoor Advertising," pages 395 – 396, 400 – 403, 406 – 407. See also Wilson, "The Billboard," pages 405 – 407.

② Wilson, "The Billboard," pages 412 – 419; *American City*, March 1927, page 389; Frederick Law Olmsted, Jr., to Charles H. Loring, June 20, 1900, Olmsted Records, Job File 3035; *Housing*, June 1929, page 130; Clinton Rogers Woodruff, ed., *The Billboard Nuisance*, American Civic Association, series 2, no. 2. (June, 1908), page 6; Edward T. Hartman, *The Billboard Nuisance*, an undated, unpaged pamphlet published by the Massachusetts Civic League, Loeb Library; *Billboard Advertising in St. Louis: Report of the Signs and Billboards Committee of the [St. Louis] Civic League* (St. Louis, 1910), page 17.

许多地块划分商认为，广告牌和其他招牌在郊区不合时宜。正如鲍顿所说，"招牌本身就是对景观的毁损"。"如果你要挂招牌，"即使是上面写着"保护鲜花"的那些，"也应该让它们尽可能地不惹人厌。"他告诉他的地块划分商同行。对奥姆斯特德兄弟而言，这个问题非常明确。他们跟高地的开发商说："对郊区居民来说，如果郊区的任何部分遭到广告牌或海报的破坏，这绝对是令人反感的。"房主可能会拒绝任何人在其房产上放置广告牌。但一块空置地的主人呢？他们担心即使是富人也会被市场左右。他们指出，如果出价够高，人们很可能会同意。为了他人利益，"这种行为应当被禁止"。奥姆斯特德兄弟确信，很少有准买家会被针对广告牌和其他招牌的限制性契约吓退。许多地块划分商也这样认为。因此，许多地块划分商禁止地块业主张贴任何东西，除了医生或牙医的门牌，以及"出售"或"出租"标识。有的地块划分商还规定了招牌的大小、颜色和设计。还有少数地块划分商要求，业主在竖招牌之前需获得批准。①

对钻探石油和悬挂广告牌施加限制的地块划分商们，在向未来买家传达两个信息。一是社区不会被井架覆盖，以及用高地公园开发商休·E. 普拉瑟的话说，"到处都是招牌"。另一个是，他们也不能在某天把地出租给石油公司或户外广告商，即使他们认为那是对其土地的最高最佳利用。鉴于地块划分商是

---

① *First Annual Conference*, pages b95 – b96; Olmsted Brothers to Messrs. Oldfield, Kirby & Gardner, November 5, 1908, Olmsted Records, Job File 3276.

市场主要参与者,与之相矛盾的是,他们要施加这些限制。(这种对市场的矛盾心理可以解释为什么有些禁止广告牌的地块划分商会使用招牌为自己的地产打广告。保罗 A. 哈什是渥太华山开发商的一名负责人,他说,没有它们,"我们做不成生意"。渥太华山的业主保有禁止招牌甚至"立即移除和销毁"未经授权招牌的权利。)鉴于准买家是市场主要受益者,他们又要遵守这些限制性契约,这也是自相矛盾的。毕竟,正是用石油开采的收益,爱德华·L. 多汉尼在比弗利山庄买下一块地,并禁止在此开采石油或其他矿产。而且,德·蒙特鲁津写道,正是用户外广告所得的利润,行业领袖们建造了"他们今天在住的郊区豪宅"。但在这些豪宅周边,却禁止悬挂广告牌或其他招牌。①

寻求"稳妥的中间路线"

到目前为止,已经很清楚,为什么这么多地块划分商对准买家如何使用(以及,小而言之,如何处置)其地产施加了严格限制。还有一点应该也很清楚,为什么有那么多准买家愿意购买高度受限地产——对他们中大部分人而言,私有财产几近神圣不可侵犯,房地产投机买卖是第二天性,以及一个人的家

---

① *Third Annual Conference*, pages 483 – 486; *Deed and Agreement Between the Ottawa Hills Company and John North Willys Containing Restrictions and Conditions Relating to Plat Number One*, *Ottawa Hills* (1916), pages 6 – 7, Loeb Library; "Billboards and Other Forms of Outdoor Advertising," page 395.

就是他的"城堡"。还应该清楚的是,为什么地块划分商及其准买家认为,限制是一种保护手段。人们也很清楚的是,这些限制是为了保护谁,保护他们免受何种伤害,以及这种需要保护的信念是如何产生自许多根深蒂固的恐惧之中的。在19世纪末20世纪初,这些恐惧曾弥漫于美国社会的大部分地区。尚不清楚的是,为什么地块划分商没有实施更严格的限制,换句话说,为什么他们没有采取更多措施,使"不受欢迎的"人和活动远离他们的"中产阶级乌托邦"。

举几个例子,如果大多数地块划分商禁止非裔和亚裔美国人,是什么促使少数地块划分商还禁止意大利人、俄罗斯人、斯拉夫人、波兰人、罗马尼亚人、希腊人、亚美尼亚人、波斯人、叙利亚人、墨西哥人和波多黎各人?如果有的地块划分商排斥犹太人,为什么他们又允许天主教徒入住?正如奥姆斯特德兄弟曾叮嘱乔尔·赫特那样,最低成本要求越高,社区就越受欢迎。为什么许多地块划分商仅将其设为5000或10000美元?① 是什么阻止他们不像海克利夫的开发商那样,把它提高到20000美元;或者像斯卡斯代尔伯克利分区的地块划分商那样,设为25000美元;还是像J. C. 尼科尔斯在乡村俱乐部区的一些最佳地块那样,设为50000美元?为什么有些地块划分商会设置10或15英尺的退缩规定,其他则把它们定为35或50

---

① Olmsted Brothers to Joel Hurt, April 4, 1902, Olmsted Records, Job File 71. See also *Proceedings of the First Annual Convention Conferences of the Homebuilders' and Subdividers' Division of the National Association of Real Estate Boards:1923*, page 135.

英尺？为什么一些地块划分商不限定一所房屋能高出地面多少，或者它能占地多少？为什么有的地块划分商实施宽松的建筑控制，或者根本不实施，而其他地块划分商则实施严格控制？如果围栏在一个公园般的住宅区里不合时宜，为什么有些地块划分商会准建它们？如果广告牌像鲍顿所说的那样，是"对景观的毁损"，那么是什么阻止了某些地块划分商对此进行监管或禁止？为什么一些地块划分商将家畜拒之门外，却允许家庭宠物的存在？

地块划分商也避免采取不那么明显的措施，将"不受欢迎"的人和活动挡在门外。对他们中的大多数人而言，没有什么比投机更不利于永久性了。投机商买卖许多地块却无意在上面建房子，更不用说住在房子里并将其传给子孙后代。金·G.汤普森宣称，投机商"对任何开发都是一种确定的损害"。"不欢迎投机商，"圣费尔南多谷兰克希姆公园（Lankershim Park）分区的一则广告如是说。那么，为什么鲜有地块划分商在限制性契约中加入一项条款（老奥姆斯特德等人认为这项条款对赶走投机商大有裨益），即地块业主必须在地块交割后一两年内开工和竣工？此外，对大多数地块划分商而言，没有什么比房屋所有权对永久性更为重要。他们完全认同传统观点，即房主能促进社区稳定，租客则不然。《底特律新闻》（*Detroit News*）称，与帕洛斯福德庄园的宣传册所说的"匆匆过客"不同，房主"关心社会"。这一点促使他们成为更优秀的公民——更负责任、更守法、更有公德心。房主是"一名爱国者"，威尔明顿的一位地块划分商说；"一位豪杰"，一位知名作家写道。① 那么，为什么没有地块划分商在限制性契约中包括一项条款，即房主不能出租房屋，这一条款本身就会将租客拒之门外？

地块划分商们意识到，即使那些只将地块卖给"最高素质人群"的郊区，也有少数人可能会做出令人反感的行为。例如，在罗兰公园，一些人把灰烬倒在大街上，而不是装在灰罐里。它们经常被吹得到处都是。有些人把散发着破布和垃圾臭味的桶放到户外。还有一些人把瓶子、锡罐、铁丝、钉子甚至牡蛎壳扔到马路上，把马路变成垃圾场，对来往的汽车构成威胁。罗兰公园一位居民写道，孩子们也很烦人。他们在排水沟里筑水坝，为蚊子创造"繁殖场所"，还使沟水涌上来冲刷马路。最糟糕的是，有的居民制造大量噪音。奥姆斯特德兄弟观察到，限制措施保护郊区居民免受"工厂汽笛声"、"家禽啼叫"和"小贩叫卖声"等"伤脑筋噪音"的影响。那么留声机呢？另一位罗兰公园居民说，留声机的"尖叫"，是最"精致"的"痛苦"之一。（"无疑，相比住在一个音乐爱好者的

---

① *Second Annual Conference*, page 436; *Los Angeles Times*, February 25, 1923; Helen Monchow, *The Use of Deed Restrictions in Subdivision Development* (Chicago, 1928), page 34; Steele, compiler, "Restrictions on Land," page 15; Charles E. Beveridge and Paul Rocheleau, *Frederick Law Olmsted: Designing the American Landscape* (New York, 1998), page 108; *Judging Palos Verdes as a Place to Live*, undated promotional pamphlet, page 29; Fogelson, *Downtown*, page 29; Nicolaides, *My Blue Heaven*, page 17; Susan Mulcahey Chase, "The Process of Suburbanization and the Use of Restrictive Deed Covenants as Private Zoning" (Doctoral dissertation, University of Delaware, 1995), pages 257–258; Jackson, *Crabgrass Frontier*, page 50.

私宅隔壁,许多人更愿意住在小卖部的隔壁,"一位新泽西法官写道。)还有孩子们在大街小巷骑着的那些小货车呢?它们大多是铁底,只有少数是橡胶轮胎。"(一台)蒸汽机也不会发出比它们更大的噪音,"一位郊区居民说,"没有理由使业主不得不忍受此类妨害。"① 鉴于地块划分商本可以预料到此类投诉,是什么阻止他们将对不当行为和不良土地使用的规定纳入限制性契约?

换言之,为什么地块划分商不愿意拓宽"不受欢迎的"人和活动的定义,并施加任何必要限制加以禁止?答案是,虽然地块划分商担心市场的反应,他们愿意竭尽所能阻止地块业主将地产最高最佳地利用,但他们也非常清楚,自己已被深深卷入市场——一个竞争激烈的市场。就像 J. C. 尼科尔斯在 1916 年说的,"在我们的城市,有数英里相互竞争的优质住宅地产。"他的乡村俱乐部一统堪萨斯城郊区房地产市场,使其他城市的地块划分商难以望其项背。如果连尼科尔斯都觉得堪萨斯城的房地产市场竞争激烈,可以想象 R. C. 吉利斯(R. C. Gillis),这位圣莫尼卡陆地和水务公司(Santa Monica Land and Water Company)的负责人,一定对洛杉矶房地产市场感同身

① Richard W. Marchant, Jr., to John Morrow Adams, February 21, 1907, Box 30; W. L. Tuttle to Richard W. Marchant, Jr., May 9, 1905, Box 19, Roland Park Company Records; Waesche, *Crowning the Gravelly Hill*, pages 72, 74; Richard W. Marchant, Jr., to John Rutledge, May 13, 1908, Box 31, Roland Park Company Records; Olmsted Brothers to Messrs. Oldfield, Kirby & Gardner, November 3, 1908, Olmsted Records, Job File 3276; *Ignaciunas v. Risley*, 121 A. 783, quote on page 785; A. C. F. Judge to Roland Park Company, June 22, 1905, Box 19, Roland Park Company Records.

受。在20世纪20年代早中期,在这座城市史上第二次房地产大繁荣的巅峰期,每年有一千多个分区开售。(一位历史学家写道,房地产市场太狂热,以致整个南加利福尼亚州的白领职员都放弃"体面的办公室工作,去做房地产推销员"。)到20世纪20年代末,房地产繁荣崩溃之前,太多的土地被细分,以致洛杉矶县约一百万块地中一半以上是闲置地块。①

市场使地块划分商们陷入了困境。为了吸引小奥姆斯特德所说的"鉴赏力敏锐的买家",这些买家不想与一块不受欢迎的人和活动影响的土地为邻,地块划分商必须施加严格限制。但正如尼科尔斯所言,"你越是小心翼翼地限制你的地产,可能购买的人数就越少"。底特律开发商爱德华·A. 洛夫利也表达了同样的看法。H. A. 拉弗勒(H. A. Lafler)也这样认为,他曾在沃尔特·H. 莱默特位于奥克兰的一个受限分区萨瑟公园(Sather Park)工作。拉弗勒写道,如果莱默特为"最佳地块"施加的最低成本要求不高于4500—5000美元,对"较差地块"施加的最低成本要求低至3000美元,甚至2500美元,那么他更有可能卖出这些地块。尼科尔斯很遗憾地指出,很多"高级"地段的地块划分商的失败在于,"远见卓识"导致他们施加了对市场而言过于严苛的限制。尼科尔斯认为,没有什么比

---

① Nichols, "Good Planning in Land Subdivision," page 100; *Eberle Economic Service*, March 28, 1932, page 50; W. W. Robinson, "The Southern California Real Estate Boom of the Twenties," *Historical Society of Southern California Quarterly*, March 1942, page 25; James Clifford Findley, "The Economic Boom of the 'Twenties in Los Angeles" (Doctoral dissertation, Claremont Graduate School, 1968), page 195.

定价太高或施加过于严格的限制更糟糕的了,以至于总有地块划分商"零散的未售地块"被剩下,这些地块的附加费用很可能抵消掉之前的销售利润。①

小奥姆斯特德和其他人一样,十分清楚这种困境。1909年,他致信吉尔福德土地公司总裁威廉·H.格拉夫林(William H. Grafflin),吉尔福德土地公司后来并入罗兰公园公司以开发吉尔福德。信中提道:

> 一般来说,处理这些限制的难处之一是使它们足够全面和清晰,以防不良开发,同时,又不至于约束和阻碍地产的使用而吓退胆小买家。如果限制不胜枚举,很多人会对买地犹豫不决。并不是因为他们想以任何限制禁止的方式使用地产,而是因为他们不知道,未来10年或20年乃至40年以后,情况会怎样?一些精心设计的限制性契约很可能成为土地的沉重累赘。

"制定限制性契约的问题在于,"小奥姆斯特德接着说,"总要找到一条稳妥的中间路线,使买家确信,邻居们不会做任何伤害或贬低社区特质的事情,同时也不会因限制其自由的条款数

---

① Nichols, "Good Planning in Land Subdivision," page 101; Loveley, "Fundamental Principles in Developing High-Grade Subdivisions," page 69; H. A. Lafler to Walter H. Leimert, February 9, 1915, Olmsted Records, Job File 5945; J. C. Nichols, "A Developer's View of Deed Restrictions," *Journal of Land & Public Utility Economics*, May 1939, page 134; Nichols, "Lessons of a Lifetime," page 91.

量和严格程度而感到害怕。"① 用老奥姆斯特德的话来说，这条"稳妥的中间路线"不仅要阻止地块业主"在（房子）右边开一家酒吧，或者在（房子）左边开一个啤酒花园"。它还得消除两种根深蒂固的恐惧——买家担心情况有所变化，不受欢迎的人和活动会侵入；而地块划分商担心情况没有变化，无人搬入，也无人买地。

小奥姆斯特德明白，很难找到一条"稳妥的中间路线"。难以判断，什么时候限制过于严格，以致不仅会赶走不受欢迎的人，还会赶走几乎所有人。而且，在某个分区可能是"稳妥的中间路线"，在另一个分区未必是。然而，久而久之，地块划分商之间达成了一种共识，据此，对非裔美国人和其他少数族裔的禁令被归入"稳妥的中间路线"，对意大利裔美国人的禁令则没有。对犹太人的禁令有些成问题，对天主教徒的禁令更是如此。最低成本要求并不太严格，除非设在15000到20000美元以上。退缩规定也属于"稳妥的中间路线"，但是最昂贵分区除外，也不包括高度限制和建筑控制。鉴于投资者在房地产市场占比较重，一名当地地块划分商称，在芝加哥占到15%到25%，洛杉矶的比重更高，因为在当地，房地产买卖是一种生活方式。因此，要劝阻投机以及禁止出租风险太大。对不当行为施加限制也大为冒险。尽管 J. C. 尼科尔斯曾敦促乡村俱乐部区的居民，"请不要这样做！……在影响邻居的地方焚烧垃

---

① Frederick Law Olmsted to William H. Graf[f]lin, March 22, 1909, Olmsted Records, Job File 3391.

圾……把垃圾桶放在从邻居草坪看过来很显眼的位置……将车库门朝街道敞开。"他甚至问他们，"能不能不让您的狗成为一种社区妨害?"① 但是由于担心会"吓退胆小买家"，尼科尔斯并没有把这些规范纳入他的限制性契约之中。不过，他和其他地块划分商仍在他们的土地上施加了其他许多全面而严格的限制。这是显而易见的例证，表明许多美国人愿意忍受多少，以解决老奥姆斯特德早在两代人之前曾生动、敏锐阐述过的有害变化的问题。

---

① *Country Club District Bulletin*, November 1927, page 4. See also C. P. Gray, "Principles in Selecting Land for Subdivision," *Proceedings of the First Annual Convention Conferences of the Homebuilders' and Subdividers' Division of the National Association of Real Estate Boards：1923*, page 15.

后 记

1992年3月11日,佛罗里达州博卡拉顿市的豪华分区查尔斯顿广场(Charleston Place)的一位居民明迪·费琳顿(Mindy Felinton),把她5岁大的爱犬好运(Lucky)带至北博卡动物医院(North Boca Animal Hospital)。好运并没有生病,只是体型太大——以至查尔斯顿广场业主协会(Charleston Place homeowners' association)提起诉讼,指控费琳顿违反了禁止狗体重超过30磅的限令。在费琳顿、费琳顿的律师、两名协会代表以及一名法院书记官的注视下,好运被放到秤上。费琳顿必须在放弃狗和搬离家之间做出选择。幸运的是,称重结果并无定论,一名记者写道,主要因为"好运一直在动"。几天后,协会撤回诉讼,并准许好运留下。十年后,3000英里之外的梅琳达·布拉(Melinda Bula)和乔·布拉(Joe Bula)发现自己遇到了类似的麻烦。在搬到埃尔多拉多山(El Dorado Hills)六年后,他们决定把房屋重新粉刷成黄色。埃尔多拉多山是加利福尼亚州萨克拉门托(Sacramento)一个发展快速的郊区。尽管这栋房子在他们买下时是黄色的,但设计审查委员会拒绝了布拉夫妇的申请。用另一位记者的话来说,委员会是一个由居民组成的团体,负责处理"一切美学问题"。委员会主席约翰·洛弗勒斯(John Loveless)说,埃尔多拉多山的限制性契约明确规定"不得使用原色,即黄色、红色和蓝色"。不同于另一位居民(她同意在委员会允许她更换屋顶的情况下,用"褐土色"重新粉刷她的黄色房子),布拉夫妇就这一决定向埃尔多拉多山委员会提出申诉,并扬言要向法院提起诉讼。与此同时,委员会将布拉夫妇的白色尖桩围栏列为违规,因为围栏是用塑料做的。①

如同费琳顿和布拉夫妇所了解到的(数百万美国人也已经知道),限制性契约并没有像19世纪末20世纪初开拓郊区的有轨电车和城际铁路那样走向没落。在查尔斯·E.克拉克注意到它们正成为"常规而非例外"的3/4个世纪之后,也是在老弗雷德里克·劳·奥姆斯特德阐明旨在解决的问题近一个半世纪之后,这些契约依然存在。尽管它们流行于私人土地使用控制几乎不存在的时期,但即使在规范地块业主如何处置其地产的地方分区法令通过以后,它们仍在大量涌现。虽然它们盛行于地块划分商时代,但在"二战"后,当地块划分商让位给建筑商时,它们的影响力犹在。战后的建筑商不仅规划地块,还建造房屋,使买家对房屋的选址和设计几乎一无所知。因此,在

---

① *Orlando Sentinel*, March 13 and 17, 1992; *New York Times*, July 24, 2002. See also Evan McKenzie, *Privatopia: Homeowner Associations and the Rise of Residential Private Government* (New Haven, 1994), pages 15 – 18.

20世纪下半叶，限制性契约在郊区几乎随处可见，甚至是在战后景观标识之一的大规模规划小区。一个典型例子是长岛的莱维敦（Levittown）。它是由威廉·J.莱维特在东海岸建造的首个大型中产阶层市郊居住区，莱维特在这里实施了种族契约和十几项其他限制。华盛顿的熊溪（Bear Creek）、其他于20世纪80年代末和90年代建成的封闭式社区里也有。这些限制被称为CC&Rs（契约、条件和限制），就像保护居民不受外人伤害的大门一样，是这些社区不可或缺的特征。①

今天的限制性契约很少包含最低成本要求。第一次世界大战结束后，一些房地产开发商开始质疑限制性契约的价值。其间，独栋房的成本翻了一番多。（他们认为，显而易见，20世纪10年代初施加的5000美元的最低成本要求，并不能阻止业主在20世纪20年代初建造一栋粗制滥造的房子。）甚至在引发新一轮通货膨胀的第二次世界大战前，许多房地产专业人士就认为这些规定已经过时。因此，从20世纪30年代开始，一些地块划分商决定实施最小面积要求，它与最低成本要求的目的一致，但不受通货膨胀的影响。这种做法在20世纪50年代早

---

① J. M. Nolte, "Restrictions for the Man of Moderate Means," *Annals of Real Estate Practice: 1925*, volume 3, page 387; Joseph Laronge, "The Subdivider of Today and Tomorrow," *Journal of Land & Public Utility Economics*, November 1942, page 427; *New York Times*, August 25, 1975, September 5, 1995; John Delafons, *Land-Use Controls in the United States* (Cambridge, 1962), pages 87–89; Edward J. Blakely and Mary Gail Synder, *Fortress America: Gated Communities in the United States* (Washington, D. C., 1995), chapter 1.

期受到美国住宅建筑商协会①的推崇，并很快被许多开发商采用。1950 年后，大多数开发商被迫弃用种族和民族契约。1948年，在全国有色人种协进会发起的一场旷日持久的运动之后，美国最高法院在雪莱诉克雷默案（Shelley v. Kraemer）中裁决，这些契约不可强制执行。在没有明确否定科里根诉巴克利案的情况下，法院认定，地块划分商可以在契约中包含种族契约，但不能要求买方在不违反宪法第十四条修正案的情况下遵守该契约。雪莱诉克雷默案并没有如纲纳·缪达尔（Gunnar Myrdal）②预想的那样，终结居住隔离。但它确实迫使开发商寻找其他方法，以将非裔美国人和其他少数民族群体排除在郊区之外。例如，莱维特没有在莱维敦二期项目中施加种族契约，该分区在 20 世纪 50 年代早期始建于宾夕法尼亚州雄鹿县（Bucks County）。但其销售人员向准买家保证，房屋将"只卖给白人"。③

---

① 美国住宅建筑商协会（NAHB, National Association of Home Builders）由住宅建筑商和与住宅建筑业相关的技术研发与生产企业组成，是全美最大的非营利性行业协会。——译者注

② 纲纳·缪达尔（Karl Gunnar Myrdal, 1898—1987），瑞典经济学家，1974年诺贝尔经济学奖得主。在其 1944 年所著的《美国困境：黑人问题和现代民主》一书中，缪达尔预测美国黑人取得进步的前景是乐观的。——译者注

③ *Proceedings of the General Sessions of the National Association of Real Estate Boards at the Seventeenth Annual Convention*: *1924*, page 19; Laronge, "The Subdivider," page 428; National Association of Home Builders, *Home Builders Manual for Land Development* (Washington, D. C., 1954), pages 252 – 253; *Shelley v. Kraemer*, 334 U. S. 1; Clement E. Vose, *Caucasians Only*: *The Supreme Court and the Restrictive Covenant Cases* (Berkeley, 1967), especially chapter 8; Gunnar Myrdal, *An American Dilemma* (New York, 1944), volume 2, page 624; Eugene Rachlis and John E. Marqusee, *The Landlords* (New York, 1963), pages 245, 249 – 250.

尽管通过了最低成本要求和种族契约，今天的限制条款或多或少还是和3/4个世纪前一样。在某些方面，它们甚至更为彻底和严格。它们仍然为排斥"不受欢迎的"人——包括在一些退休社区中55岁（甚至48岁）以下的人——和"不受欢迎的"活动而设计。通常，它们禁止各种形式的妨害，如果不完全禁止，则将工场和小卖部挡在住宅区之外，使公寓楼远离独栋房。它们还施加了退缩规定和建筑准则。围栏即使没有被禁止，也是被管制的。广告牌和其他招牌也是如此。许多限制禁止饲养家畜。一些还对家庭宠物的数量和大小设置了限制，少数则禁止它们。不同于尼科尔斯和其他地块划分商，如今，一些地块划分商对不当行为以及不良土地使用施加了限制。许多限制禁止居民将车库门敞开，在大街上停放除汽车外的其他车辆，在外露的晾衣绳上晒衣服，将垃圾桶和垃圾袋放在前院。还有一些限制禁止孩子们在秋千上玩耍，即使在后院，也不能种植樱桃树、草莓丛和任何浆果类植物。还有一项限制，禁止在国旗日悬挂美国国旗。少数限制甚至禁止恼人的噪音。为实施这些限制，几乎所有开发商都成立了房主（或业主）协会。①

限制性契约依然存在，原因主要是产生自19世纪末20世纪初的对有害变化的恐惧，直到20世纪中后期仍持续困扰着美国人。罗素塞奇基金会出版部主任F.爱默生·安德鲁斯（F.

---

① McKenzie, *Privatopia*, pages 13 – 18; Blakely and Snyder, *Fortress America*, pages 20 – 22; *New York Times*, September 5, 1995, July 24, 2002, July 27, 2003; "America's New Utopias," *Economist*, September 1, 2001, page 25. Scores, if not hundreds, of restrictive covenants are available on the World Wide Web.

Emerson Andrews)是众多表达这些忧虑的人之一。1943年，在为《美丽家居》①撰文时，他呼吁那些想要购买郊区房产的准买家，"环顾您的准建筑工地四周，想想您搬进梦寐以求的房屋十年或二十年后，会发生什么！"除非隔壁和街对面的地块仅被允许建独栋房，否则，它们可能会在"某个不幸的日子"被用来存放承包商的翻斗车，或者开"一家自己打广告的小型泡菜厂！"街角可能会突然冒出一个加油站、一家小卖部或酒吧。"您家对面"的房子可能会被改造成寄宿公寓，也可能会被拆除，取而代之的是"一幢热闹的公寓楼"。出于"怒气"或"纯粹的自私"，隔壁邻居可能会沿地界线竖起"一堵直达人行道的光秃秃的车库墙"，挡住"您家那美丽的视野"。或者，隔壁房子会变为殡仪馆，每天，"漫长而悲伤的送葬队伍"从你家门前经过，使你大部分时间无处停车。"类似的事情已经发生了，"安德鲁斯警告，"而且还会继续下去。"未来买家们是否想搬到橡树河、莱维敦，还是熊溪，这都无关紧要。只要他们中的很多人曾被对有害变化的恐惧所困扰——只要他们担心，如凤凰城的一位居民在2003年所说，"他们就不能信任自己的邻居"——地块划分商和建筑商就会面临压力，从而提供某种保护，以阻止不受欢迎的人和活动。②

除了采用限制性契约，他们几乎没得选择。分区制的存在，

---

① 《美丽家居》(*House Beautiful*)，一本著名的美国室内装潢杂志，于1896年开始发行，总部设在纽约。——译者注

② F. Emerson Andrews, "When Is a *Restriction* Really a *Protection*?" *House Beautiful*, December 1943, page 90. See also *New York Times*, July 27, 2003.

为房主提供了一些保护，尤其是在防止工厂、小卖部、公寓楼、在某些地方甚至是两户或三户住宅的侵入方面。另外的优势就是，这些条例是面向整个社区实施的，并由政府官员执行。但分区制也有严重缺陷。在布坎南诉沃利案中，它不能被用来排斥非裔美国人和其他少数民族。由于它是基于警察权，即促进公共卫生、安全和福利的国家权力，它也不能包含最低成本要求。小奥姆斯特德指出，它也没有融入"审美理想"。① 正如其中一位倡导者所说，分区制可能比契约更有弹性，但它没那么持久。起草这些法令的官员可以修订它们。在不满业主的施压下，他们也可以批准差异和例外情况。在土地上建房，而不是细分土地，也为房主提供了一些保护。通过规划地块以及建造房屋，莱维特和其他开发商可以阻止原始买家建造除独栋房外的任何建筑，以及搭建一些紧挨着地界线的便宜、俗气或丑陋的建筑。但在没有限制的情况下，他们不能阻止房主养鸡和兔子，或者竖起高高的围栏或大招牌。在没有实行分区制的社区，他们不能阻止房主把自己的家变成小卖部、酒吧或加油站，更不能阻止他们建造超出退缩线的建筑。像莱维特这样的建筑商对原始买家几乎毫无控制权，对后续业主的控制更弱。

在几家颇有影响力机构的施压下，地块划分商和建筑商被要求采用限制性契约。在20世纪30年代早期，房屋建设和房屋所有权董事长会议（President's Conference on Home Building and

---

① Frederick Law Olmsted, "Deed Restrictions That Affect Houses in Planned Communities," *Architectural Record*, November 1940, page 34.

207 Home Ownership)与全国房地产委员会协会都支持这一做法。两位会议顾问写道,只有通过这些契约,才有可能维持"住房质量和房产价值稳定"。更有影响力的是联邦住房管理局(Federal Housing Administration)。这是一家新政机构,由1934年国家住房法案(National Housing Act of 1934)授权为住宅抵押贷款提供保险。联邦住房管理局坚决支持种族契约和其他限制条款(以及,用承销手册[Underwriting Manual]上的话来说,"可强制执行的有效条款")。《威尔明顿晨星报》(Wilmington Morning Star)写道,为获得抵押保险的资格,房子必须位于"受到契约限制和分区条例的保护,免受不受欢迎因素(指不同种族和社会阶层的人)的侵蚀以及不当地产使用"的社区。在雪莱诉克雷默案之后,联邦住房管理局不再要求种族契约,但没有弃用其他限制。第二次世界大战后,美国住宅建筑商协会(National Association of Home Builders)也参与进来,认为即使是在低成本社区,"精心制定"的限制措施也是必要的。它宣称,即使在分区制社区,如果没有"足够的保护性限制",也无法维持住宅稳定和房产价值。不久之后,1965年成立的住房和城市发展部(Department of Housing and Urban Development)批准了限制性契约。①

---

① John M. Gries and James Ford, eds., *Planning for Residential Districts* (Washington, D. C., 1932), pages 57, 75; Susan Mulcahey Chase, "The Process of Suburbanization and the Use of Restrictive Deed Covenants as Private Zoning: Wilmington, Delaware, 1900 - 1941" (Doctoral dissertation, University of Delaware, 1995), pages 276 - 279; National Association of Home Builders, *Home Builders Manual*, pages 246 - 248; John H. Beuscher, Robert W. Wright, and Morton Gitelman, *Cases and Materials on Land Use* (St. Paul, 1976), page 219.

如果限制性契约无效，分区开发商和建筑商可能需要承受这些压力。但所幸它们发挥了作用。总的来说，它们阻止了有害变化。一个世纪以来，建筑环境的其他特征已经发生了翻天覆地的变化。其间，百货公司从中央商务区搬到了外围购物中心，高速公路取代了电气铁路，城市以重建的名义将"衰退区"夷为平地。但是，即使是最古老的高度受限郊区，也能基本维持原貌。这些郊区曾被一名记者描述为"不能被破坏的社区"，长期以来，一直被视为"中产阶级乌托邦"的典范。20世纪30年代末，因其"最佳建筑实践"，《好管家》（*Good Housekeeping*）杂志授予 J. C. 尼科尔斯的乡村俱乐部区盾形徽章（Shield）（后来被称为"认可印章"[Seal of Approval]）。这个盾形徽章也在罗兰公园和其他十几个高度受限社区展出。不久，美国国家资源委员会（National Resources Council）的城市主义委员会（Urbanism Committee）将乡村俱乐部区和罗兰公园，以及吉尔福德和家园誉为"也许是美国最优秀的大型综合性房地产开发项目"，将帕洛斯福德庄园誉为"（全国）规划最好、限制最严格的房地产开发项目之一"。① 近70年过去了，罗兰公园和乡村俱乐部区仍然被认为是当地大都会区最具吸引力的郊区。如小奥姆斯特德所说，帕洛斯福德庄园与贝莱尔、

---

① Marc N. Goodnow, "Neighborhoods That Can't Be Spoiled," *Survey*, July 1, 1931, page 353; Helen Koues, "Beauty in Community Planning," *Good Housekeeping*, March 1937, pages 50 – 51; *Urban Planning and Land Policies: Volume 2 of the Supplementary Report of the Urbanism Committee to the National Resources Council* (Washington, D. C., 1939), pages 88 – 89.

橡树丘和比弗利山庄一起，仍然"巍然屹立"在大洛杉矶地区其他住宅区之上。

2001 年 11 月，在开始撰写本书的几个月后，我在帕洛斯福德庄园待了一天。这是自 20 世纪 60 年代初后我第一次到这里，彼时，我在洛杉矶做了一年的博士论文研究。最令我震惊的是，它几乎没有什么变化（或者，更确切地说，它似乎毫无改变）。如果它不是 E. G. 刘易斯所说的"一座伟大的卫城"，它仍然是查尔斯·H. 切尼所写的"一个市郊住宅区典范"。它那壮观的位置——矗立于群山之上，三面环瞰太平洋——和我记忆中的一模一样。这里风景如画，蜿蜒曲折的街道与山丘地带的轮廓浑然一体，广阔的地表保留了令人叹为观止的景观，一连串公园和开放空间强化了自然景观。我没有看到炼油厂或其他有害行业，没有工厂，也没有露天购物中心，事实上，没有任何大型购物中心，只有几家雅致的小商场，内设药店、书店和房地产办公室。我也没有看到任何酒吧、油井、广告牌、家畜或公寓楼，只有几簇花园式公寓，它们地处购物中心和独栋房之间的缓冲区。据我所知，这些房子空间宽敞、设计精良，地面被树荫以及即使在南加利福尼亚州一场持久干旱中都能保养得宜的草坪所覆盖。小奥姆斯特德写道，帕洛斯福德庄园是为"稳定和永久"而设计。如果真像他认为的那样，没有不受欢迎活动是这些特征的标识，那么它就是不折不扣的成功。

我后来了解到，在奥姆斯特德、切尼和刘易斯看来，帕洛斯福德庄园在阻止不欢迎的人群方面几乎和阻止不受欢迎的活动一样成功。一开始，开发商就试图排除白人以外的所有人，只留下刘易斯所说的"有史以来最伟大种族"的成员。"二战"期间,几乎所有居民都是白人。在谢莉诉克雷默案、民权运动以及少量但不断增多的富裕非裔、西班牙裔和亚裔美国人出现之后,隔离少数族裔变得更加困难。然而,由于一些超出本书范围的原因,到2000年,在洛杉矶县,尽管非裔、西班牙裔和亚裔美国人总数超过了白人,但只有1%的帕洛斯福德庄园居民是非裔美国人;尽管有1/7的居民是亚裔美国人,但只有2%是西班牙裔。从一开始,开发商就试图排斥富人外的所有人,用切尼的话来说,就是"将收入相近的人聚集在一起"。

要说真有什么的话,情况比预期的要好。截至2000年,帕洛斯福德的家庭年收入中位数接近12.5万美元,约为洛杉矶县家庭年收入中位数的3倍。每10个家庭中就有6个家庭的年收入超10万美元,每10个家庭中就有约3个家庭的年收入超20万美元。房价中位数接近80万美元,约为该县房价中位数的4倍。每10栋房子有近9栋的房价超50万美元,每10栋房子有近3栋的房价超100万美元。①

正如它的一则宣传册所言,帕洛斯福德庄园成功"将所有现代都市生活的喧嚣和混乱拒之门外"。在我短暂的停留期间,我很难想起,这是在洛杉矶,在群山另一边的海岸沿线,坐落着美国第二大城市。这是一座拥有炼油厂、装配厂和血汗工厂的大都市,有着一个规模大得让人难以置信的港口,还有一张

---

① 这些数据由我的研究助理塔姆·芒戈(Tamam Mango)和戴安娜·R. 谢尔曼(Diana R. Sherman)在2000年人口普查中收集。

只有亲眼看见才能相信的高速公路网。它还是一座拥有庞大非裔美国人聚居区的大都市，和美国历史上两次最严重暴乱的发生地。在整个地区，英语是第二语言，西班牙语也不一定是第一语言。我待在帕洛斯福德的那一天，温暖和煦、阳光明媚、晴朗干燥，刘易斯曾向准投资者和准买家承诺全年都可有这种气候。也很难让人想起，鼓舞社区的不仅有梦想，还有噩梦，不仅有希望，还有恐惧。这些恐惧包括对不同种族和阶层的恐惧。对像他们自己这类人的恐惧，用老奥姆斯特德的话来说，这些人可能会被"无知、无能、低级趣味或恶作剧"所打动，将地产卖给不受欢迎的人或者以令人反感的方式使用它。对变化的恐惧，对市场的恐惧，对美国社会一个半世纪以来发生的许多事情的恐惧。

尽管如此，我还是窥见了一些恐惧的征兆。我在保存这些限制性契约的帕洛斯福德公共图书馆，和负责执行这些契约的帕洛斯福德房屋协会看到了它们。如果我待的时间更长一些，如果我对这里壮观的风景不那么关注，我可能会看到其他迹象，就像《纽约时报》的一名记者在20世纪70年代中期瞥见的那样。他写道，一个刚搬到帕洛斯福德庄园的家庭，正看着搬家工人把他们的行李卸下来。此时，"一位衣着考究的中年妇女过来了，默默地把一张红色纸板标签贴到房子外面"。当被问及这是什么意思时，她回答说，围绕前廊的栏杆设计还没有得到艺术评审委员会的批准，房子也没有"晾晒场"。"遮蔽区"是需要的，因为限制性契约禁止居民在"别人看得见的室外"

晾衣服。① 此类事情不仅发生在帕洛斯福德庄园，在全国其他高度受限郊区也很常见。正如费琳顿和布拉斯夫妇发现的那样，它们有时会导致旷日持久的冲突和所费不菲的诉讼。一些郊区居民抱怨说，在某些情况下，这些限制不合理、令人反感，在另一些情况下又微不足道。但正如拉里·霍纳（Larry Horner）说，如果居民不愿意遵守这些限制，他们就不应该搬到那里。霍纳时任洛杉矶以北约40英里处的一个规划小区——西湖村（Westlake Village）的业主协会联盟主席。但他们还是搬到了这些地方，不仅搬到了西湖村，还搬到了罗兰公园、圣弗朗西斯伍德、莱维敦、查尔斯顿广场和埃尔多拉多山。这么多年来，依然有这么多人愿意忍受这么多限制性条款。这一现象有力地证明了，自19世纪中期以来困扰美国人的对有害变化的根深蒂固的恐惧持续存在着，"中产阶级乌托邦"的阴暗面也一直都在。

---

① *New York Times*, August 25, 1975.

致　谢

如果写作《中产阶层噩梦》的时间没有我预想的那么长，主要是因为我受惠于太多的人和机构。

麻省理工学院的人文艺术社会科学基金（Humanities, Arts, and Social Sciences Fund）资助了我的前两本书，也给了我这本书一笔拨款。支持还来自研究院其他部门，特别是房地产中心（Center for Real Estate）、人文艺术社会科学学院（School of Humanities, Arts, and Social Sciences）院长基金以及城市研究与规划系（Department of Urban Studies and Planning）。感谢托尼·乔切蒂（Tony Ciochetti）、玛丽恩·坎宁安（Marion Cunningham）、大卫·盖特纳（David Geltner）、菲尔·库里（Phil Khoury）、比尔·米切尔（Bill Mitchell）、哈里特·里特沃（Harriet Ritvo）、比什·桑亚尔（Bish Sanyal）和拉里·维尔（Larry Vale）。

我的研究助理凯特·菲希特（Kate Fichter）、丽塔·李（Lita Lee）、塔姆·芒戈、艾莉森·诺瓦克（Alison Novak）和戴安娜·谢尔曼（Diana Sherman），他们给予我很大帮助。麻省理工学院和哈佛大学的图书馆也提供了很多帮助，特别是麻省理工学院的罗奇（Rotch）和人文图书馆以及哈佛大学的洛布（Loeb）、法学和怀德纳（Widener）图书馆。感谢罗奇图书馆馆长玛格丽特·德·波波洛（Margaret de Popolo），人文图书馆馆长特蕾莎·托宾（Teresa Tobin）以及她们的同事。同样致谢巴尔的摩公共图书馆（Baltimore Public Library）、康奈尔大学奥林图书馆（Cornell's Olin Library）手稿部和大学档案馆、亨利·E.亨廷顿图书馆（Henry E. Huntington Library）、国会图书馆（Library of Congress）手稿部（Manuscript Division）、帕洛斯福德房屋协会，帕洛斯福德图书馆区（Palos Verdes Library District），以及维多利亚大学（University of Victoria）的拉里·麦肯（Larry McCann），他寄给我一份有关奥姆斯特德兄弟公司的档案复印件。

我还要感谢我以前的一个学生凯利·达文波特（Kelly Davenport）；贝莱尔协会（Bel-Air Association）的伊莲·格道伊（Elaine Gerdau）（和协助我与她取得联系的汤姆·吉尔摩（Tom Gilmore）和格雷格·菲舍尔［Greg Fischer］）；我的一位老朋友，内森卡明斯基金会（Nathan Cummings Foundation）的前任会长查理·哈珀（Charlie Halpern）；亨廷顿图书馆的艾伦·朱兹（Alan Jutzi）；比弗利山庄公共图书馆的琼·莱温（June Lewin）；以及我的另一个以前的学生斯蒂芬妮·威勒思（Stephanie Willerth），他们协助我从偏僻的地方收集资料，为我省去了几次漫长而艰苦的旅行。

安娜·伯格伦（Anna Bergren），大卫·汉德林、兰利·凯斯（Langley Keyes），理查德·朗斯特里（Richard Longstreth），

道格拉斯·雷（Douglas Rae）和劳埃德·温瑞布（Lloyd Weinreb），他们做了太多工作，审核一版又一版的《中产阶层噩梦》草稿。他们提出的许多修改建议已被采纳。编辑手稿的南希·柯克（Nancy Kirk）和菲尔·金（Phil King），打印草稿的丽莎·福格尔森（Lisa Fogelson），编制索引的亚历克莎·塞尔夫（Alexa Selph）和设计这本书的南希·奥维多夫茨（Nancy Ovedovitz），他们的工作都非常出色。非常感谢安娜·伯格伦、大卫·布特罗斯（David Boutros）和约翰·库克（John Cook）对插图的帮助。

还要感谢我的经纪人艾克·威廉姆斯（Ike Williams）及其合伙人霍普·德内坎普（Hope Denekamp）和耶鲁大学出版社的米歇尔·科米（Michelle Komie），与他们中每一个人共事都非常愉快。

索　引

（以下按原书的英文字母顺序排列，页码为原书页码，即本书页边码）

A

Abbott, William R., 威廉·R. 阿伯特, 63

Adams, Thomas, 托马斯·亚当斯, 55, 64

African-Americans：exodus from the South, 非裔美国人：逃离南方, 97—98

　　See also racial covenants, 另请参见种族契约

Albright, Emory, 埃默里·奥尔布赖特, 188

alienation of real property, 不动产转让, 46—48, 100

　　See also restrictive covenant：legal challenges to, 另请参见限制性契约：法律挑战

Allen, Florence E., 弗洛伦斯·E. 艾伦, 156

Altadena Country Club Park（Los Angeles）, 阿尔塔迪纳乡村俱乐部公园（洛杉矶）, 142

Amalgamated Oil Company, 联合石油公司, 186

Andrews, F. Emerson, F. 爱默生·安德鲁斯, 205

Animals, 动物

domestic,家畜,93—94,169—175,179—181

household pets,家庭宠物,93,175—179

apartment houses,公寓楼,155—159

Armour, J. Ogden,J. 奥格登·阿莫尔,33

Ascher, Charles S.,查尔斯·S. 阿斯彻,105

Asian-Americans,亚裔美国人,102,126

Astor, John Jacob,约翰·雅各布·阿斯特,141

Atlanta, Ga. (Druid Hills),亚特兰大,佐治亚州(德鲁伊山),76,106,161

Atwood, Albert, W. 艾伯特·W. 阿特伍德,142,182,183,184,185

Avalon (Great Neck, N. Y.),阿瓦隆(大颈,纽约州),172

B

Back Bay (Boston),后湾(波士顿),45—46

Baltimore, Md.,巴尔的摩,马里兰州

 Guilford,巴尔的摩吉尔福德,64—66,81

 Homeland,巴尔的摩家园,73

 Lilliendale,巴尔的摩利里恩代尔,90

 racial covenants in,巴尔的摩的种族契约,95

 Roland Park,巴尔的摩罗兰公园,60—66,81,106

 Sudbrook,巴尔的摩萨德布鲁克,92,93

Barker, John Marshall,约翰·马歇尔·巴克,151—152

Barrow v. Richard,巴罗诉理查德案 50

Bartholomew, Harland,哈兰·巴塞洛缪,112,157

Bassett, Edward M.,爱德华·M. 巴塞特,115

Beecher, Catharine E., 凯瑟琳·E. 比彻, 170
Bel-Air (Los Angeles), 贝莱尔（洛杉矶), 73, 124
Bell, Alphonzo E., 阿尔芬佐·E. 贝尔, 186—187
Belle Mead (Los Angeles), 贝尔米德（洛杉矶), 142
Beverly Crest (Los Angeles), 比弗利山顶（洛杉矶), 73
Beverly Hills (Los Angeles), 比弗利山庄（洛杉矶), 137
Beverly Wood (Los Angeles), 比弗利伍德（洛杉矶), 142
Bigelow, George T., 乔治·T. 毕格罗, 48, 50, 51, 52
billboards, 广告牌, 92, 181, 187—194
Biltmore, 比尔特莫尔, 34
Birmingham, Ala., 伯明翰, 阿拉巴马州, 76
Bixby, George, 乔治·比克斯比, 5
Bixby, Jotham, 乔瑟姆·比克斯比, 5
Blakey, Clayton, 克莱顿·布莱克, 98
Bloomfield Hills, Mich. (Devonshire Downs), 布卢姆菲尔德山, 密歇根州（德文郡唐斯), 81, 84, 94, 101
Bonnycastle Terrace (Louisville Ky.), 邦尼城堡露台（路易维尔, 肯塔基州), 76
Boston, Mass., area, 波士顿, 马萨诸塞州, 地区
    Back Bay, 波士顿后湾, 45—46
    Hayward Place, 波士顿海沃德广场, 51
    Lewisburg Square, 波士顿刘易斯堡广场, 44
    Oak Hills Village, 波士顿橡树山村, 74
    South End, 波士顿南角, 30
    West Roxbury, 波士顿西罗克斯伯里, 86
Bouton, Edward H., 爱德华·H. 鲍顿, 54, 60, 61, 74, 91, 104, 108,

111, 118, 172, 192, 195

on desirability of suburbs，鲍顿论郊区的可取性，119

on fences，鲍顿关于围栏的言论，167—168

on Jews，鲍顿关于犹太人的言论，128, 130, 137

on minimum cost requirements，鲍顿关于最低成本要求的言论，134

and racial covenants，鲍顿和种族契约，96, 101, 102

and restrictive covenants，鲍顿和限制性契约，81, 92, 139

and Roland Park，鲍顿和罗兰公园，62, 106

Brendonwood (Indianapolis)，布伦顿伍德（印第安纳波利斯），70—71, 72, 73, 93—94, 140

Brentwood Terrace (Los Angeles)，布伦特伍德露台（洛杉矶），142

Brookline, Mass.，布鲁克林，马萨诸塞州，31, 95

Brouwer v. Jones，布鲁沃诉琼斯案，49, 50

Buchanan v. Warley，布坎南诉沃利案，98—99, 127, 206

Buckley, Pendleton，彭德尔顿·巴克利，98

Bula, Melinda and Joe，梅琳达和乔·布拉，201—202

Burke, Edmund W.，埃德蒙·W. 伯克，38

Burns, Anthony，安东尼·伯恩斯，44

businesses: viewed as nuisances by homeowners and developers，被房主和开发商视为妨害的商业活动，84—85, 152—154

C

Cahuenga Park (San Fernando Valley)，卡胡恩加公园（圣费尔南多谷），139

Canfield, Charles A.，查尔斯·A. 坎菲尔德，182, 187

Canfield, Daisy, 坎菲尔德·戴西, 187

cats, 猫, 93, 175—176

CC&Rs (Covenants, Conditions, and Restrictions), CC&Rs (契约、条件和限制), 202—203

 See also restrictive covenants, 另请参见限制性契约

Chaille, Emerson W., 爱默生·W. 查伊尔, 118, 120, 129

Chandler, Harry, 哈利·钱德勒, 148

Chase, Chester S., 切斯特·S. 蔡斯, 162—163

Chase, Susan M., 苏珊·M. 蔡斯, 112

Chatham Crescent (Savannah, Ga.), 查塔姆新月城 (萨凡纳, 佐治亚州), 23, 76

Cheney, Charles H., 查尔斯·H. 切尼, 9—10, 11, 19, 111, 136, 208, 210

 on apartment houses, 切尼关于公寓楼的言论, 158—159

 on racial covenants, 切尼关于种族契约的言论, 15, 136

 on restrictive covenants, 切尼关于限制性契约的言论, 14, 15, 23, 139

Chevalier, Stuart, 斯图尔特·谢瓦利埃, 98

Chevy Chase, Md., 切维蔡斯, 马里兰州, 73, 95—96, 101

Chevy Chase Land Company, 切维蔡斯土地公司, 101

chickens, 鸡, 170—175

Chudacoff, Howard P., 霍华德·P. 丘达科夫 145

City and Suburban Homes Company, 城市和郊区住宅公司, 19

City Terrace (East Los Angeles), 城市露台 (东洛杉矶), 77—78, 102

Clark, Charles E., 查尔斯·E. 克拉克, 68, 80, 202

Clark, Francis E., 弗朗西斯·E. 克拉克, 170

Clarke, Henry, 亨利·克拉克, 11, 20, 70, 153

Cleveland, Ohio, 克利夫兰, 俄亥俄州, 30

Cole, Maria, 玛丽亚·科尔, 122

Cole, Nat King, 纳特·京·科尔, 122, 131

Colonia Solana (Tucson), 科洛尼亚索拉纳（图森）, 77

Colony Hills (Springfield, Mass.), 柯罗尼山（春田, 马萨诸塞州）, 68—69, 94

Columbus, Ohio, 哥伦布, 俄亥俄州, 77

Commonwealth Trust Company, 联邦信托公司, 14

constitutional amendments, 宪法修正案

    Fifth, 宪法第五条修正案, 100

    Thirteenth, 宪法第十三条修正案, 100

    Fourteenth, 宪法第十四条修正案, 96, 98, 99, 100, 203

    Fifteenth, 宪法第十五条修正案, 95

    Eighteenth, 宪法第十八条修正案, 124

Corrigan v. Buckley, 科里根诉巴克利案, 99, 100, 203

Cory, H. T., H. T. 科里, 14, 23

Country Club District (Kansas City), 乡村俱乐部区（堪萨斯城）, 31, 42, 78, 109, 124, 143, 145—146, 208

    restrictive covenants at, 乡村俱乐部区的限制性契约, 66—67, 108, 139, 140

Country Club District (Minneapolis), 乡村俱乐部区（明尼阿波利斯）, 84, 93

Country Club Plaza, 乡村俱乐部广场, 86

Cowell v. Springs Company, 科威尔诉斯普林斯公司案, 48

Craig, Alfred M., 阿尔弗雷德·M. 克雷格, 51

Cushing, Smith, F. A., F. A. 史密斯·库欣, 162

D

Dallas, Tex., 达拉斯, 德克萨斯州, 68, 76, 129, 137

Dana, Richard Henry, Jr., 小理查德·亨利·达纳, 44

Danziger, Jake, 杰克·丹泽格, 187

Day, William R., 威廉·R. 戴恩, 98—99

deed restrictions, 契约限制

　　See restrictive covenants, 见限制性契约

Delafield Estates (Bronx, N. Y.), 德拉菲尔德庄园（布朗克斯, 纽约州）, 124

Demarest, John F., 约翰·F. 德马雷斯特, 118, 120, 121, 129—130

Devonshire Downs (Bloomfield Hills, Mich.), 德文郡唐斯（布卢姆菲尔德山, 密歇根州）, 81, 84, 94, 101

dogs, 狗, 93, 175—176, 177

Doheny, Edward L., 爱德华·L. 多汉尼, 182, 186, 187, 193—194

Dominguez Land Company, 多明格斯土地公司, 79

Dominguez Ranch, 多明格斯牧场, 79

Downing, Andrew Jackson, 安德鲁·杰克逊·唐宁, 164, 170

Druid Hills (Atlanta), 德鲁伊山（亚特兰大）, 76, 106, 161

Moir, Druim, 莫尔·德鲁伊姆, 33

E

Edmunds, William H., 威廉·H. 埃德蒙兹, 60, 61

Egleston, Nathaniel H., 纳撒尼尔·H. 埃格斯顿, 165—166

Eliot, Charles W., 查尔斯·W. 艾略特, 157

Ely, Richard T., 理查德·T. 伊利, 110

Emott, James, 詹姆斯·埃莫特, 49—50

Erie County, Pa., 伊利县, 宾夕法尼亚州, 103

estates, residential, 居住区, 33—34

ethnic minorities, 少数种族

　　See racial covenants, 见种族契约

Euclid Avenue (Cleveland), 欧几里得大道（克利夫兰）, 30

F

Farrington, Charles K., 查尔斯·K. 法林顿, 69

Federal Housing Administration, 联邦住房管理局, 207

Felinton, Mindy, 明迪·费琳顿, 201

fences, 围栏, 92, 164—168

Field, Stephen, 斯蒂芬·菲尔德, 48

Finch, Francis P., 弗朗西斯·P. 芬奇, 157

Finlayson, Frank G., 弗兰克·G. 芬莱森, 100

Fishman, Robert, 罗伯特·菲什曼, 3, 12, 24, 161

Forest Hills Gardens (Queens, N.Y.), 森林山花园（皇后区，纽约州）, 129—130

Foster, Arthur D., 亚瑟·D. 福斯特, 173—174

G

Gage, Lyman, 莱曼·盖奇, 5

Gary, Joseph E., 约瑟夫·E. 加里, 39

Gillis, R. C. R. C., 吉利斯, 197

Goldwyn, Samuel，塞缪尔·戈德温，149

Good Housekeeping Shield，《好管家》盾形徽章，208

Gould, E. R. L.，E. R. L. 古尔德，155

Grafflin, William H.，威廉·H. 格拉夫林，198

Gramercy Park（New York City），格拉梅西公园（纽约市），44

Grandview（Columbus, Ohio），格兰德维尤（哥伦布，俄亥俄州），77

Grant, Madison，麦迪逊·格兰特，130

Grasty, Charles，查尔斯·格拉斯蒂，59—60

Great Neck, N. Y.，大颈，纽约州，172

Great Neck Hills（Long Island），大颈山（长岛），93，94

Green, James E.，詹姆斯·E. 格林，180

Greensboro, N. C.，格林斯博罗，北卡罗来纳州，76

Greentree，格林特里，33

Greenwich Village（New York City），格林威治村（纽约市），44

Guilford（Baltimore），吉尔福德（巴尔的摩），64—66，81

Guilford Park Land Company，吉尔福德公园土地公司，64—65

H

Hadacheck v. Sebastian，哈达切克诉锡巴斯琴案，150

Hale, Edward Everett，爱德华·埃弗雷特·希尔，27

Hallam, Oscar，奥斯卡·哈勒姆，153

Halliwell, A. D.，A. D. 哈利维尔，178

Hancock Park（Los Angeles），汉考克公园（洛杉矶），73，122，124，131

Harsch, Paul A.，保罗·A. 哈什，75，115，118，193

Hartman, Edward T.，爱德华·T. 哈特曼，192

Hartmann, Arnold, 阿诺德·哈特曼, 74, 81

Hartshorn, Stewart, 斯图尔特·哈特肖恩, 35

Haskell, Llewellyn S., 卢埃林·S. 哈斯凯尔, 35, 59

Hatch, Jackson, 杰克逊·哈奇, 192

Hayward Place (Boston), 海沃德广场（波士顿）, 51

Hegemann, Werner, 沃纳·黑格曼, 75

Herring, Oswald C., 奥斯瓦尔德·C. 赫林, 89—90, 133—134, 162, 163

Highland Park (Dallas), 高地公园（达拉斯）, 68, 76, 129, 137

Hogg, Mike, 迈克·霍格, 69—70

Hogg, William C., 威廉·C. 霍格, 69—70

Holleran, Michael, 迈克尔·霍勒兰, 46, 70

Hollywood Crescent Rose Tract No. 2 (Los Angeles), 好莱坞新月玫瑰园 2 号（洛杉矶）, 142

Hollywood Hills (Los Angeles), 好莱坞山（洛杉矶）, 71

Homeland (Baltimore), 家园（巴尔的摩）, 73

homeowners' associations, 业主协会, 105—106, 109

Hone, Philip, 菲利普·霍恩, 140—141

Horner, Larry, 拉里·霍纳, 211

Housing and Urban Development, Department of, 住房和城市发展部, 207

Houston, Henry Howard, 亨利·霍华德·休斯顿, 33, 171

Houston, Tex. (River Oaks), 休斯敦, 德克萨斯州（橡树河）, 23, 70, 71—72, 76—77, 137, 139—140

Howells, William Dean, 威廉·迪恩·豪厄尔斯, 144

Hunt, Myron, 迈伦·亨特, 8, 16, 148

Huntington, Henry E., 亨利·E. 亨廷顿, 77, 149, 186

Hurd, Richard M., 理查德·M. 赫德, 37, 56, 153

Hurt, Joel, 乔尔·赫特, 76, 106, 107, 132, 133, 150, 152, 160, 169, 178

Hycliff (Stamford, Conn.), 海克利夫 (斯坦福德, 康涅狄格州), 93, 179—180

I

Indianapolis, Ind. (Brendonwood), 印第安纳波利斯, 印第安纳州 (布伦顿伍德), 70—71, 72, 73, 93—94, 140

Institute for Research in Land Economics and Public Utilities, 土地经济和公共事业研究所, 110

Irving Park (Greensboro, N. C.), 欧文公园 (格林斯博罗, 北卡罗来纳州), 76

J

Jackson, Kenneth T., 肯尼斯·T. 杰克逊, 3

Jacobson, Matthew Frye, 马修·弗莱·雅各布森, 102, 128

James, Frank, 弗兰克·詹姆斯, 14, 20

Jarvis and Conklin, 贾维斯和康克林公司, 59—60

Jemison, Robert, Jr., 小罗伯特·杰米森, 76, 81, 118, 120

Jews, as affected by restrictive covenants, 受限制性契约影响的犹太人, 65, 128—131, 137

Julian, C. C., C. C. 朱利安, 183

K

Kansas City, Kans./Kansas City, Mo., 堪萨斯城, 堪萨斯州/堪萨斯城, 密

苏里州

Country Club District，堪萨斯城乡村俱乐部区，31，42，66—67，78，108，109

Mission Hills，堪萨斯城米申高地，109

Quality Hill，堪萨斯城质量山，30

Rockhill Place，堪萨斯城洛克希尔广场，108

Sunset Hill，堪萨斯城日落山，108，140

Kenilworth, Ill.，肯尼沃思，伊利诺伊州，34

Kent, James，詹姆斯·肯特，47

Kessler, George E.，乔治·E. 凯斯勒，31，61，70，154

Kiernan, W. H.，W. H. 基尔南，163

Kies, W. S.，W. S. 基斯 169

Kingsdale, Jon M.，乔恩·M. 金斯代尔，151

Kirkwood Land Company，柯克伍德土地公司，76

Kissell, H. S.，H. S. 基塞尔，123—125，129，153，178

Knight-Menard Company，奈特-梅纳德公司，81—82，101

Knights, Peter R.，彼得·R. 奈特斯，145

Koebig & Koebig，双科比公司，7

L

Lafler, H. A.，H. A. 拉弗勒，198

Lake, Harry F.，哈里·F. 莱克，188

Lake Shore Club District（Erie County, Pa.），湖滨俱乐部区（伊利县，宾夕法尼亚州），103

Lakeshore Highlands（Oakland, Calif.），湖滨高地（奥克兰，加利福尼亚

州)，81

Lawrence, William Van Duzer, 威廉·范·杜泽·劳伦斯, 73

Lawrence Park (Bronxville, N. Y.), 劳伦斯公园 (布朗克斯维尔，纽约州)，72

Lawyer, Jay, 杰伊·劳耶, 10, 11, 16, 20, 163

LeDroit Park (Washington, D. C.), 莱德罗伊公园 (华盛顿特区), 97

legal issues, 法律问题

    challenges to restrictive legal issues (continued) covenants, 对限制性法律问题、(续)契约提出质疑的法律问题，46—53, 82—83, 105—106, 203, 207

    regarding nuisances, 有关妨害的法律问题, 36—39, 150, 156, 158—159

    See also racial covenants, 另请参见种族契约

Leimert, Walter H., 沃尔特·H. 莱默特, 75—76, 102, 104, 152, 159, 172, 198

Lennon, Thomas J., 托马斯·J. 列侬, 158

Levitt, William J., 威廉·J. 莱维特, 4, 202, 206

Levittown (Long Island), 莱维敦 (长岛), 202

Levittown Ⅱ (Bucks County, Pa.), 莱维敦二期 (雄鹿县，宾夕法尼亚州), 203

Lewis, Charles E., 查尔斯·E. 刘易斯, 70

Lewis, E. G., E. G. 刘易斯, 8—10, 14, 15, 19, 20, 148, 186, 208, 209, 210

Lewisburg Square (Boston), 路易斯堡广场 (波士顿), 44

Lilliendale (Baltimore), 利里恩代尔 (巴尔的摩), 90

Llewellyn Park, N. J., 卢埃林公园，新泽西州, 34, 42, 46

Lorillard, Pierre, IV, 皮埃尔·洛里拉德四世, 7, 34
Los Angeles, Calif., area, 洛杉矶, 加利福尼亚州, 地区
    Altadena Country Club Park, 洛杉矶阿尔塔迪纳乡村俱乐部公园, 142
    Bel-Air, 洛杉矶贝莱尔, 73, 124
    Belle Mead, 洛杉矶贝尔米德, 142
    Beverly Crest, 洛杉矶比弗利山顶, 73
    Beverly Hills, 洛杉矶比弗利山庄, 137
    Beverly Wood, 洛杉矶比弗利伍德, 142
    Brentwood Terrace, 洛杉矶布伦特伍德露台, 142
    Cahuenga Park, 洛杉矶卡胡恩加公园, 139
    City Terrace, 洛杉矶城市露台, 77—78, 102
    Hancock Park, 洛杉矶汉考克公园, 73, 122, 124, 131
    Hollywood Crescent Rose Tract No. 2, 洛杉矶好莱坞新月玫瑰园 2 号, 142
    Hollywood Hills, 洛杉矶好莱坞山, 71
    Oak Knoll, 洛杉矶橡树丘, 77
    oil fields in, 洛杉矶的油田, 182—187
    Pacific Palisades, 洛杉矶太平洋帕利塞兹, 138
    Petroleum Gardens, 洛杉矶石油花园, 102
    population growth in, 洛杉矶的人口增长, 147—148
    racial covenants in, 洛杉矶的种族契约, 102
    Raymond Village, 洛杉矶雷蒙德村, 71
    Whitley Park, 洛杉矶惠特利公园, 124
    See also Palos Verdes Estates, 另请参见帕洛斯福德庄园
Louisville, Ky., 路易维尔, 肯塔基州, 76
Loveless, John, 约翰·洛弗勒斯, 201
Loveley, Edward A., 爱德华·A. 洛夫利, 132, 198

M

McCoun, William T., 威廉·T. 麦考恩, 44, 50—51, 58

McDuffie, Duncan, 邓肯·麦克杜菲, 63, 75, 101, 111, 118, 160—161, 169, 172

McFarland, J. Horace, J. 霍勒斯·麦克法兰, 190

McPherson, Aimee Semple, 艾米·森普尔·麦克弗森, 149

McWilliams, Carey, 凯里·麦克威廉姆斯, 138, 149

Marchant, Richard W., Jr., 小理查德·W. 马钱特, 62—63, 163

Marquand, John P., 约翰·P. 马昆德, 30

Marsh, Margaret, 玛格丽特·马什, 134—135

Marshall, Louis, 路易斯·马歇尔, 99

Mason-McDuffie Company, 梅森-麦克杜菲公司, 72, 85, 127

Maxwell, Hammond, 哈蒙德·麦克斯韦尔, 125

Meline, Frank L., 弗兰克·L. 梅林, 90, 162, 163

Melody Farm, 梅洛迪农场, 33

Merriam, Charles E., 查尔斯·E. 梅里亚姆, 113, 114

Minneapolis, Minn. (Country Club District), 明尼阿波利斯, 明尼苏达州 (乡村俱乐部区), 83, 93

Minot, William, 威廉·米诺特, 33

Mission Hills (Kansas City), 米申高地 (堪萨斯城), 109

mobility, as characteristic of American people, 流动性, 美国人的一种特质, 143—149

Modell, John, 约翰·莫德尔, 126

Monchow, Helen C., 海伦·C. 蒙周, 110, 115

Montluzin, Albert de, 阿尔伯特·德·蒙特鲁津, 190, 191, 194

Morgan, J. P., J. P. 摩根, 22

Mountain Brook Estates (Birmingham, Ala.), 山溪庄园（伯明翰，阿拉巴马州）, 76

multifamily dwellings, 多户住宅, 154—159

Munsey Park (Nassau County), 门西公园（拿骚县）, 84

Musick, Elvon, 艾文·穆西克, 23

N

Newlands, Francis G., 弗朗西斯·G. 纽兰兹, 73, 95—96

Newton, Mass., 牛顿，马萨诸塞州, 74

New York City area, 纽约市地区

 Avalon, 纽约市阿瓦隆, 172

 Delafield Estates, 纽约市德拉菲尔德庄园, 124

 Forest Hills Gardens, 纽约市森林山花园, 129—130

 Gramercy Park, 纽约市格拉梅西公园, 44

 Great Neck Hills, 纽约市大颈山, 93, 94

 Greenwich Village, 纽约市格林威治村, 44

 Lawrence Park, 纽约市劳伦斯公园, 72

 Levittown, 纽约市莱维敦, 202

 Munsey Park, 纽约市门西公园, 84

 Rochelle Park, 纽约市罗谢尔公园, 149

 Scarsdale Estates, 纽约市斯卡斯代尔庄园, 142—143

 Staten Island, 纽约市斯坦腾岛, 29—30

 Washington Heights, 纽约市华盛顿高地, 30

Nichols, J. C., J. C. 尼科尔斯, 31, 71, 111, 118, 195, 197

    as advocates of restrictive covenants, 作为限制性契约倡导者的尼科尔斯, 66—67, 68, 78, 143, 162

    concerns about restrictive covenants, 尼科尔斯有关限制性契约的言论, 53—54, 58, 86, 91, 92, 108, 114—115, 198, 200

    as developer of the Country Club District, 作为乡村俱乐部区开发商的尼科尔斯, 23, 42

    on enforcement of restrictions, 尼科尔斯关于执行限制性契约的言论, 103, 104, 107

    on Jews, 尼科尔斯关于犹太人的言论, 128—129

    on mobility of Americans, 尼科尔斯关于美国人流动性的言论, 145—146

    and racial covenants, 尼科尔斯和种族契约, 101

    on Roland Park, 尼科尔斯关于罗兰公园的言论, 63

Nicolaides, Becky, 贝基·尼古莱德斯, 80, 179

North Shore (Long Island), 北岸 (长岛), 33

Nuisances, 妨害

    apartment houses as, 作为妨害的公寓楼, 155—159

    businesses as, 作为妨害的商业活动, 84—85; 152—154

    legal issues involving, 与妨害有关的法律问题, 36—39, 150, 156

    mulfifamily houses as, 作为妨害的多户住宅, 154—155

    saloons as, 作为妨害的酒吧, 150—152

    See also animals; billboards, 另请参见动物;广告牌

N. W. Ayer agency, N. W. 艾耶公司, 188

O

Oak Hills Village (Newton, Mass.), 橡树山村 (牛顿, 马萨诸塞州), 74

Oak Knoll (Pasadena, Calif.), 橡树丘（帕萨迪纳, 加利福尼亚州）, 77

oil wells, 油井, 181, 182—187

Oldfield, J. H., J. H. 奥德菲尔德, 107, 108—109

Oldfield, Kirby & Gardner, 奥德菲尔德, 柯比加德纳公司, 75

Olmsted, Frederick Law (Sr.), （老）弗雷德里克·劳·奥姆斯特德, 6—7, 11, 34, 91, 92, 93, 121

    concerns about suburbs, 老奥姆斯特德有关郊区的言论, 26—32, 35, 36, 38, 40, 59, 111, 124—125, 154, 202

    design guidelines developed by, 由老奥姆斯特德制定的设计准则, 40—42

Olmsted, Frederick Law, Jr., 小弗雷德里克·劳·奥姆斯特德, 6—7, 8, 9—10, 22, 58, 105—106, 107, 111, 121, 135, 150, 152, 192, 206

    on African-Americans, 小奥姆斯特德关于非裔美国人的言论, 126

    on billboards, 小奥姆斯特德关于广告牌的言论, 189, 192—193

    on domestic animals, 小奥姆斯特德关于家畜的言论, 168—169, 172—173

    on fences, 小奥姆斯特德关于围栏的言论, 167

    on homeowners' associations, 小奥姆斯特德关于业主协会的言论, 105—106

    and Palos Verdes Estates, 小奥姆斯特德和帕洛斯福德庄园, 11, 12, 13, 19, 26, 208, 209

    on restrictive covenants, 小奥姆斯特德关于限制性契约的言论, 68, 106, 107, 139, 160, 161, 168—169, 198—199

    on Roland Park, 小奥姆斯特德关于罗兰公园的言论, 63

Olmsted, John Charles, 约翰·查尔斯·奥姆斯特德, 6—7, 8, 22, 133, 152

on African-Americans, 奥姆斯特德关于非裔美国人的言论, 126

on billboards, 奥姆斯特德关于广告牌的言论, 192—193

on domestic animals, 奥姆斯特德关于家畜的言论, 168—169, 172—173, 180

on fences, 奥姆斯特德关于围栏的言论, 167

and Palos Verdes Estates, 奥姆斯特德和帕洛斯福德庄园, 26

on restrictive covenants, 奥姆斯特德关于限制性契约的言论, 90, 106, 107, 108—109, 160, 161, 163, 168—169

Olmsted Brothers, 奥姆斯特德兄弟公司, 6—7, 79, 102, 110, 159

Olsen, Donald J., 唐纳德·J. 奥尔森, 43

Ottawa Hills (Toledo, Ohio), 渥太华山 (托莱多, 俄亥俄州), 74—75, 81, 127, 193

P

Pacific Palisades (Los Angeles), 太平洋帕利塞兹 (洛杉矶), 138

Palos Verdes Art Jury, 帕洛斯福德艺术评审委员会, 16—17, 18

Palos Verdes Estates (Los Angeles), 帕洛斯福德庄园 (洛杉矶), 135, 208—210

design and development of, 帕洛斯福德庄园的设计和开发, 5—6, 7—12

promotion of, 帕洛斯福德庄园的宣传, 10, 12—13

restrictive covenants at, 帕洛斯福德庄园的限制性契约, 5, 14—19, 26, 81, 84, 136

Panic of 1893, 1893年大恐慌, 60—61

Parker v. Nightingale, 帕克诉南丁格尔案, 51

Pasadena, Calif., 帕萨迪纳, 加利福尼亚州, 71, 77

Peabody Heights Company,皮博迪高地公司,90

Petroleum Gardens(Los Angeles, Calif.),石油花园(洛杉矶,加利福尼亚州),102

Phelps, Robert,罗伯特·菲尔普斯,79

Pierson, George William,乔治·威廉·皮尔森,144,147

Pitkin, William, Jr.,小威廉·皮特金,75

Potter, Hugh,休·波特,69—70,128

Potter & Smith,波特史密斯公司,184,186

poultry farming,家畜养殖,170—175,180

Prather, Hugh E.,休·E. 普拉瑟,68,76,96,118,120,129,193

property owners' associations,业主协会

    See homeowners' associations,见业主协会

property values,地产价值

    increases in,地产价值的上升,141—143

    and oil speculations,地产价值和石油投机,184

protective covenants, *See* restrictive covenants,保护性契约,另请参见限制性契约

Q

Quality Hill(Kansas City),质量山(堪萨斯城),30

R

rabbits,兔子,169,171,173

racial covenants,种族契约,15,62,65,77—78,79,95—103,113,125—131,136,137—138

constitutionality, 种族契约的合宪性, 98—101, 122, 203

groups affected by, 受种族契约影响的群体, 102—103, 126—127, 130—131, 194;

Jews as affected by, 受种族契约影响的犹太人, 65, 128—130, 137—138

racial zoning, 种族分区, 98

Raymond Village (Pasadena, Calif.), 雷蒙德村（帕萨迪纳，加利福尼亚州）, 71

Redmont Park (Birmingham, Ala.), 雷德蒙特公园（伯明翰，阿拉巴马州）, 76

restricted subdivisions, 受限分区

appeal of to homeowners, 受限分区对房主的吸引力, 21—24, 57—59

in Canada, 加拿大的受限分区, 75

exclusive, 专属受限分区, 72—77;

middle-class, 受限分区的中产阶层, 77—79, 136

in the Midwest, 中西部的受限分区, 70—71, 74—75, 77

sales forces at, 受限分区的销售团队, 118

in the South, 南部的受限分区, 76

in the Southwest, 西南部的受限分区, 76—77

for working people, 工薪族的受限分区, 78—81

restrictive covenants, 限制性契约, 4, 202—204

activities prohibited by, 限制性契约禁止的活动, 15

animals restricted by, 限制性契约限制的动物, 93—94, 168—181

against apartment houses, 禁建公寓楼的限制性契约, 155—159

architectural requirements of, 限制性契约的建筑要求, 16—17, 91—92, 161—164

billboards restricted by, 限制性契约限制的广告牌, 92, 181, 192—193

class as aspect of, 限制性契约中的阶层, 131—137

on clotheslines, 限制性契约中对晾衣绳的规定, 168

current application of, 限制性契约的当前应用, 204—205

desirability of, 限制性契约的可取性, 21—24, 57—59

early use of, 限制性契约的早期使用, 43—46

enforcement of, 限制性契约的执行, 18—19, 52—53, 103—109, 113—114

extensions of, 限制性契约的拓展, 108—109

fears embodied in, 限制性契约体现的恐惧, 123, 194, 204—205, 210—212

fences regulated by, 受限制性契约管制的围栏, 92, 164—168

height limits, 限制性契约中的高度限制, 87—88

legal challenges to, 限制性契约的法律挑战, 46—53, 82—83, 105—106, 203, 207

length of term of, 限制性契约的期限长度, 106—108

as marketing tool, 作为营销工具的限制性契约, 20, 23, 65—66, 69—72, 77—78

minimum cost requirements, 限制性契约中的最低成本要求, 88—90, 132—137, 195, 203

minimum-square-footage requirements, 限制性契约中的最小面积要求, 203

and multifamily dwellings, 限制性契约和多户住宅, 154—159

objections to, 对限制性契约的反对, 53—57

and oil drilling, 限制性契约和石油钻探, 186, 187

at Palos Verdes Estates, 帕洛斯福德庄园的限制性契约, 5, 14—19, 26,

81，84

and preservation of property values, 限制性契约和地产价值的维持，141—143

proliferation of, 限制性契约的传播，21—24，110—112

racial, 限制性契约中的种族内容，15，62，65，77—78，79，95—103，113，122，125—131，136，137—138，194，203

rationale for, 限制性契约的基本原理，119—123

reservations about, 限制性契约的局限，112—115

scope of, 限制性契约的范围，81—95，194—200

setbacks dictated by, 限制性契约规定的退缩，86—87，160—161，195

signs restricted by, 限制性契约限制的招牌，92—93，195；

terminology used for, 限制性契约的术语，120—121

trades proscribed by, 限制性契约禁止的行业，84—85

"undesirable" people as defined by, 由限制性契约定义的"不受欢迎的"群体，123—137

and zoning, 限制性契约和分区，115

reversionary value of property, 地产的复归价值，43—44

Ridgewood (Springfield, Ohio), 里奇伍德（春田，俄亥俄州），178

River Oaks (Houston), 橡树河（休斯顿），23，70，71—72，77，137，139—140

Rochelle Park (Westchester County), 罗谢尔公园（威彻斯特县），149

Rockefeller, John D., 约翰·D. 洛克菲勒，33

Rockhill Place (Kansas City), 洛克希尔广场（堪萨斯城），108

Rodeo Land and Water Company, 罗迪欧土地和水务公司，186

Roland Park (Baltimore), 罗兰公园（巴尔的摩），60—66，81，106，175—177，180—181，196，208

Roland Park Company，罗兰公园公司，54，60，63，64—65，73，137—138

Ross, Erskine M.，厄斯金·M. 罗斯，99

Rowell, Elmer A.，埃尔默·A. 罗威尔，129

Russell Sage Foundation，罗素塞奇基金会，19，74

S

St. Francis Wood（San Francisco），圣弗朗西斯伍德（旧金山），72，75，85，93，127

saloons，酒吧，150—152

Sanford, Edward T.，爱德华·T. 桑福德，100

San Francisco, Calif.，area，旧金山，加利福尼亚州，地区
  Lakeshore Highlands，旧金山湖滨高地，81
  St. Francis Wood，旧金山圣弗朗西斯伍德，72，75，85，93，127

Sanger Brothers，桑格兄弟，129

Santa Fe Springs, Calif.，圣塔菲泉，加利福尼亚州，102，187

Savannah, Ga.，萨凡纳，佐治亚州，23，76

Scarborough-on-the-Hudson, N. Y.，哈德逊河斯卡伯勒，纽约州，169，174

Scarsdale Estates（Westchester County），斯卡斯代尔庄园（威彻斯特），142—143

Scott, Frank J.，弗兰克·J. 斯科特，34，35，164—165

Sears, Joseph，约瑟夫·西尔斯，35

setback requirements，退缩要求，86—87，160—161

Shaker Heights, Ohio，沙克高地，俄亥俄州，19，72，74，91—92

Shaw, Howard，霍华德·肖，8

Shelley v. Kraemer，雪莱诉克莱默案，203，207，209

shopping centers，购物中心，86

Short Hills, New Jersey，肖特山，新泽西州，34，73

Shriver, E. C.，E. C. 施赖弗，180

Shuler, Robert，罗伯特·舒勒，149

Sies, Mary Corbin，玛丽·科尔宾·西斯，35

signs, restrictions on，对招牌的限制，92—93

　　See also billboards，另请参见广告牌

Sinclair, Upton，厄普顿·辛克莱，184，185

Slaker, H. J.，H. J. 斯莱克，169，174

Smith, Judith E.，朱迪思·E. 史密斯，145

South End (Boston)，南角（波士顿），30

South Gate (Los Angeles)，南门（洛杉矶），137

Springfield, Mass. (Colony Hills)，春田，马萨诸塞州（柯罗尼山），68—69，94

Springfield, Ohio，春田，俄亥俄州，178

Stamford, Conn.，斯坦福德，康涅狄格州，178—179

Staten Island, N. Y.，斯坦腾岛，纽约州，29—30

Stewart, Lyman，莱曼·斯图尔特，79

Stewart and Young，斯图尔特和杨，60

Stilgoe, John R.，约翰·R. 斯蒂戈，3，170

Storey, Moorfield，摩尔菲尔德·斯托里，98

Stowe, Harriet Beecher，哈里特·比彻·斯托，170

subdivisions，*See* restricted subdivisions，另请参见受限分区

Suburbs，郊区

　　domestic animals in，郊区的家畜，169—175，179—181

exclusive communities in，郊区的专属社区，34—36，72—77

historiography，郊区史，3—4

Mobility of residents of，郊区居民的流动性，143—149

Olmsted, Sr's concerns about，老奥姆斯特德的郊区观，26—32，35，36，38，40，59，111，124—125，154，202

Sudbrook（Baltimore），萨德布鲁克（巴尔的摩），92，93

Sunset Heights（Los Angeles），日落高地（洛杉矶），184

Sunset Hill（Kansas City），日落山（堪萨斯城），108，140

Swift, Louis，路易斯·斯威夫特，33

Swift, Samuel，塞缪尔·斯威夫特，149—150

T

Taft Realty，塔夫特地产，184，186

Thernstrom, Stephan，斯蒂芬·塞思托姆，145

Thompson, Ben，本·汤普森，77，89

Thompson, King，金·汤普森，54，77，89，118，129，195

Thorpe, Samuel S.，塞缪尔·S. 索普，66—67，70，84

Title Insurance and Trust Company，产权保险和信托公司，10，14

Tocqueville, Alexis de，亚历西斯·德·托克维尔，141，144

Toledo, Ohio（Ottawa Hills），托莱多，俄亥俄州（渥太华山），74—75，81，127，193

Tomalin, Arthur，亚瑟·托马林，64

Torrance, Jared S.，贾里德·S. 托伦斯，79

Torrance, Calif.，托伦斯，加利福尼亚州，79—80

Tucson, Ariz.，图森，亚利桑那州，77

Tuley, Murray F., 穆雷·F. 图利, 51—52
Tuxedo Park N. Y., 燕尾服公园, 纽约州, 34
Tygiel, Jules, 朱尔斯·泰吉尔, 183, 185

U

Unwin, Raymond, 雷蒙德·安温, 74
Uplands (Victoria, B. C.), 高地 (维多利亚, 不列颠哥伦比亚省), 75, 85, 93, 107, 133, 161, 168, 172, 174—175, 192
Upper Arlington (Columbus, Ohio), 上阿灵顿 (哥伦布, 俄亥俄州), 77
urban areas, deterioration of, 城市地区的衰败, 30—31

V

Vanderbilt, Cornelius, Jr., 小科尼利厄斯·范德比尔特, 75
Vanderbilt, George W., 乔治·W. 范德比尔特, 34
Vanderlip, Frank A., 弗兰克·A. 范德利普, 5, 6, 7, 8, 9, 10, 14, 19, 20, 163, 169
Van Sweringen, Mantis J., 曼蒂斯·J. 范斯威林根, 19, 72, 74
Van Sweringen, Oris T., 奥里斯·T. 范斯威林根, 19, 72, 74
Vaux, Calvert, 卡尔弗特·沃克斯, 7
Veblen, Thorstein, 索尔斯坦·凡勃伦, 4, 141
Veiller, Lawrence, 劳伦斯·维勒, 112—113, 115, 156
Victoria, B. C. (Uplands), 维多利亚, 不列颠哥伦比亚省 (高地), 75, 85, 93, 107, 172

W

Walsh, William C., 威廉·C. 沃什, 53

Walworth, Reuben H., 鲁本·H. 沃尔沃斯, 51

Ware, John F. W., 约翰·F. W. 威尔, 57, 145, 156, 161

Waring, George E., Jr., 小乔治·E. 韦林, 61

Warren, Frank, 弗兰克·沃伦, 191

Washington, D. C., area, 华盛顿特区, 地区

 Chevy Chase, Md., 华盛顿特区切维蔡斯, 马里兰州, 73, 95—96, 101

 LeDroit Park, 华盛顿特区莱德罗伊公园, 97

Washington Heights (New York City), 华盛顿高地（纽约市）, 30

Westleigh, 韦斯特利, 33

West-Man Heights (Los Angeles), 西曼高地（洛杉矶）, 184

West Roxbury (Boston), 西罗克斯伯里（波士顿）, 86

Whitley Park (San Fernando Valley), 惠特利公园（圣费尔南多谷）, 124

Whitney, Henry M., 亨利·M. 惠特尼, 59

Whitney, Payne, 佩恩·惠特尼, 33

Whitney v. Union Railway Company, 惠特尼诉联合铁路公司案, 50

Whitten, Robert H., 罗伯特·H. 惠滕, 113

Wiggins, Frank, 弗兰克·威金斯, 149

Willys, John North, 约翰·诺斯·威利斯, 75, 172

Wilmington, Del., 威尔明顿, 特拉华州, 88

Wilson, William H., 威廉·H. 威尔逊, 189, 190

Wood, H. G., H. G. 伍德, 36, 37, 38, 39

Woodburne, 伍德伯恩, 33

Woods, Harriet, 哈里特·伍兹, 31

Wright, Gwendolyn, 格温德琳·赖特, 157

Z

zoning, 分区制

constitutionality of, 分区制的合宪性, 150

drawbacks of, 分区制的缺点, 206

as means of land-use regulation, 作为土地使用监管手段的分区制, 115, 205—206

racial, 种族分区, 98, 125